Die Wachtturm-Wahrheit.

Barbara Kohout

DIE WACHTTURM-WAHRHEIT
Eine Sektenfalle?

Engelsdorfer Verlag
Leipzig
2013

Bibliografische Information durch die Deutsche Nationalbibliothek: Die Deutsche Nationalbibliothek verzeichnet diese Publikation in der Deutschen Nationalbibliografie; detaillierte bibliografische Daten sind im Internet über http://www.dnb.de abrufbar.

ISBN 978-3-95488-396-7

Hergestellt in Leipzig, Germany (EU)
www.engelsdorfer-verlag.de

12,00 Euro (D)

Inhalt

Abkürzungen

AaW   „**All along the Watchtower**", Eine psychoimmunologische Studie zu den Zeugen Jehovas, Bruno Deckert, V&R unipress, Göttingen, 2007

Bew   „**Bewahrt euch in Gottes Liebe**", Wachtturm Bibel- und Traktat-Gesellschaft der Zeugen Jehovas, e. V. Selters/Taunus, 2008

EB   „**Die Antwort im Wort**", Das vielschichtige Wörterbuch, Elisabeth Bond, 1997 Buchverlag Lokwort, Bern

Ein I   „**Einsichten über die Heilige Schrift**", Band I: A – J, 1990, Wachtturm Bibel- und Traktat-Gesellschaft, Deutscher Zweig, e. V., Selters/Taunus

Ein II   „**Einsichten über die Heilige Schrift**", Band II: K – Z, 1992, Wachtturm Bibel- und Traktat-Gesellschaft, Deutscher Zweig, e.V., Selters/Taunus

Elb   „**Die Heilige Schrift**", Verlag R. Brockhaus, Wuppertal-Elberfeld, (*Elberfelder Bibel*)

Fj 2   „**Fragen junger Leute, praktische Antworten**", Band 2, Wachtturm Bibel- und Traktat-Gesellschaft der Zeugen Jehovas, Selters/Taunus, Auflage 2008

NW   „**Neue-Welt-Übersetzung der Heiligen Schrift**", mit Studienverweisen, 1986, Wachtturm- Bibel und Traktatgesellschaft, Deutscher Zweig e. V., Selters/Taunus

Org   „**Organisiert, Jehovas Willen zu tun**", Wachtturm Bibel- und Traktat-Gesellschaft der Zeugen Jehovas, e. V., Deutscher Zweig, Selters/Taunus, 2005

Singer   „**Sekten**", Margaret Thaler Singer/Janja Lalich, Carl-Auer-Systeme, Verl. 1997

StH   „**Ausbruch aus dem Bann der Sekten**", Steven Hassan, Rowohlt Taschenbuchverlag GmbH, Reinbeck bei Hamburg, Juni 1993

UK   „**Unser Königreichsdienst**", monatliches Mitteilungsblatt für die Zeugen Jehovas, für Deutschland, Druck: Wachtturm, Selters/Ts.

UnS   „**Unterredungen anhand der Schriften**", Wachtturm Bibel- und Traktat-Gesellschaft, 1985

WL 2009   „**Watchtower Library 2009**", CD-R, Veröffentlichungen der Wachtturm Bibel- und Traktatgesellschaft von 1970 bis 2009

Kursiv geschriebene Worte verweisen auf gruppenspezifische Verwendung mit möglicherweise abweichender Bedeutung. Sie werden im Glossar näher erläutert.

Kapitel 1
MOTIVE DES EINSTIEGS - REFLEXION

Heute ist Freitag der 21. Dezember 2012, Winteranfang. Ich beobachte verträumt die Schneeflocken, die pünktlich zu diesem Datum vom grauen Himmel rieseln. Die roten und weißen Eriken bilden einen optimistischen Farbkontrast dazu. Mein Rosmarinstock ist noch in voller Blüte. Unzählige zarte, hell lavendelblaue Sternchen nicken mir zu, wenn der Wind durch die langen Triebe streicht, als wollten sie mich daran erinnern, wie gemütlich mein Tag ist. Wie Recht sie haben. Wenn ich nur fünf Jahre zurückdenke, graut mir vor der Erinnerung. Morgen ist Samstag. Samstag war *Diensttag*. Meine Gewohnheit war es, mindestens eine Stunde *Straßendienst* zu machen. Oft bemühte ich mich, den *Rat* aus unseren Schriften zu befolgen und die Zeit auf zwei Stunden auszudehnen. Das war wichtig für das Ergebnis auf dem monatlichen *Berichtszettel*. Wenn ich nun aber zurückschaue und mich erinnere, wie ich mir diesen *Dienst* oft abringen musste, stelle ich zum hundertsten Mal fest, dass ich immer noch nicht völlig begreife, wie das möglich war.

Mein Kopf hat inzwischen viel Wissen über das Wesen der Manipulation gespeichert. Ich habe einiges über die sozialpsychologische Manipulationstechnik und die suggestive Sprachtechnik erfahren. Die Manipulierenden arbeiten damit, um Verhalten, Denken und Fühlen zu beeinflussen. Ich weiß nun, dass man mit Psychotricks Sympathie erzeugen, Emotionen hervorrufen, Einstellungen, Wertvorstellungen, Weltbilder verändern kann, um sie dem Ziel der Führer anzupassen.

Trotzdem fühle ich in meinem Herzen Schmerz und Trauer über die verlorenen Jahre meines Lebens.

Manchmal beglückwünschen mich Menschen zu meiner neugewonnenen Freiheit. Sie sagen, ich sollte darüber frohlocken. Aber es ist sehr schwer zu frohlocken, wenn man so viel verloren hat. Jahrzehnte seines Lebens erscheinen einem nun wie in die Mülltonne gekippt. Wo sind die ganzen „Freunde", denen man so bedingungslos vertraut hat? Wie soll ich angesichts der Zurückweisung meiner Familie frohlocken? Mir tut es oft körperlich weh, wenn ich mich dazu zwinge in eine andere Richtung zu schauen. Eben nicht mehr zurück, sondern nach vorne. Dort kann ich schon die kostbare Freiheit sehen. Das tut gut. Aber das alte Gleis ist noch nicht völlig aus meinem Sinn verschwunden. Es lauert immer wieder darauf, mich aus der Bahn zu werfen.

Elisabeth Bond schreibt:

> „Das kosmische Gesetz besagt, dass jeder Mensch über sich selber bestimmt. Nichts und niemand kann über einen anderen bestimmen, außer dieser lässt es zu. […] Stimmen die Worte mit den Gedanken überein, stimmt der Ausdruck mit Deiner inneren Haltung überein, haben die Worte einen negativen oder einen konstruktiven Aufbau? Denn Deine Worte führen Dich geradewegs in Deine Bestimmung. Und Deine Bestimmung hier auf Erden ist Dein Seelenplan, ist das, was Du ganz speziell gut kannst oder tun möchtest."[1]

An Bestimmung, Vorherbestimmung, Schicksal hatte ich nie geglaubt. Das hätte der Erklärung widersprochen, dass wir uns einer *theokratischen Leitung* unterwerfen müssen. Meine innere Stimme hat oft dem widersprochen, was ich tatsächlich gesagt habe. Was mein Seelenplan gewollt hätte, war niemals entscheidend. Wir beachteten den Bibelvers:

„Nicht mein Wille geschehe, sondern der Deine".[2]

Das individuelle ICH musste eine *neue Persönlichkeit anziehen* und sich dem kollektiven WIR unterwerfen. In meinem Fall geschah dies bereits als ich ein Kind war. Ich ahmte meine Eltern nach. Sie ließen sich von den Forderungen einfangen, die in den vielen Veröffentlichungen der Wachtturm Organisation an sie gestellt wurden. Ich erinnere mich noch sehr gut an das monatliche Mitteilungsblatt mit den Gruppenanforderungen, die unser Leben in den 50er Jahren strukturierten. Das Blatt hieß damals noch

---

[1] EB, S. 58
[2] Lukas 22, 40 NW

Informator, inzwischen *Königreichsdienst* und enthielt die jeweils aktuellen Aufforderungen zur Tätigkeit an alle Zeugen Jehovas. Es waren Sätze wie die folgenden zu lesen:

„... müssen wir predigen ...

... müssen die Wahrheit verkündigen ...

... müssen wachsam und unermüdlich tätig sein ...

Wir müssen vorandrängen.

Die verbleibende Zeit ist verkürzt.

Die wahrheitssuchenden Menschen müssen gefunden werden.

Damit uns das gelingt, müssen wir gewandte Prediger sein.

Wir müssen unsere Erkenntnis erweitern.

... müssen wir jedoch eifrig tätig sein.

Du musst auf dem Laufenden bleiben.

Du musst bei den Versammlungen aufmerksam zuhören.

... müssen uns auch vor den feinen Schlingen in acht nehmen.

Vielleicht ist die Schlinge, die dich zu Fall bringen könnte, die Vergnügungssucht oder der Materialismus. Vielleicht verleiten dich Überstunden-Entschädigungen dazu, den Dienst oder die Zusammenkünfte zu versäumen. "

Ein wichtiger Hinweis in der Zeit des beginnenden Wirtschaftswunders. Wir sollten nicht etwa mehr Zeit dem eigenen, materiellen Fortschritt widmen als dem *Predigen und Jünger machen,* die wichtigsten Begriffe, die wir in der neuen Bedeutung lernten. Meine Großmutter sagte dazu „Neumitglieder werben". Es war die Warnung vor Überstunden. Meine Eltern achteten streng darauf, dass sie für unsere materiellen Bedürfnisse nicht mehr Zeit als unbedingt nötig war einsetzten.[3]

Damals wie heute ist *predigen,* also die Werbung von Neumitgliedern, das oberste Ziel der Zeugen Jehovas. Die Mehrung der Ressourcen der Watchtower Society. Jeder Neue ist eine Quelle von geldwerten Vorteilen durch den Einsatz an freiwilligen Spenden und unbezahlter Arbeitszeit. Ein Immobilienbesitzer hat normalerweise die Kosten für Unterhalt, Reparatu-

---

[3] Siehe Anhang Parameter „Sekte" Fragen 2-4

ren, Renovierung, Umlagen etc. zu tragen. Die Immobilien der Wachtturm-Gesellschaft bzw. der Religionsgemeinschaft der Zeugen Jehovas werden von ihren Mitgliedern in freiwilliger Leistung gebaut, unterhalten, und für die Nutzung der Kongresssäle werden zudem regelmäßig freiwillige Spenden an die Wachtturm-Zentrale gleistet. Dazu kommt der kostenlose Werbeeinsatz von Haus zu Haus, auf den Straßen und bei jeder sich bietenden Gelegenheit. Zu der Zeit, als sich meine Eltern dieser Gemeinschaft anschlossen, gab es weltweit weniger als 500 000 Mitglieder. Im Jahre 2012 waren es mehr als 7 500 000. Das Konzept ist also erfolgreich umgesetzt worden.

Hätte ich damals auf meine innere Stimme hören können, dann wäre ich dem Vorschlag meines Lehrers gefolgt und hätte eine weiterführende Schule besucht. Doch kurz bevor ich meine Schulzeit abgeschlossen hatte, erschien im Wachtturm vom 1. Februar 1952 die folgende Drohbotschaft, verbunden mit der Abbildung eines flammenden Schwertes:

> *„Das Blutbad und die Vernichtung von Harmagedon werden so grässlich sein, dass es jeder menschlichen Beschreibung spottet. Bereits sind die Aasgeier und die wilden Tiere des Waldes und der Zoos eingeladen worden, sich zu erlaben an den vielen Millionen Leichen der Männer, Frauen und Kinder, der Hohen und Mächtigen sowohl wie ihrer sklavischen Diener. "*

Etwas später, im Wachtturm vom 15. Mai 1952, wurde das nahe Ende als so nahe beschrieben, dass es nicht mehr wahrscheinlich wäre, ein Hochschulstudium abschließen zu können.

> *„Oder wäre es besser gewesen, in den Vollzeitdienst, den Dienst für unsern Gott Jehovas einzutreten? Schaut, weil wir uns geweiht haben, den Willen Gottes zu tun, sind wir nicht wie die andern hier in der Schule, deren einziges Streben es ist, vorwärtszukommen, eine hohe soziale Stellung zu erlangen und einen Haufen Geld zu verdienen. Wir wissen, dass dieses alte System der Dinge in Harmagedon bald vernichtet wird; was für Gründe sprechen also dafür, eine höhere Schule zu besuchen, wenn wir im Felde sein könnten, um andere*

zu warnen? Und außerdem besteht die große Gefahr, dass man in den Treib-
sand der Unsittlichkeit gerät oder wegen der gottlosen Zustände an heutigen
Schulen seinen Glauben ganz verliert. […] Die Bildungssysteme sind sehr
mangelhaft und der laufende Studiengang für einen Christen von wenig prakti-
schem Wert. Die vor Harmagedon verbleibende kurze Zeit sollte so nutzbrin-
gend als möglich verbracht werden. Der Druck auf den Glauben und die Lau-
terkeit eines Schülers von jeder Seite des Schullebens her ist für den Schüler
schwer. Von der einen Seite wird seinem Sinn fortwährend die Evolutionstheo-
rie und der Unglaube aufgezwungen, und aus anderer Richtung suchen die
Kräfte der Unsittlichkeit seine christliche Grundlage zu untergraben und zu
zerstören. Wer offen Stellung nimmt für Gottes Königreich der Gerechtigkeit
als des Menschen einzige Hoffnung wird oft boshaft verleumdet, lächerlich ge-
macht und von der Studentenschar wie von der Lehrerschaft verfolgt. […] alle
Unterrichteten werden unbedenklich zugeben, dass in den gegenwärtigen Bil-
dungssystemen manches verkehrt ist …"

Der Kernsatz dieses Wachtturms ist wohl der:

„Es ist gut, wenn du deinem Sinn und auch dem Sinn anderer die Nähe
Harmagedons einprägst … Es wird somit offenbar, dass die oben erwähnten
Gründe … dafür sprechen, dass man nicht in eine höhere Schule gehe."

„Denkt daran; Jesus war ein Zimmermann und Paulus ein Zeltmacher, ande-
re waren Fischer … Es ist daher für Glieder der Organisation des Herrn, die
ihr Leben dem Königreich geweiht haben, gut, wenn sie sich von einer Teil-
nahme an Schulsport oder Athletik und von gesellschaftlichen Anlässen der
höheren Schulen zurückhalten. Indem sich jemand von den Dingen dieser Welt
abgesondert hält, kann er sich zum Felddienste völliger mit des Herrn Volk
verbinden."

Allein dieser eine Artikel enthielt so viel Negatives über das Schulleben und
seine Auswirkungen. Natürlich war es da kein Wunder, dass mein Vater
strikt gegen den Besuch einer höheren Schule war. Ob die Beschreibung
der Zustände an den Universitäten zutreffend war oder nicht, konnte mein
Vater nicht beurteilen. Als Kriegshalbwaise konnte er schon von Glück

reden, dass seine Mutter ihn nach vier Schuljahren in eine Handwerkslehre gegeben hatte.

Viele akademische Berufe wurden uns im Übrigen so dargestellt, als wären sie für das neue Paradies völlig sinnlos, da es dort weder Krankheit noch Rechtsstreitigkeiten gäbe und auch alle Menschen wieder eine gemeinsame Sprache hätten und vollkommen würden. Ein Universitäts-Studium hätte für die Zeit nach Harmagedon einfach keinen Wert.

Aber war die mangelnde Bildung wirklich der Grund dafür, dass mein Vater dem Überbringer dieser neuen Lehre mehr glaubte als meinem Lehrer? Wieso hat er sich nicht gewundert, dass unsere Lehrer, Ärzte, Apotheker, Architekten und andere Hochschulabsolventen weder unsittlich noch kriminell oder gottlos waren? Auch war das Ehepaar, das bereits vor Ausbruch des zweiten Weltkrieges mit den Bibelforschern in Verbindung stand, ganz gewiss nicht ungebildet. Sie hatten eine Bäckerei und wurden bald unsere Gönner als wir begannen, regelmäßigen Kontakt mit der Gruppe zu pflegen. Ich ging oft mit ehrfürchtigem Staunen in deren Bibliothek und betrachtete die vielen Bücher. Den großen Brockhaus, die jüdische Geschichte von Josephus, die Werke von Schiller und Goethe, sowie viele Klassiker der Literaturgeschichte. Diese Leute waren sowohl gebildet als auch tief gläubig. Die Frau sagte jeweils: „Ob einer oder keiner, viele oder wenige, es glauben oder nicht glauben, spielt für mich keine Rolle. Wir können sicher sein, dass Gott seinen Vorsatz verwirklichen wird." Auch sie glaubte daran, dass sie in der *Wahrheit* seien.[4]

Der Ausdruck „*Die Wahrheit*" wird bei den ZJ als absoluter Begriff verwendet. „Wenn eine Gruppe diese ausschließlich für sich beansprucht, wird es zum Dogma. Es wird keine alternative Möglichkeit zugelassen. Das ist eine Methode der Immunisierung gegen kritisches und eigenständiges Denken." (AaW, S.27,28)

---

[4] Siehe Anhang, Parameter „Sekten" Frage 7

Ich habe mir inzwischen einen ganzen Stapel Bücher besorgt, in denen ich nach Antworten auf meine vielen Fragen suche.

Eine mögliche Erklärung gibt mir M.T. Singer[5] mit dem Hinweis,

> „dass jeder von uns für Schmeicheleien, Täuschung und Verführung anfällig ist, wenn er einsam, traurig und bedürftig ist. Die Menschen sind im Allgemeinen nicht Suchende, sondern die Sekte geht aktiv und aggressiv vor, um Anhänger zu werben."

Das stimmt schon, mein Vater war alles andere als ein Suchender nach einer neuen Religion. Ganz im Gegenteil. Er hatte sich von seiner Religion losgesagt, weil er enttäuscht war von ihr. Gott hatte den Krieg nicht verhindert, der so viel Leid und Zerstörung über die Menschen gebracht hat, sondern hat sogar noch seine Diener beauftragt, die Waffen zu segnen. Das konnte er nicht verstehen. Er wollte von Religion nichts mehr wissen. Tatsache ist aber auch, dass wir traurig waren, ja traumatisiert, arm, bedürftig und entwurzelt. Unwillkommene Flüchtlinge in einer fremden Welt. Strandgut nach einer unbeschreiblichen Katastrophe, die sich 2. Weltkrieg nannte.

Die Schmeichelei, mit der meine Eltern umgarnt wurden, war verführerisch. Das Argument, dass Jehovas Zeugen sich nicht am Krieg beteiligt hatten und dass sie sogar wegen ihrer Weigerung, das Heil von dem Führer Hitler zu erwarten, im KZ waren, war für meinen Vater so überzeugend, dass er alle weiteren Erklärungen bereitwillig als *Die Wahrheit* akzeptierte.

Frau Singer sagt:

> „In der Anwerbungsphase wird in der Regel mit Täuschungen gearbeitet, und neue Mitglieder haben keinerlei Vorstellung darüber, was von ihnen erwartet wird, wenn sie einmal Mitglied sind. Aus den Berichten vieler ehemaliger Sektenmitglieder weiß ich, dass die Erfahrungen, die sie, im Netz der Gruppe verfangen, gemacht ha-

---

[5] Singer, S 23

ben, vom ersten Eindruck, den sie hatten, recht verschieden waren."

Dem kann ich nur voll zustimmen. Mein Vater wäre niemals ein Zeuge Jehovas geworden, wenn er von den Aufrufen in den Wachtturmausgaben von Juni und August 1915 gewusst hätte. Darin wurden die deutschen Bibelforscher ermutigt, den Kaiser dabei zu unterstützen, Jerusalem von den Türken zu befreien. Mein Vater wusste nichts von den Feldpostbriefen, den Namen der Einberufenen und Gefallenen im ersten Weltkrieg, die in den Wachtturm-Ausgaben veröffentlicht wurden.[6] In diesem Punkt wurde er über die Rolle der Wachtturm-Gesellschaft im ersten Weltkrieg durch Weglassen von wichtigen Informationen getäuscht.

Er konnte sich auch nicht kritisch mit dem Einfluss der Wachtturmführung bei dem Verbot der Zeugen Jehovas durch das dritte Reich auseinandersetzen. Zum Beispiel der Frage nachgehen, ob die Verweigerung des Hitlergrußes oder eher die Protesttelegramme, die durch die Leitung in Brooklyn veranlasst wurden, der wirkliche Grund für die verschärfte Verfolgung waren. Es könnte auch sein, dass die Haltung der IBV, der Internationalen Bibelforscher Vereinigung, zur Judenfrage der Grund für Hitlers Einschätzung war, dass es sich um eine barbarische Sekte handelt. Jedenfalls hatte die Resolution, die anlässlich ihres großen Kongresses am 25. Juni 1933 angenommen wurde, nicht die erhoffte Wirkung für die Zeugen Jehovas. Obwohl sie darin die Gemeinsamkeiten mit der neuen Regierung herausstellten:

> *„Eine sorgfältige Prüfung unserer Bücher und Schriften wird deutlich zeigen, dass die hohen Ideale, die sich die nationale Regierung zum Ziele gesetzt hat und die sie propagiert, auch in unseren Veröffentlichungen dargelegt, gutgeheißen und besonders hervor gehoben werden." (…) „Anstatt, dass unsere Schriften und unsere Tätigkeit die Grundsätze der nationalen Regierung gefährden, werden in ihnen die hohen Ideale sehr unterstützt."*

---

[6] *Der Wachtturm,* Juni und August 1915, S. 83; 87; 95; 114;

Ja sie versuchten sogar darzulegen, dass sie ebenfalls eine antijüdische Haltung hatten:

> *„Das angloamerikanische Weltreich ist die größte und bedrückendste Herr-*
> *schaft auf Erden. (…) Es sind die Handelsjuden des britisch-amerikanischen*
> *Weltreichs, die das Großgeschäft aufgebaut und benutzt haben als ein Mittel*
> *der Ausbeutung und der Bedrückung vieler Völker."*

Im Begleitschreiben, mit dem die Resolution an Hitler übersandt wurde, machte man die „Geschäftsjuden und Katholiken" für die angebliche Falschdarstellung der IBV verantwortlich.[7]

Dass es bei dem Verbot nicht allein um die Wehrdienstverweigerung ging, kann man aus der Tatsache ablesen, dass auch Frauen in Konzentrationslager gebracht wurden.

Auch hat mein Vater die Frage nicht klären können, ob sich die Zeugen Jehovas um die Freiheit in unserem Land Gedanken machten und sich dafür einsetzten, wie es zum Beispiel die Widerstandskämpfer um Dietrich Bonhoeffer, die Geschwister Scholl oder Graf Stauffenberg taten, die ungeachtet dessen wie die Mehrheit handelte, wirklich ihrem eigenen Gewissen folgten, oder ob sie lediglich die Wahl hatten zwischen dem Gehorsam gegenüber zwei verschiedenen Diktaturen. Die eine nannte sich *Theokratische Herrschaft* und behauptete, es sei erforderlich, mit einem *gut geschulten Gewissen* gegen die Anweisungen der Regierung zu handeln.

Der andere Diktator war der Führer des dritten Reiches.

Es ist keine Frage, dass jedem einzelnen Menschen, dem von diesem Regime Leid und Grausamkeit widerfahren ist, weil er aus Glauben und Gottesfurcht jedes Leid ertragen hat, Respekt und Hochachtung gebührt.

Es ist nicht die Aufgabe der Nachfahren darüber zu richten, ob der Einzelne aus Gehorsam, Angst oder ehrlichem Glauben gehandelt hat. Jedes einzelne Schicksal muss als Mahnmal gegen willkürliche Grausamkeit und

---

[7] Die Angaben basieren auf den Studien des Historikers Detlef Grabe, „Glaubensgehorsam und Märtyrergesinnung". EZW-Text 145, 1999. Zu den Besonderheiten dieser Verfolgungsgeschichte, nach Besier/Vollnhals, „Repression und Selbstbehauptung", 2003

Missachtung der Menschenwürde gewürdigt und im Gedächtnis der Nation bewahrt werden.

Doch nach meinem persönlichen Empfinden ist es nicht redlich von der Wachtturm-Gesellschaft, nun die Opfer zu ihrer eigenen Verklärung zu missbrauchen - war sie doch der mögliche Auslöser der extremen Verfolgung. Ich erinnere mich an keinen Hinweis in der Wachtturm-Literatur, dass alle aus religiösen Motiven Internierten den lila Winkel trugen und unter dem Sammelbegriff „Bibelforscher" geführt wurden. Die „freien Bibelforscher", die sich immer noch an die Lehren ihres Pastors Russell hielten, gehörten da ebenso als Kriegsdienstverweigerer dazu wie die Quäker, die Nazarener oder die Siebenten-Tags-Adventisten, die Hitler ihre Gefolgschaft ebenfalls verweigerten, wenngleich sie als Gruppe zahlenmäßig vergleichsweise gering waren.

Regime-Gegner aus kirchlichen Kreisen, wie beispielsweise Kaplan Karl Kunkel aus Ostpreußen, der 1944 von der Gestapo verhaftet und 1945 aus dem KZ Dachau befreit wurde, trugen einen roten Winkel. Sie wurden als politische Gefangene eingestuft.

Hier meldet sich meine innere Stimme ganz intensiv zu Wort. Wie schön, ich darf auf sie hören. Ich frage mich, warum hat meine Mutter nicht protestiert? Sie war doch eine sehr gläubige Frau. Ich habe sie auf unserem Weg durch Ungarn und Österreich, als wir auf der Flucht waren, unzählige Male in Kirchen und Kapellen gehen sehen. Sie hat Gott um Schutz angefleht. Ich möchte glauben, dass wir es nur ihrem Gottvertrauen und der Kraft und Zuversicht, die sie daraus schöpfte, verdanken, dass wir die hunderte Kilometer zu Fuß durch Feindesland lebend überstanden haben.

Aber ja, es stimmt auch, dass meine Mutter zusehen musste, wie wir drei Mädchen im Alter von vier, fünf, und sieben Jahren während der acht Monate im Flüchtlingslager an den Rand des Hungertodes kamen. Sie selbst war auf fünfundvierzig Kilo abgemagert. Sie vermisste ihre Eltern und Geschwister. Sie stand zwischen Baum und Borke in unserem neuen Zuhause. Die Schwiegermutter ließ sie nach wie vor spüren, dass sie nicht die standesgemäße Schwiegertochter war. Sie hatte für ihren Sohn die

Erbin einer Schreinerei auserkoren. Mein Vater hatte ein Loyalitätsproblem. Zu wem sollte er halten? Zu seiner Frau oder zu seiner Mutter und seinen Geschwistern? Meine Tante hatte dafür gesorgt, dass die Familie meines Vaters nahe zusammenrückte. Es war geradezu eine Kolonie von ehemaligen Freunden und Verwandten aus Tscherwenka. Meine Mutter, die mittellose Komödiantin aus Stanischitsch blieb die Geduldete.[8]

Oh ja, meine Mutter war traurig, einsam, verzweifelt. Auch ihre elementaren Bedürfnisse waren bedroht. Es ging um ganz normale Dinge wie Essen, Trinken, ein Dach über dem Kopf haben, Stabilität und Sicherheit, sowie die Zugehörigkeit zu einer Gemeinschaft. Sie war sogar sehr anfällig für die Schmeicheleien, die sie in dieser neuen Gruppe erfuhr. Hier wurde sie willkommen geheißen. Mit dem permanenten Hinweis: „das steht in der Bibel" wurde das Vertrauen meiner Mutter sehr schnell gewonnen. Das gaukelte ihr Stabilität und Sicherheit vor. Sie glaubte, dass die Bibel das Wort Gottes ist. Die Hoffnungsbotschaft, dass es sehr bald mit aller Ungerechtigkeit ein Ende haben würde und danach niemand mehr krank würde, niemand mehr zu hungern brauchte, dass jeder sein eigenes Haus, seinen Weinstock und Feigenbaum hätte und er nie mehr von dort vertrieben würde, denn „Kriege lässt er aufhören für immer" verspricht die Bibel, hörte meine Mutter nur allzu gerne. Meine Mutter klammerte sich immer mehr an diesen Strohhalm der verlockenden Versprechungen.

> Zu den Methoden der Manipulation gehört es, sich mit einer höheren Instanz zu sozialisieren. Einerseits wird die Bibel als von Gott inspiriert zur Autorisierung der eigenen Aussagen verwendet und andererseits die Verantwortung für die Erfüllung der Versprechungen auf Gott abgewälzt.

Meine Mutter vertraute mit ganzem Herzen darauf, dass ihr *Die Wahrheit* überbracht wurde.

---

[8] Wie sich meine Eltern verliebten, heirateten und nach dem Krieg unter vielen Gefahren in Weilheim in Oberbayern wieder zusammenfanden, erzähle ich in „Überleben – was blieb von der Heimat Donauschwaben?", demnächst im Engelsdorfer Verlag, Leipzig.

Doch was war mit mir und meinen Geschwistern? Warum war ich so schnell begeistert? Warum wollte ich unbedingt ebenfalls zu dieser Gruppe gehören?

Wenn ich es recht überlege, dann habe auch ich mich von Schmeicheleien und Versprechungen einfangen lassen. Ich war in der Schule das arme Heidenkind. Meine Lehrerin ließ die Klasse sogar jeden Morgen ein Extragebet für mich beten. Ich war die einzige evangelische Schülerin in dieser katholischen Klasse. Anfangs hatte ich noch nicht einmal Schuhe. Ich musste barfuß zur Schule gehen. Mit meinem zerschlissenen Kleid und einem Schulranzen aus Holz, den mein Vater gemacht hatte, fiel ich wirklich auf. Ich schämte mich. Ich wurde von der Wiese mit einem Knüppel verjagt, wenn ich nur einige Sauerampfer für die Suppe pflücken wollte. Sollte ich, nur weil ich noch ein Kind war, keine Grundbedürfnisse haben dürfen? Auch ich wollte nie mehr hungern, oder diese scheußliche Sauerampfersuppe essen müssen. Ich wollte nie wieder Angst davor haben müssen, dass wir von Grenzposten erwischt und erschossen werden. Ich wollte zu einer Gemeinschaft dazugehören und nicht das ausgegrenzte arme Heidenkind sein. Ich sehnte mich nach Achtung und Anerkennung.

> Zu den Methoden der Manipulation gehört die Gefühlskontrolle. Die Sehnsucht nach Anerkennung innerhalb einer sozialen Gruppe wird durch das Versprechen befriedigt, dass man Anerkennung und Glück nur innerhalb der Gruppe finden wird.

Die Bibelforscher waren freundlich zu uns. Sie machten mir Komplimente und lobten mich überschwänglich, wenn ich eine Frage aus ihrem Studienbuch richtig beantwortete. Um diese Anerkennung zu bekommen, lernte ich begierig. Ich beobachtete meine Eltern und ahmte sie nach. Auch ich vertraute bald und glaubte, dass die Zeugen Jehovas *Die Wahrheit* hatten, denn sie konnten sogar voraussagen, dass wir von unserer Verwandtschaft, von Freunden, Arbeitskollegen und Mitschülern für unseren neuen Glauben verspottet würden. Das wäre der Beweis, dass wir die wahren Nachfolger Christi seien[9], denn er sagte selbst:

> *„Wenn sie mich verfolgt haben, werden sie auch euch verfolgen."*[10]

Nun gab es auch für mich eine Sache, in der ich viel reicher war als alle anderen. Ich kannte *Die Wahrheit*. Ich konnte damit einem Gebot der Bibel folgen:

> *„… sammelt euch aber Schätze im Himmel wo weder Motte noch Rost zerstört."*[11]

Wieder solche Zitate aus der Bibel, die uns das Gefühl gaben, diese Offenbarung und Auserwählung direkt von Gott bekommen zu haben.

Unglücklicherweise reagierte die Bevölkerung damals sehr kontraproduktiv. Auch die Vertreter der Kirchen machten Stimmung gegen die Haus zu Haus Tätigkeit und wetterten dagegen von den Kanzeln. Sie ließen sich von den provokanten und beleidigenden Veröffentlichungen in den Wachtturmschriften, in denen Religion als Gimpelfang angeprangert wurde und die Kirche – allen voran die katholische – als Komplizin von Politik und Kapital beschimpft wurde, dazu verleiten. Das bestärkte uns in unserer Überzeugung, wir würden um Christi Willen verfolgt. Statt mit vernünftigen Argumenten aufzuklären, wurde eher eine gegnerische Stimmung verbreitet. Das hatte zur Folge, dass wir oft von Steinewerfern aus einem Dorf verjagt wurden oder dass die Reifen unserer Fahrräder aufgeschlitzt wurden. Wir wurden beschimpft und von den Grundstücken verjagt. Das alles nahmen wir als Zeichen dafür, dass wir *Die Wahrheit* verkündigten und *Satan der Teufel* mit seinen *Dämonen* versuchte, mit Hilfe seiner Untertanen, den Menschen der bösen Welt, unseren Glauben zu schwächen. Das entsprechende Bibelzitat schien diese Logik zu bestätigen:

> *„… euer Widersacher, der Teufel geht umher wie ein brüllender Löwe und sucht, wen er verschlinge"*[12].

---

[9] Siehe Anhang: Parameter „Sekte"
[10] Johannes 15, 20 Elb
[11] Matthäus 6,20 Elb
[12] 1. Petrus 5,8 Elb

Damals wurde uns oft in kämpferischen Vorträgen geraten: Wenn man euch vorne zur Türe hinausschmeißt, dann versucht zur Hintertür wieder das Haus zu betreten, um herauszufinden, ob jemand im Haus wohnt, der zur *guten Botschaft* richtig eingestellt ist. Es wurde uns eingeschärft, dass wir die Verantwortung für die Rettung der Menschen in unserem Gebiet trugen. Auch dafür gab es einen Bibeltext aus Hesekiel, der besagte, wir seien *als Wächter berufen.*[13] Wenn wir die Menschen nicht vor der *Vernichtung* warnten, würden wir *Blutschuld* auf uns *laden* und dann würden auch wir vernichtet.

---

[13] Hesekiel 8,17-21 NW

Kapitel 2
DIE UNSICHTBAREN KETTEN

Völlig in meine Gedanken vertieft sitze ich an meinem Arbeitsplatz vor dem PC. Seit mein Mann und ich in Rente sind, habe ich ein Drittel unseres geräumigen Wohnzimmers beansprucht. Ich habe es in einen Multifunktionsraum umgestaltet. Das mittlere Drittel des Raumes gehört der Sitzgruppe mit Fernseher für die gemütlichen Abende und das hintere Drittel gegenüber der Fensterfront, die die ganze Breite des Raumes einnimmt, ist der Essplatz. Ich genieße den Blick auf die Pflanzen am Balkon. In diesem Jahr habe ich mir ein Miniaturparadies geschaffen. Ich habe *die wartende Haltung* aufgegeben. Sie hat mich mein ganzes Leben lang blockiert und davon abgehalten auf die Stimme meiner Seele zu hören.

Das hatte durch die Paradiesversprechungen funktioniert, wie sie zu Tausenden in den Veröffentlichungen der Wachtturm-Gesellschaft nachzulesen sind. Sie folgen bis heute immer dem gleichen Muster. Zum Beispiel im Wachtturm vom 15. September 2012:

> Titel: „*Frieden für tausend Jahre - und bis in alle Ewigkeit!*"
>
> „*[...] Wie sollte sich diese wunderbare Aussicht auf uns auswirken? Eine angemessene Unterkunft braucht jeder, das ist klar. Aber wäre es klug, uns heute schon unser Traumhaus bauen zu wollen - und uns dafür womöglich massiv zu verschulden? Wäre es nicht viel besser, uns auf das Versprechen Jehovas zu konzentrieren? [...]*
>
> *Lässt du dich von den herrlichen Aussichten, die durch das Königreich schon sehr bald Wirklichkeit werden, dazu motivieren, dich voll und ganz dem Willen Gottes zu widmen? Gibst du acht, dich nicht von der Welt Satans mit ihren falschen Hoffnungen und scheinbaren Erleichterungen ablenken zu lassen? Stehst du fest in deinem Entschluss, Jehovas Souveränität zu unterstützen und zu verteidigen, und das für immer und ewig? Dann zeige es durch das, was du heute tust. Dein Lohn? Ein glückliches, gesegnetes Leben in Frieden - für tausend Jahre und bis in alle Ewigkeit!*"

Ich habe nicht wirklich gelebt, sondern ich habe auf das Leben in einer fernen Zukunft gewartet. Jetzt will ich meinen Garten nicht mehr in dem kommenden Paradies nach *Harmagedon* anlegen.

Diese bedrohliche Schlacht Gottes, bei der das gesamte *weltliche System der Dinge* – einfach alles was nicht zu der *irdischen Organisation Gottes* gehört, *vernichtet* würde, hat nicht nur mein Leben mit Furcht vergiftet, sondern vor allem auch das meiner Kinder. Das Wort *Harmagedon* in Verbindung mit den Begriffen *Satan, Teufel, Dämonen, Vernichtung* war allgegenwärtig.[14] In den Nachschlagewerken zur Wachtturmliteratur ergeben diese Suchbegriffe zehntausende Treffer.

Mit Suggestivfragen wurde das Gewissen manipuliert. Mit dem Argument, es gäbe nur die Wahl zwischen Leben oder Tod kam Angst vor der falschen Entscheidung auf. Wer weiß …, was, wenn sie doch Recht haben?

Wer für seine eigenen Bedürfnisse sorgte, anstatt sich für die Wachtturm-Interessen zu verausgaben, sollte sich schuldig fühlen.

Aus dem Wachtturm, Studienausgabe, 15.02.2013, Seite 23, letzter Absatz:

„Achte auf dein Herz"
„Mit zunehmendem Alter könnte jemand so sehr um die finanzielle Absicherung im Alter besorgt sein, dass er eher bereit ist, an Zusammenkunftsabenden Überstunden zu machen oder andere christliche Verantwortlichkeiten zu vernachlässigen. Sollte er sich nicht vor einer solchen Neigung hüten? Oder nehmen wir einen jungen Menschen, der weiß, dass es nichts Besseres als den Vollzeitdienst gibt. Trotzdem verschiebt er den Pionierdienst, weil er meint, er müsse sich zuerst finanziell absichern. Sollte er nicht lieber jetzt sein Bestes geben, um Gott gegenüber reich zu sein? Wer weiß, ob er morgen noch am Leben ist?"

Ich denke mit Schaudern an die grauenvollen Bilder von Feuer, Zerstörung und Menschen in Panik in den Büchern und Zeitschriften und daran, dass

---

[14] Siehe Anhang Parameter „Sekte" Fragen 22, 23,

wir sie unseren Kindern erklären mussten. Mein Blick wandert zu der langen Reihe von Büchern im Regal neben der Schrankwand. Meine Augen heften sich auf einen Titel nach dem anderen. Ich habe alle diese Bücher nicht nur gelesen, sondern im Laufe der vergangenen 60 Jahre die Lehren darin auswendig gelernt.

Die Erinnerung an die Vergangenheit tut mir weh. Ich bin mir tief bewusst, dass ich einer Illusion von Liebe gefolgt bin. Beteuerungen wie „du bist so eine Bereicherung für unsere Versammlung" oder „wir sind so dankbar, dass du und dein Mann bei uns sind", kommen mir in den Sinn. Wir haben das sehr gerne gehört. Um dieses Ansehen zu erhalten haben wir uns verausgabt, ja selbst verleugnet. Der Preis war unser selbstbestimmtes Leben im Diesseits. Der Lohn sollte das ewige Leben im Jenseits, dem *irdischen Paradies* sein. Nun haben sich alle Beteuerungen der Liebe als Schall und Rauch erwiesen. Sie waren an die Bedingung geknüpft, dass ich immer tue was man von mir erwartet. Eigenständiges Denken und Handeln wurde als Feindschaft ausgelegt und war Grund genug, mich mit totaler sozialer Isolation zu bestrafen. Die unmissverständliche Aussage ist: Wenn Du nicht tust was wir sagen wirst Du einsam sein.[15]

Was waren die unsichtbaren Ketten, die uns so unentrinnbar gebunden hielten?

Mir kommt gerade das Höhlengleichnis von Platon in den Sinn. Unsere Professorin hat es bei der letzten Vorlesung erzählt, die ich im Rahmen der Erwachsenenbildung besucht hatte. Ich kann zwar meinen Traum von einem richtigen Studium an einer Universität nicht mehr verwirklichen, aber ich kann Seminare und Vorlesungen zu allen Themen besuchen, die mich brennend interessieren. Diese Freiheit genieße ich in vollen Zügen.

Platon beschreibt Menschen in einer höhlenartigen Wohnung. Diese hat einen gegen das Licht geöffneten Zugang. Die Menschen sind gegenüber diesem Zugang an ihrem Platz gefesselt. Sie können sich nicht vom Fleck bewegen und nur in die eine Richtung gegen die Wand schauen. Alles, was

---

[15] Anhang Sekten, Fragen 16; 26;

diese Höhlenbewohner wahrnehmen können, sind die Schatten der Menschen, Dinge und Ereignisse, die hinter ihnen vorüberziehen. Doch da die Menschen von Kindesbeinen an nichts anderes kannten, halten sie die vorübergleitenden Schatten für die Wirklichkeit.

Platon beschreibt nun die Erfahrung eines dieser Höhlenbewohner, der gezwungen wird, sich von den Fesseln zu befreien, aufzustehen und hinauszugehen aus der Höhle in das Licht, das er gesehen hat. Das Licht blendet ihn. Er sieht zunächst nichts. Es schmerzt ihn. Nur langsam erkennt er Spiegelungen und es dauert lange, bis er bereit ist, seine Wahrnehmung zu verändern und die neue Wirklichkeit zu sehen.

Vor mehr als 2 000 Jahren hat dieser weise Philosoph bereits erkannt, dass es ein harter Weg ist, Neues zu erforschen, den Sinn an neue Erkenntnisse und Gedanken zu gewöhnen. Doch wenn man erst damit begonnen hat, neue Wirklichkeiten zu begreifen, kann das einen unbändigen Forscherdrang auslösen. Wenn man akzeptieren kann, dass nicht alles Gold ist was glänzt, dass unsere Wahrnehmung täuschen kann, dass die Sonne keine Scheibe ist und die Fata Morgana keine Oase, wächst der Mut nach neuen Ufern zu streben.

Ich erinnere mich daran, wie ich meine erste EMMA gekauft habe. Das werde ich nie vergessen. Ich hatte Herzklopfen und Schweißperlen auf der Stirn. Als die nette Verkäuferin das Titelbild mit einem Flyer abdeckte, war ich ihr insgeheim sehr dankbar.

Warum war das für mich so eine außergewöhnliche Tat? Als ich in diesem Buchladen stand, wirkten die Warnungen der vergangenen Jahrzehnte auf mich. Sie triggerten[16] meine Angst vor der *weltlichen Weisheit*, die *unter der Macht des Teufels* steht.

---

[16] Trigger nennen Psychologen Schlüsselreize, die durch Konditionierung, also hundertfaches Wiederholen, eingeprägt werden und zu einem ganz bestimmten Verhalten führen. Trigger sind Sinneseindrücke, an die man sich erinnert und die erlernte oder antrainierte Gefühle oder Verhalten reflexartig aufkommen lassen. Das können auch ganz schwache Signale sein, die man im Zusammenhang mit einem bestimmten Ereignis erlebt hat. Ein Geruch, eine Geste, ein Geräusch, ein Wort, ein Bild im Zusammenhang mit schweren seelischen Verletzungen und Ängsten.

Mit Ratschlägen wie die nachfolgend zitierten wuchs ich auf, habe sie befolgt und vor allem auch an meine eigenen Kinder weitergegeben:

> *„Manche Mütter achten nicht sonderlich darauf, daß die Kleidung ihrer Jungen luftig ist, denn sie wissen nicht, wie es sich auf das Leben eines Jungen auswirken kann, wenn er Kleidung trägt, die unten herum eng ist. Es ist so, wie ein Arzt sagte: ‚Durch eine Unterhose, die so eng anliegt, daß das Geschlechtsteil dauernd am Verschluß scheuert, wird die Aufmerksamkeit so sehr darauf gelenkt', daß es dem Kind zur Gewohnheit wird, sich daran zu schaffen zu machen. Hat es sich das einmal angewöhnt, dann ist es schwierig, es sich wieder abzugewöhnen. … diese üble Gewohnheit könnte bewirken, daß er das seelische Gleichgewicht und die Selbstbeherrschung verliert. Durch diese Gewohnheit wird die Aufmerksamkeit auf den Körper und dessen Begierden gelenkt, auch bringt sie einen auf unsaubere und unanständige Gedanken, und das kann zur bestimmten Zeit zu unrechten Handlungen führen — zu Homosexualität, Hurerei usw. Ein Arzt schrieb: ‚Diese Gewohnheit mag sich im späteren Leben schädlich auswirken, weil die geschlechtliche Reizbarkeit gesteigert und dadurch die Voraussetzung zur Unsittlichkeit geschaffen wird.'"*[17]

Dementsprechend voluminös war meine Kleidung, denn sinngemäß wurde das natürlich auch auf Mädchen übertragen. Als ich 20 Jahre alt war, kaufte mir mein heimlicher Verlobter für einen ganzen Wochenlohn ein wunderschönes Kleid. Es war figurbetonend geschnitten, aus cremefarbenem Bouclé.

Ich werde die bewundernden Blicke nie vergessen, die ich in seiner Begleitung geerntet habe. Aber ich werde auch den Zorn meines Vaters nie vergessen, der es als Skandal empfand und der schließlich verhinderte, dass ich es je wieder tragen konnte.

---

[17] Erwachet, 8.März 1969 – S. 5

Die Rolle der Frau in dieser unerkannten Scharia war die einer demütig dienenden und gehorsamen Gehilfin des Ehemannes – ihres Hauptes. Ihre einzige Bestimmung war, für das Wohl der Familie zu sorgen und zu *predigen*, beziehungsweise den Menschen zu verkünden, dass sie bald vernichtet werden, falls sie sich nicht zu dieser Religion bekehren lassen. Sie hatte dabei stets *einen stillen und milden Geist[18] an den Tag zu legen*. Das negative *Vorbild* der Königin *Isebel* wurde als abschreckendes Beispiel und Warnung vermittelt, nicht wie sie zu sein.[19]

Die Zeitschrift EMMA, die für eine ganz andere Rolle der Frau eintritt, zu kaufen, wäre mir früher nicht möglich gewesen. Zu solch einer ketzerischen Tat hätte ich niemals den Mut aufgebracht.

Inzwischen konnte ich mich mit der Hilfe meines Sohnes aus den Ketten meiner Höhlenbehausung befreien. Dafür stehe ich nun völlig isoliert in einer fremden Welt und versuche mit Herzklopfen herauszufinden, was an den früheren Warnungen vor diesem so bösen System wahr ist.

Die Zeugen-Höhlenbewohner müssen dem Wachtturm vom 15. April 2012, Seite 12 gehorchen:

> *„Was aber, wenn wir mit jemand, der ausgeschlossen werden musste, verwandt oder eng befreundet sind? Dann steht jetzt unsere Treue auf dem Prüfstand, und zwar, nicht gegenüber dieser Person, sondern gegenüber unserem Gott. Jehova schaut nun darauf, ob wir uns an sein Gebot halten, keinen Kontakt mehr mit jemandem zu haben, der ausgeschlossen ist.“*

Meine Familie hält sich treu an dieses Gebot. So hielt ich also meine erste EMMA Winter 2012 in der Hand, hatte Herzklopfen dabei und war dieser netten Verkäuferin dankbar dafür, dass sie das Titelbild, die Demonstration mutiger, barbusiger Frauen gegen Sextourismus, verdeckte. Ich bin sicher, dass sie meine Verlegenheit gespürt hat.

---

[18] 1. Petrus 3,4 NW
[19] Eine analytische Abhandlung zu der Rolle der Frau in der Wachtturm-Organisation, siehe Anhang „Das Weib Isebel".

Kapitel 3
DIE BRÜCKE ZUM EINSTIEG – VERTRAUEN

Man kann eine durch Jahrzehnte geprägte Lebensführung nicht einfach mit einer Willensentscheidung über Bord werfen. Es ist eine Sache, rational mit dem Kopf zu wissen, dass etwas verkehrt gelaufen ist. Doch es ist eine ganz andere Sache, dieses Wissen auch in das Herz oder die unbewussten Steuerungsvorgänge dringen zu lassen.

Obwohl es unglaublich einfach sein könnte, eine bedrückende Gemeinschaft zu verlassen, da es ja keine sichtbaren Ketten der Gefangenschaft gibt und alle Türen offen stehen, gelingt es nur, wenn man die Täuschung erkennen kann. Es ist wie mit dem Goldfisch im Glas. Er könnte leicht herausspringen, doch es wäre sein sicherer Tod. Solange ich unserer Leitung ohne zu zweifeln vertraute, war ich überzeugt, es wäre mein oder Mitgliedern meiner Familie sicherer Tod, wenn ich diese Organisation verlasse. Falls ich oder eines meiner Kinder nicht durch einen schlimmen Unfall, eine Krankheit, einen Blitzschlag oder eine andere Katastrophe sofort zu Tode käme, würde ich doch spätestens in Harmagedon in dem Blutbad und Feuersee enden.

Offenbar ließen wir uns vor mehr als sechs Jahrzehnten von einem Schatten der Wirklichkeit, von einer Fata Morgana blenden. Sie sprach unser Gefühl und unsere natürlichen Sehnsüchte[20] und Wünsche an, und wir gingen in die erste Falle der Seelenfänger – sie köderten uns, indem sie unser Vertrauen erschlichen.

---

[20] Nach meinem jetzigen Wissen scheint es sehr gut möglich, dass Viktor Frankl mit seiner Lehre, der Mensch sei dreidimensional, Recht hat. Wenn es gelänge, die Sehnsucht nach dem Zugang zur 3. Dimension, also neben Leib und Psyche, zu unserem Geist (ich würde es gerne unsere Seele nennen) als völlig normalen, natürlichen Wunsch zu sehen, wäre dieses Bedürfnis meiner Meinung nach entmystifiziert. Das würde den Seelenfängern und Gurus das Leben bedeutend erschweren. www.GLE-D.de

> Unser Unterbewusstsein sortiert die Informationen. Wenn sie aus einer vertrauenswürdigen Quelle stammen, nehmen wir sie eher ungeprüft an. Wir vertrauen dem Überbringer der Botschaft. Sektenwerber sprechen das Gefühl an. Der Wunsch nach Anerkennung kann die klare Sicht trüben.

Meine Eltern entwickelten ein grenzenloses Vertrauen in die Worte der Heiligen Schrift, so wie sie von dem Vertreter der Wachtturm Organisation übermittelt wurden.

Sie wurden nicht skeptisch bei Erklärungen, die sich fundamental an die Buchstaben des Wortes hielten. Auch diese Methode war ausgezeichnet dazu geeignet, gegen Kritik von außen und gegen zweifelnde Fragen im eigenen Sinn immun zu machen.

Der verwendete Bibeltext war aus 2. Timotheus, Kapitel 3, Vers 16

„alle Schrift ist von Gott eingegeben ...“.

Man kann sagen, das ist gleich einem Dogma eine unverrückbare Aussage der Zeugen Jehovas. *„Die Ganze Schrift ist von Gott inspiriert“*, will sagen, dass alles, was in diesem Buch steht, gleichwertig heilig und unantastbar ist. Ich möchte es mit einem riesigen Berg Lego-Bausteine vergleichen, die alle so genormt sind, dass sie sich zu beliebigen Konstruktionen zusammensetzen lassen. Damit kann man die unterschiedlichsten Modelle bauen. Große und kleine Häuser, Straßen, Autos, Flugzeuge usw. Die Steine passen immer zusammen. Wobei die Bibel selbst aus unterschiedlichsten Literaturgattungen zusammengestellt ist. Es ist eine kleine Bibliothek, die zu einem Kanon zusammengefügt wurde. Da gibt es Geschichtsbücher wie die Chronika und Könige. Sie enthält Weisheitsliteratur wie die Sprüche, Prediger oder Hiob. Auch Lyrik kommt nicht zu kurz, man denke an das Hohe Lied oder die Psalmen. Jeder kennt die Evangelien, die Apostelbriefe, die Apokalyptischen Bücher wie Offenbarung oder Daniels Prophezeiung.

Viele Redewendungen, die charakteristisch für die blumige Sprache der Semiten sind, kann man nur verstehen, wenn man die Bibel mit den Augen der damaligen Kultur und dem damaligen Wissen betrachtet. Eine wörtliche Übersetzung aus den ursprünglichen Schriften kann meilenweit von der eigentlichen Bedeutung entfernt sein. Gerade die blumige Sprache der

Semiten, das Aramäische, enthält unzählige Redewendungen, die man nicht wörtlich übersetzen oder anwenden kann.[21]

Sollte es da verwundern, dass ein Wort aus dem obigen Bibeltext nicht genau wiedergegeben ist? Es wird einfach ignoriert, dass dort steht, die Schrift sei „nützlich". Mit der erlernten selektiven Wahrnehmung haben wir solche Worte ausgeblendet. Es wäre ja verwirrend gewesen, dass eine Aussage lediglich „nützlich" ist und kein unumstößliches Gebot.

Manipulation durch Erlernen der selektiven Wahrnehmung. Der Aussage, die von einer Quelle stammt, der man vertraut, wird zugestimmt, auch wenn sie nur zu einem Teil wahr ist. Der Rest – zum Beispiel eine schlichte Behauptung, wird ausgeblendet.

Auf diese Weise wird ohne Rücksicht auf Zeit und Ort der Aufzeichnung, auf den Kontext oder den Grund der Niederschrift, von irgendeiner Stelle nach der Rösselsprungmethode ein Zitat verwendet. Es scheint eine Behauptung oder Lehre zu stützen und es als Gottes persönlichen Willen auszugeben. Sobald man eine Aussage mit einem Bibeltext verbinden kann, gilt sie als *biblischer Grundsatz*.

Widersprüchliche Texte gelten nicht als Widersprüche, sondern als falsch verstandene Aussagen. So lässt sich erklären, dass einmal eine Zahl buchstäblich zu verstehen ist, ein andermal symbolisch. Einmal wird erklärt, der „Sauerteig" sei positiv zu verstehen. Ein anderes Mal steht er für die negativen Folgen der Zerstörung des Glaubens. Es gibt für diese Art der widersprüchlichen Lehre unzählige Beispiele. Für jede Auslegung findet man auch einen Text, der passt, wie die genormten Lego-Bausteine.

---

[21] Rocco A. Errico, „Es werde Licht – Die sieben Schlüssel zur aramäischen Welt der Bibel", Verlag H.J. Maurer, 2002

> Durch verwirrende Aussagen entsteht Konfusion. Das ist die Voraussetzung, dass wir die Schuld immer bei uns selbst suchen. Mit uns muss etwas nicht stimmen, wenn wir es nicht verstehen. Wir wollen konform sein mit der Gruppe und geben die „richtige Antwort", obwohl sie falsch ist. (Nach Liftons Methode der Bewusstseinskontrolle)

Das Vertrauen, das meine Eltern in die Bibelerklärungen der Zeugen entwickelten, übertrugen sie unmerklich auch auf alles, was sie in den Schriften, die ihnen gegeben wurden, lesen konnten. Da sie der Quelle vertrauten, haben sie auch dem Überbringer vertraut. Sie kannten das Sprichwort: „Wer einmal lügt, dem glaubt man nicht und wenn er auch die Wahrheit spricht". Dass alle Religionen Unrecht haben, weil sie angeblich falsche Erklärungen der Bibel verbreiten, wurde uns mit ganz simplen Bibelsprüchen „bewiesen". Wir sollten glauben, nur die Bibelforscher – wie man damals zuweilen noch Zeugen Jehovas nannte –, sagen die absolute Wahrheit.

Hätte uns doch damals jemand über die Grundlagen von Fundamentalismus und Extremismus aufgeklärt! Hätten wir doch erkennen können, dass die wortwörtliche Anwendung fundamentaler schriftlicher Überlieferungen ein Verharren in dem Wissensstand der zurückliegenden Jahrhunderte bedeutet. Fundamentalisten weigern sich Texte zu interpretieren und sie in ihrem Kontext und dem ursprünglichen Zweck der Niederschrift, sowie dem seinerzeitigen Wissen zu reflektieren.

Wahrscheinlich wäre uns dann der kurze Weg vom Fundamentalismus zum Fanatismus oder Extremismus aufgefallen. Hätten dann meine Eltern nicht aus ihrer Erfahrung mit den fanatischen Nationalsozialisten eher skeptisch reagiert? Davon bin ich jedenfalls überzeugt.

Wie sehr hätte uns das Wissen beschützt, dass man destruktive Kulte an der Behauptung erkennt, die einzig wahre Lehre zu besitzen. Die einen behaupten zum Beispiel, alle Menschen seien hypnotisiert. Allein diese Gruppe würde mit ihren Methoden de-hypnotisieren. Alle Menschen leben angeblich in Finsternis oder unter der Macht Satans, nur diese eine Gruppe nicht. Nur der Führer, Guru, die erleuchtete Mutter dieser Gruppe sei auserwählt, besitze die göttliche Energie, Weisheit, das Licht, offenbare die heiligen Geheimnisse, usw. Auch hierfür gibt es unzählige Beispiele.

Sicher wäre uns dann aufgefallen, dass sich mit einem besonderen Bauplan ein sehr simples Erklärungsmodell bauen lässt. Das Prinzip *Vorbild/Gegenbild* kann man auf alles anwenden, was als Vorschrift für gruppenkonformes Denken und Handeln vermittelt werden soll.

> Episoden aus der biblischen Geschichte dienen als Grundsatzmodell für das gegenwärtige Verhalten oder als Muster für die Endzeitprognosen. Mit dem Vorbild wird oft eine sogenannte Gewissensentscheidung, ungeachtet der historischen Hintergründe, angemahnt.

Wieder bekommt das Vorgehen ein Siegel von der höheren Instanz durch ein Bibelzitat:

„… *was vorzeiten geschrieben wurde, ist zu unserer Unterweisung geschrieben worden, …*"[22]

Weil die Schlange vom *Teufel* benützt wurde, Eva im Paradies zu verführen, ist auch heute der *Teufel* ständig auf der Lauer, wie er Menschen zur Sünde verführen kann. Zum Beispiel verführt er kleine Kinder dazu, mit Plastikspielzeug zu spielen, das einen Zauberer darstellt. Wie es in dem neuesten Video der Wachtturm-Gesellschaft „*Werde ein Freund Gottes*" suggeriert wird. Das wäre mit der Sünde Evas zu vergleichen, die von der verbotenen Frucht gegessen hat.

Weil Gott eine schlechte Welt durch eine Sintflut vernichtet hat, wird es die *gegenbildliche Erfüllung*, den *großen Krieg Gottes, Harmagedon* genannt, geben, in dem alles Böse, womit das gesamte menschliche System gemeint ist, von der Erde ausgerottet werden wird.

Weil eine arme Witwe ihre letzte kleine Münze in den Tempelschatz gegeben hat, ist sie ein Vorbild für die Gläubigen, sich mit allem, was sie haben, *Schätze im Himmel* anzuhäufen, indem sie ihre materielle Habe für die

---

[22] Römer 15,4 NW

sogenannten *Interessen des Königreiches* (weltweite Neumitgliederwerbung) spenden.

Durchforscht man die Veröffentlichungen der Wachtturm-Gesellschaft nach Lebensberichten und Erfahrungen, begegnet man sehr häufig den Aussagen: „Wir haben unser Haus oder unser Geschäft oder Besitz verkauft, ein Studium abgebrochen, auf eine Karriere verzichtet, die Lebensversicherung oder die Altersversorgung vorzeitig gekündigt, weil wir glaubten, in der kurzen Zeit bis Harmagedon sei nichts wichtiger als *die gute Botschaft vom Königreich zu predigen.*" Aber man sucht in der Wachtturm-Literatur vergeblich nach einer direkten Aufforderung Häuser und Besitz zu verkaufen oder die Lebensversicherung und Altersversorgung vorzeitig zu kündigen.

Kapitel 4
VERWIRRENDE BOTSCHAFTEN DESTABILISIEREN

Was veranlasst Gläubige, extreme Entscheidungen zu treffen?

Es sind sublime Botschaften. Der Duden umschreibt sublim: erhaben; fein; nur einem feineren Verständnis oder Empfinden zugänglich.

> Durch sublime Botschaften wird zu extremem Handeln manipuliert. Es wird keine direkte Anweisung gegeben. Die Gruppenerwartung veranlasst zur gewünschten Schlussfolgerung. Manipulation durch gruppendynamische Prozesse. Durch Gewissensfragen wie: möchtest Du nicht auch Jehova gefallen? Sicher willst Du Satan keinen Raum geben, usw., wird signalisiert, welche Entscheidung erwartet wird. Siehe Anhang „Parameter", Frage 16

Jehovas Zeugen sind mit ihrem *gut geschulten Gewissen* diesem feineren Verständnis oder Empfinden zugänglich, denn sie werden geschult, Zusammenhänge aus dem Inhalt der Belehrungen herzustellen.

Versuchen wir am Beispiel eines Artikels aus dem Wachtturm vom 15. Februar 2011, diese feinen, sublimen Botschaften zu analysieren.

Der Artikel hat die Überschrift:

„Gottes Anerkennung zu gewinnen bringt ewiges Leben ein"

Welche Botschaft signalisiert dieser Titel? Gewinnen ist sicher nicht im Sinne eines Lottogewinnes gemeint. Es soll wohl bedeuten, dass der Lohn ewiges Leben und Anerkennung auch einen Einsatz erfordert.

Was unter dem Einsatz zu verstehen ist, kann dann von dem Beispiel abgeleitet werden, das zur Einleitung der Abhandlung gebraucht wird:

„Die Frau und ihr Sohn hatten Hunger. Gottes Prophet aber auch. Sie suchte gerade ein wenig Feuerholz zum Kochen zusammen, da bat Elia sie um Wasser und Brot. Sie war zwar bereit, ihm etwas zu trinken zu geben, doch alles, was sie noch zu essen hatte, war, eine Handvoll Mehl in dem großen Krug und ein wenig Oel in dem kleinen Krug. Diese Witwe in Zarephath konnte es sich eigentlich nicht leisten, dem Propheten etwas abzugeben, und ließ ihn das auch wissen (1. Kö. 1Zg-12). 2 Doch Elia beharrte auf seiner Bitte:, Mache mir von dem, was da ist, zuerst einen kleinen runden Kuchen, und du sollst ihn zu mir herausbringen, und für dich und deinen Sohn kannst du danach etwas machen. Denn dies ist was Jehova, der Gott Israels, gesprochen hat: ,Der große Mehlkrug selbst wird nicht erschöpft, und der kleine Ölkrug er wird nicht leer werden.' (1. Kö.1213,14)“.

Die Geschichte spricht das Gefühl an. Eine arme Witwe und ihr Kind. Sie bereitet mit ihren letzten Vorräten eine Mahlzeit für den Propheten – wir verstehen – der Einsatz ist: Alles was wir haben. Dass diese Schlussfolgerung kein Missverständnis ist wird in den folgenden Ausführungen deutlich:

„Bei der Entscheidung, vor der die Witwe stand, ging es um viel mehr als nur um die Frage: ,Was mache ich mit meinem letzten Bissen Brot?' Sie musste sich überlegen, ob sie darauf vertrauen wollte, dass Jehova sie und ihren Sohn retten würde, oder ob materielle Bedürfnisse ihr wichtiger waren als die Anerkennung und Freundschaft Gottes. "

Eine unzweideutige Erklärung dafür, wie das Beispiel der Witwe anzuwenden ist.

„Jeder von uns heute steht vor einer ähnlichen Frage. Was liegt uns mehr am Herzen: dass sich Jehova über uns freuen kann oder dass wir materiell abgesichert sind? Wir haben allen Grund, unserem Gott zu vertrauen und ihm zu dienen. Was können wir denn dafür tun, sein Wohlgefallen zu finden?"

Ohne Umschweife wird diese Begebenheit in unsere Zeit übertragen. Mit der Behauptung, jeder von uns muss sich heute eine ähnliche Frage stellen. Der Wunsch und die vernünftige Absicht, für eine materielle Absicherung zu sorgen, freut Jehova offenbar nicht. Die sublime Botschaft ist: Du hast doch kein Vertrauen zu Gott, wenn Du selbst für Deine materiellen Bedürfnisse im Alter vorsorgst.

> *„Würdig, angebetet zu werden. Jehova erwartet zu Recht, dass Menschen ihm so dienen, wie er es sich wünscht.“* [...]

In diesem Satz wird zwar nicht bewiesen, dass Jehova nur eine Anbetung von armen Menschen oder Witwen wünscht. Es wird auch nicht offen so gesagt. Auch hat es wohl wenig mit dem Predigen der Guten Botschaft zu tun, dass eine Frau in Zarephat für einen hungrigen Gast eine Mahlzeit kochte. Aber die sublime Botschaft könnte lauten: Wenn ich mich beruflich engagiere statt als *Pionier* zu arbeiten oder *vermehrten Dienst* zu tun, dann tue ich etwas, was Jehova nicht wünscht.

> *„Der Mensch ist von Gott mit einem freien Willen ausgestattet worden, mit der Fähigkeit, zu denken und zu entscheiden.“* [...]

Wer glaubt, seine Entscheidung sei sein freier Wille, hat es sehr viel schwerer einen Irrtum zuzugeben oder eine Entscheidung zu korrigieren. Einen Befehl kann man hassen und ungehorsam werden. Aber eine eigene Entscheidung mit freiem Willen zu korrigieren, erfordert die Einsicht, im Unrecht oder im Irrtum gewesen zu sein. Eine wirksame Methode der Immunisierung gegen Kritik von innen und außen ist es deshalb, beim Mitglied den Eindruck zu erwecken, die Entscheidung erfolge aus eigenen freien Stücken.

Vordergründig eine klare Feststellung. Sublim jedoch auch ein erhobener Zeigefinger. „Wenn Du Dich falsch entscheidest, bist Du selber schuld“. Was man in Verbindung mit der Rückblende bis zu Adam und Eva und durch die Verknüpfung mit all den anderen Lehraussagen, an die man sich automatisch erinnert, auch nicht mehr bezweifelt.

> *„... So ähnlich brachte Adam mit seiner Sünde alle seine Nachfolger um die Aussicht, ewig in Glück und Vollkommenheit zu leben. Wegen seiner Selbstsucht leidet die Menschheit seitdem unter der Unvollkommenheit wie unter einem grausamen Sklavenhalter. Niemandem ist es erspart geblieben, krank zu werden, Kummer und Leid zu erleben und schließlich zu sterben.*
> *Warum sollte uns Gottes Liebe motivieren, ihm zu dienen? Jehova hat uns aus dieser Sklaverei samt ihren schrecklichen Begleitumständen freigekauft, indem er für das entsprechende Lösegeld gesorgt hat (lies Römer 5:21)."* [...]

In der Frage ist eine Botschaft, die verwirrt. Wozu kann Liebe motivieren? Sie ist eine Emotion und kann erwidert werden. Ich kann also Gott auch lieben, wenn ich seine Liebe verspüre. Oder motiviert Liebe dazu bestimmte Anforderungen zu erfüllen? Entweder ich handle aus Liebe oder weil ich etwas schuldig bin oder weil es von mir verlangt wird. Aber wenn es erwartet wird, dann bin ich nicht mehr frei in meiner Entscheidung. Dann ist es ein Deal.

Wer hat mich von der Sünde erlöst? Jehova oder Christus? Was bedeutet das *entsprechende* Lösegeld? Kann man die Schuld der Sünde bemessen und bewerten? Der angeführte Bibeltext löst dann eine endgültige Verwirrung aus: *„... so auch die unverdiente Güte als König regiere durch Gerechtigkeit zum ewigen Leben durch Jesus Christus, unseren Herren"*. Es ist eine *unverdiente Güte,*die durch Christus zum ewigen Leben führt. Führt die unverdiente Güte zu ewigem Leben oder unsere Entscheidung zu dienen?

Durch verwirrende Botschaften wird Hilflosigkeit antrainiert. Das macht von der Leitung abhängig, die als die einzige Lehrautorität anzusehen ist. Ein perfektes Sektenmitglied ist abhängig und gehorsam.

„Jehova wird nicht aufhören, jedem von uns auf ganz persönliche Weise zu zeigen, dass er ,denen, die ihn ernstlich suchen, ein Belohner wird (Heb 11:6)'. ,Dein Volk wird sich willig darbieten'. Um Gottes Anerkennung zu erhalten, müssen wir unsere Willensfreiheit richtig gebrauchen. Er zwingt nämlich niemand dazu ihm zu dienen.“

Nachdem in Sachen Willensfreiheit bereits auf Adam und Eva verwiesen wurde, wird man sich hüten, etwas anderes als das Empfohlene zu wählen. Der Hinweis auf den „Belohner" macht die Entscheidung eher zu einer geschäftlichen Abmachung als zu einer wirklichen, auf Liebe begründeten Beziehung. Nachfolgend wird das Gefühl angesprochen:

„Zur Zeit Jesajas fragte Jehova: ,Wen soll ich senden, und wer wird für uns gehen?' Jehova respektierte das Recht des Propheten, selbst zu entscheiden, und erwies ihm dadurch Achtung. Kannst du dir vorstellen wie gut sich Jesaja gefühlt haben muss, als er antwortete:
,Hier bin ich! Sende mich' (Jes 6:8).“

Sublim sollte mir die Botschaft vermitteln: Es wird sich gut anfühlen, wenn Du wie Jesaja antwortest.

„Es steht Menschen frei, ob sie Gott dienen möchten oder nicht. Jehova wünscht sich, dass wir uns gern dafür entscheiden. (Lies Josua 24:15) Wer ihm lustlos gezwungenermaßen dient, macht ihm damit keine Freude, genauso wenig wie jemand, der es nur deshalb tut, um bei anderen Menschen gut dazustehen.“

Auch das verwirrt durch gegensätzliche Aussagen. Steht es dem Menschen nun frei oder wünscht Jehovas etwas Bestimmtes? In dem angegebenen Bibeltext sagt Josua zu dem Volk der Israeliten, es stünde ihnen frei zu wählen. Er und sein Haus haben sich für Jehova entschieden. Hier wird die Wahlfreiheit nicht durch eine bestimmte Erwartung eingeschränkt. Aber die sublime Botschaft in dem Wachtturm-Artikel lautet: Wenn Du Jehova so anbeten möchtest wie ER es will, dann mach es genauso wie Jesaja oder Josua. Sogar die persönlichen Emotionen müssen unter Kontrolle sein. Nur ja nicht lustlos oder gezwungenermaßen. Also immer schön fröhlich wirken, wenn du von deinem wunderbaren *Vorrecht* sprichst, *vermehrten Dienst* zu tun.

> *„Würden wir zulassen, dass sich weltliche Interessen nachteilig auf unseren heiligen Dienst auswirken – wir ihn sozusagen nur zögernd verrichten –, könnten wir nicht damit rechnen, dass uns Jehova seine Anerkennung schenkt (2. Mo. 22:29)." [...]*

Ein in sich völlig widersprüchlicher Satz. Kann man mit der Anerkennung Jehovas *rechnen*, wenn man etwas Bestimmtes tut oder wird sie uns *geschenkt*? Wer legt fest, wie viel meiner privaten Interessen zu viel ist? Wer kann genau wissen, wie Gott über meine Arbeit denkt?
Der Bibelverweis bezieht sich jedenfalls auf die Vorschriften des Gesetzesbundes mit dem Volk der Hebräer. Sie hatten konkrete Vorgaben über die Abgabepflicht des Zehnten und der Erstgeburt. Wie soll man das auf das Gebot des Christus übertragen? Er hat das neue Gebot der Liebe gegeben. Wie viele Vorschriften und Forderungen hat er denn seinen Jüngern hinterlassen? Wäre es nicht weit hilfreicher Schrifttexte zu verwenden, die seine Lehren wiedergeben?

> *„Das Leben vieler Menschen heute dreht sich ganz um finanzielle Sicherheit und Freizeit. Für uns aber, die wir Jehova lieben, kommt der heilige Dienst für ihn vor allem anderen. Welche Prioritäten wir in unserem Leben setzen, zeigt sich daran, wie eifrig wir die gute Botschaft predigen. Wir vertrauen voll und ganz darauf, dass Jehova für unsere täglichen Bedürfnisse sorgen kann (Mat. 6:33,34)."*

> Sublim gibt es hier den Verweis, dass die Gruppenidentität die einzig grandiose ist. Nur die Mitglieder der Gruppe lieben Jehova, sind am heiligen Dienst interessiert. Die negative Unterstellung was „viele Menschen" tun bewirkt, dass die Sektenmitglieder wirklich glauben einzigartig zu sein.

Hier kommen wir also zu des Pudels Kern. Alles was in unserem Leben zählen sollte ist, für die Verbreitung der Botschaft zu sorgen, die in den Wachtturm-Schriften enthalten ist. Mat. 6:33,34 in diesem Zusammenhang angeführt erweckt den Anschein, als hätte Jesus selbst dazu den Auftrag gegeben.

Doch der Kontext zeigt, dass er in Wirklichkeit nur tröstende Worte gesprochen hat. Er wollte, dass sich die Menschen nicht übermäßig um die alltäglichen Dinge des Lebens Sorgen machen sollten. Er wollte ihnen das Vertrauen in Gott vermitteln, der für alles sorgen kann, da er weiß was ein Mensch braucht. Verknüpft man diese Gedanken mit Mat. 25:31-40, dann versteht man, dass Jesus solche Menschen zu seiner Rechten einsammelte, die den Nächsten lieben, indem sie Hungrige speisten, Durstigen zu trinken gaben, Fremde gastfreundlich aufnahmen, Nackte bekleideten und Kranke besuchten. Es ist dort nichts von Predigen geschrieben. Von einer solchen Voraussetzung wird bei dieser Beurteilung von Gut und Böse nicht gesprochen. Diese Taten der Nächstenliebe sind auch nicht an eine Konfession gebunden. Solche Taten der sozialen Fürsorge für den Nächsten stehen bei der Wachtturmorganisation nicht hoch im Kurs. In neuerer Zeit gibt es einen Katastrophen-Hilfsfonds, der mir wie ein Feigenblatt erscheint. Von Fall zu Fall wird bei Naturkatastrophen durch die Leitende Körperschaft entschieden, ob für entsprechende Hilfsaktionen gesammelt werden darf. Auf dem monatlichen Berichtszettel können sie jedenfalls nicht vermerkt werden. Denn die Wachtturm-Gesellschaft glaubt, die *Opfer, „die Jehova gefallen"*, bei einer anderen Tätigkeit ausgemacht zu haben.

[...] „Große Freude hat Jehova auch an Opfern, die sich aus unserer Fähig-keit, zu sprechen, ergeben. Von jeher haben Menschen, die Jehova liebten, in

41

der Öffentlichkeit und zu Hause gut von ihm geredet (lies Psalm 34:7-3).
Man braucht nur Psalm 148 bis 150 zu lesen und darauf zu achten, wie oft
wir darin aufgefordert werden, Jehova zu preisen – hat er das doch wirklich
mehr als verdient (Ps. 33:1)! Jesus Christus, unser Vorbild, hat ja auch be-
tont, wie wichtig es ist, Gott dadurch zu preisen, dass wir die gute Botschaft
verkündigen (Luk. 4:18,43, 44)."

Die sublime Botschaft lautet hier offenbar, der *Haus-zu-Haus-Dienst* ist ein
Opfer für Jehova und je freudiger er getan wird, desto mehr freut sich auch
Jehova. Wieder ist man aber verwirrt über die „Beweise" aus der Bibel, die
sich nicht wirklich auf die eigene Situation übertragen lassen. Die Psalmen,
der lyrische Teil des Bibelkanons, beschreiben, dass man stets und überall
Gott preisen kann. Jeder, der für sich persönlich eine Beziehung zu Gott
hat, wird das ganz automatisch tun, indem er sich über die Schöpfung
freut, betet oder in privaten Gesprächen darüber spricht. Der Psalmen-
Schreiber schrieb für die Hebräer. Sie waren in einem besonderen Bundes-
verhältnis mit Jehova und ganz sicher keine *Prediger der guten Botschaft vom*
Königreich von Haus zu Haus. Das Volk der Hebräer hatte niemals den Auftrag Proselyten zu machen, indem sie bei Andersgläubigen von Haus zu
Haus gehen und sie auffordern dem Gesetzesbund beizutreten. Lukas,
Kapitel 4 berichtet, dass Jesus gekommen war, um den Gefangenen Frei-
lassung zu predigen und den Armen eine gute Botschaft zu bringen (siehe
die tröstenden Worte aus Ma. 6, bereits beispielhaft erwähnt). Auch in den
Versen 43 und 44 spricht er von sich selbst: Er muss noch anderen Städten
die gute Botschaft predigen. Er spricht von einem Neuen Bund, mit dem
die Menschen frei gemacht werden von den einschränkenden Regeln des
Gesetzes. Es war also eine Einladung an die Juden, sich von den Fesseln
des Talmuds zu lösen und zur Freiheit für alle Menschen. In diesen Versen
sind noch nicht einmal seine Jünger mit einbezogen.

In dem oben angeführten Beispiel ist sehr deutlich das Prinzip *Vor-*
bild/Gegenbild erkennbar. Der gut geschulte Zeuge Jehovas kann nicht

anders als für sich die Aufforderung abzuleiten, mit vermehrtem Predigt-einsatz Gott zu preisen. Es gibt kein Limit nach oben. Wer schon sehr viel tut, wird daraus ableiten: Ich muss noch mehr tun.

> Die Manipulation besteht in der Verhaltenskontrolle durch das Prinzip Belohnen und Bestrafen. Es wird gelehrt, dass man sich die Belohnung verdienen muss.

„An unserem Einsatz im Predigtwerk zeigt sich, wie sehr wir Jehova lieben und wie viel uns daran liegt, dass er sich über uns freut. [...] Gehörst auch du zu denen, die Gott solche annehmbaren Opfer darbringen? Falls noch nicht, dann lass dich bitte anspornen, die nötigen Voraussetzungen zu erfüllen, damit du Jehova öffentlich preisen kannst. Treibt dich dein Glaube dazu an, mit dem Predigen der guten Botschaft zu beginnen, wird dein Opfer Jehova ‚mehr gefallen als ein Stier‘. [...] Die Freude, die du dann empfindest, wird mit nichts zu vergleichen sein. Jehova wird jeden Gerechten segnen. "

Immer wieder wird dies wiederholt, um es tief ins Unterbewusstsein zu verankern. Der Einsatz im Predigtwerk ist ein Liebes*beweis*. Man kann den Widerspruch nicht auflösen. Liebe als Emotion kann man nicht beweisen, nur fühlen. Niemand könnte vor Gericht „Liebe" als „Beweismittel" vorlegen, um eine Schuld oder Unschuld zu beweisen.

Gleichzeitig verwirrt die Darstellung, dass wir für die *unverdiente Güte*, die wir geschenkt bekommen, eine Gegengabe bringen müssen. Wir wären das unsererseits schuldig und zwar „freiwillig" und „freudig" zu predigen. Eine wirklich unauflösbare, gegensätzliche Botschaft, die einfach deshalb ge-glaubt wird, weil man keine andere Lösung dafür findet.

> Manipulation durch paradoxe Aussagen oder widersprüchliche Botschaften. Sie sind nicht aufzulösen. Sie bewirken, dass unser Unterbewusstsein aufhört nach einer Lösung zu suchen und sich der Anweisung der Leitung unterwirft.
> (Antrainierte Hilflosigkeit)

[...] „Es war der Teufel, der Eva damals einredete, das wunderbare

Leben, das Jehova ihr in Aussicht stellte, sei nichts wert, und sie könne gut auf seine Anerkennung verzichten. Auch heute bombardiert Satan die Menschen mit der Propaganda, Gottes Willen zu tun sei der Mühe nicht wert. Doch Eva und ihr Mann mussten feststellen: Wer Gottes Wohlwollen verliert, verliert sein Leben. Mit derselben bitteren Wahrheit werden bald alle konfrontiert werden, die heute ihrem schlechten Beispiel folgen. "

> Manipulation durch Gefühlskontrolle mit der Angst. Eine sehr bedrohliche Formulierung, die sogar Phobien triggern kann. Die Immunisierung erfolgt über die Gedankenstopp-Technik. Kritik, negative Gedanken werden abgeblockt, da sie dem Satan zugeschrieben werden. Alles Positive, Gruppenkonforme kommt angeblich von Gott. Der Dank gebührt auch Gott. Niemand soll sich selbst loben oder wichtig nehmen. Ein gutes Mitglied ist demütig und gehorsam. Es glaubt allen Aussagen der Leitung.

Sublim also die Drohung: Wenn Du Dich nicht auf das ewige Leben freust und auf den Lohn, den Jehova den Predigern gibt (nicht die Wachtturm-Gesellschaft wird die Versprechungen einlösen müssen), dann bist Du mit dem Teufel im Bunde. Zur Sicherheit wird jetzt noch eine Drohbotschaft angehängt.

„Menschen, die seine Anerkennung haben, überlässt er nie sich selbst, das beweisen auch unzählige Erlebnisse von Zeugen Jehovas unserer Zeit (Ps.34:6,7, 17_79). 22 Sehr bald wird Gottes Gerichtstag, ,über alle die kommen, die auf der ganzen Erdoberfläche wohnen' (Luk. 21:34, 35). Niemand kann ihm entkommen. Kein Reichtum und kein Komfort wird dann auch nur annähernd so wertvoll sein wie die Einladung des von Gott eingesetzten Richters: ,Kommt her, die ihr von meinem Vater gesegnet worden seid, erbt das Königreich, das ... für euch bereitet ist.' (Mat. 25:34). "

Wer so ausreichend in seinem Unterbewusstsein die Drohbotschaften gespeichert hat und nun auch noch den Hinweis bekommt, dass „*sehr bald*" Gottes Gerichtstag kommt, wird sich vielleicht auch dazu veranlasst fühlen,

Häuser zu verkaufen, eine Karriere zu beenden oder eine Lebensversicherung vorzeitig zu kündigen, um das zu tun, was eine Leitende Körperschaft als Gottes Willen darstellt.

„Wir kennen bestimmt das gute Gefühl, das sich einstellt, wenn man das Richtige tut."

Kapitel 5
GEDANKENREFORM – BEWUSSTSEINSKONTROLLE

Interessante Gedanken finde ich in einem Buch mit dem Titel „Ausbruch aus dem Bann der Sekten" von Steven Hassan.[23] Bei der Lektüre habe ich den Fesseln, die uns angelegt waren, Namen geben können. Hassan nennt sie: „Gedankenreform und Bewusstseinskontrolle" oder auch das Lifton Modell. Er fügt viele einzelne Faktoren zu einem Gesamtkonzept zusammen. In einem Vortrag im November 2011 in Heidelberg erklärte er, die Sektenidentität ist ein Klon. Sie entsteht durch Dissoziation des Betroffenen. Er verliert sein Selbst und ersetzt es durch das Sektenklon. Das leuchtet mir ein.

Ich will prüfen, ob wir tatsächlich unter die Macht der von Hassan beschriebenen Kontrollen geraten sind. Ich bin kein Akademiker. Ich konnte leider nie Psychologie studieren, darum will ich versuchen, das, was Hassan beschreibt, mit meinem gelebten Leben in der Rückschau zu verstehen.

Ich interpretiere die Erkenntnis von Steven Hassan[24] so, dass es vier starke Fesseln gibt, die uns an unserem Höhlenplatz festgehalten haben. Eine nennt er Verhaltenskontrolle. Diese Fessel ist aus einzelnen Fäden mit den Merkmalen Freizeit beschränken, Hierarchie beachten, Prinzip Belohnung – Bestrafung und Alltag geregelt, versponnen.

Die zweite Fessel nennt er Gefühlskontrolle. Sie ist ebenfalls eine Kordel aus mehreren Fäden. Diese nennt er Schuldgefühle, Angst, Widerspruch ist Feindschaft und das Glück findet man nur in der Gruppe.

Eine weitere Fessel heißt Gedankenkontrolle. Die Fäden, die zu dieser Kordel verwebt werden, heißen: nur die Gruppe hat die Wahrheit, nur die Gruppe ist gut, außerhalb der Gruppe ist alles schlecht, die Gruppe hat eine eigene Sprache, sie hat eine Gedankenstopptechnik gegen Kritik.

---

[23] Steven Hassan, Ausbruch aus dem Bann der Sekten ist derzeit vergriffen. Die deutsche Übersetzung seines neuesten Werkes „Die Fesseln lösen – Manipulation erkennen und sich befreien" ist zurzeit in Arbeit.

[24] StH, S 100 - 112

Zuletzt beschreibt Hassan die Fessel der Informationskontrolle. Auch diese Kordel wurde mit starken Fäden versponnen. Er nennt sie: keine kritische Information lesen, Verschweigen von Informationen, Stückelung von Informationen um das Gesamtbild zu verschleiern, die interne Darstellung ist abweichend vom Außenbild.

Während ich das niederschreibe möchte ich am liebsten hinter jede einzelne Beschreibung „jaaaaaa genau!!! So war das auch bei uns" anfügen.

Wie wurden uns im *Königreichsdienst* vom April 1990 die Bücher und Schriften beschrieben, die wir als Ratgeber angeboten bekamen?

[1] *„Die meisten Menschen möchten ein glückliches, friedliches Leben führen. In Tausenden von Büchern und Zeitungsartikeln wird Rat gegeben, wie man eine gute Ehe führt, Kinder erzieht, in finanzieller Hinsicht Erfolg hat, gesund wird und bleibt usw., der den Menschen helfen soll, das Glück zu finden. Doch obwohl einiges in den weltlichen Veröffentlichungen durchaus von praktischer Weisheit zeugt, verspüren die meisten Menschen in der Welt alles andere als Glück und Frieden. Warum ist das so?*

[2] *Die Antwort finden wir in der Bibel und zwar in Sprüche 1:7, wo es heißt: ,Die Furcht Jehovas ist der Anfang der Erkenntnis. Weisheit und Zucht sind das, was nur Toren verachtet haben.' Jemand kann nicht erwarten, in Frieden und Glück zu leben, wenn er Jehova Gott, den Quell wahrer Erkenntnis und Weisheit, nicht anerkennt.*

[3] *Die Welt ist geistig verarmt — leidet geistigen Hunger. Ironischerweise haben sich die Menschen diesen traurigen Zustand selbst zuzuschreiben, da es auf der ganzen Erde für alle einen Überfluß an geistiger Nahrung gibt, die zudem kostenfrei erhältlich ist (Spr. 1:20, 21; Offb. 22:17[25]). Weil die Weltmenschen die Weisheit Jehovas zurückweisen, stolpern sie weiterhin durch die geistige Finsternis (Spr. 1:22-32). Dagegen sind wir, das Volk Jehovas, das Gottes Gesetze respektiert und seine Gebote befolgt, geistig wohlgenährt und glücklich."*

---

[25] Ein typisches Beispiel dafür, dass Bausteine willkürlich verwendet werden, um eine Aussage als göttlichen Rat gelten zu lassen. Ein Text aus der Weisheitsliteratur des Bibelkanons, der eine lyrische Beschreibung der Weisheit enthält, wird mit einem Text aus der Apokalypse verknüpft, der das Wort „kostenfrei" enthält.

> Sollte bei dieser Behauptung eine kognitive Dissonanz aufkommen – im Sinne von: Ich fühle mich zurzeit unglücklich – wird man die Schuld bei sich selbst suchen. Habe ich zu wenig gebetet, zu wenig geglaubt, zu wenig studiert, zu wenig gepredigt, zu wenig seine Gebote befolgt? Die Gefahr ist, dass man dieses Zuwenig als permanenten Stressor nicht mehr abbauen kann. Daraus entstehen die unterschiedlichsten physischen und psychischen Störungen. Oft können weder Therapeuten noch der Patient selbst die Ursache dafür finden. Es fehlt an dem nötigen Hintergrundwissen über das Wesen der Manipulation in destruktiven Kulten und darüber, wie man einen solchen Kult erkennen kann.

Ganz offensichtlich habe ich diese Fesseln in der Zeit meiner Zugehörigkeit wohl immer wieder verspürt, aber ich habe sie trotzdem nicht als das wahrgenommen was sie waren. Ich war geblendet. Von wem oder was? Wie hat mein eigenes Unterbewusstsein auf die konstruierte Wirklichkeit reagiert? Was hat mich geblendet oder meine Wahrnehmung ausgeblendet? Was immunisiert gegen Kritik?

Wieder hole ich mir Antworten aus einem Buch. Bruno Deckert, „All along the Watchtower" hat eine psychoimmunologische Studie zu den Zeugen Jehovas geschrieben. Ich will meine Fesseln einzeln untersuchen, um ihre Wirkung zu verstehen.

Ich denke, wir wurden zunächst mit der Fessel Gefühlskontrolle umgarnt.

> Gefühlskontrolle durch das Versprechen von Sicherheit, sozialer Bindung, Glück.

Wie ich schon ausführlich beschrieben habe, war es unser emotionales Bedürfnis, wieder eine soziale Bindung zu finden. Ganz sicher haben wir zu Beginn unserer Zugehörigkeit zu dieser Gruppe die Fessel eher dankbar als Halt und nicht als Einschränkung empfunden. Die Art, wie wir dort aufgenommen wurden, vermittelte uns wirklich die Überzeugung, dass man „das Glück nur in dieser Gruppe" findet. Somit war es auch nicht schwer zu glauben, dass der Widerspruch, der uns allenthalben begegnete, *ein Beweis der Wut und der Feindschaft Satans und der Dämonen* gegen uns war.

Wir haben uns freiwillig für diese Gruppe entschieden. Das war nach Deckerts Recherchen offensichtlich ein wesentlicher Faktor für unsere Immunisierung gegen Kritik. Er schreibt, der Mensch neigt dazu, an einer einmal getroffenen Entscheidung festzuhalten, selbst wenn es später gute Gründe gäbe, diese zu revidieren, weil sie nachteilige Folgen hat. Sich selbst einzugestehen, dass man freiwillig eine falsche Entscheidung getroffen hat, ist offenbar nicht leicht. Es entsteht so etwas wie ein Gefrier-Effekt der einmal getroffenen Entscheidung.[26]

Ich analysiere unter diesem Aspekt einen Artikel im Wachtturm, der sich mit der Willensfreiheit befasst und komme zu erstaunlichen Ergebnissen.

„Die Willensfreiheit ist ein Geschenk Gottes. Ohne sie wären wir kaum mehr als Roboter, die das, was sie tun, nicht selbst steuern können. Die Willensfreiheit bringt allerdings Herausforderungen mit sich. Da wir mit dieser Willensfreiheit ausgestattet sind, stellt uns das Leben immer wieder vor Entscheidungen.

[…] Außerdem gibt es viele Entscheidungen, für die wir Gott Rechenschaft ablegen müssen (Römer 14:12)."

Den einleitenden Worten zu diesem Artikel kann man zustimmen. Weil wir hier zugestimmt haben, vertrauen wir auch dem was folgt. Es ist die paradoxe Aussage, dass Gott uns zwar einen freien Willen geschenkt hat, dass er uns aber nicht in die Lage versetzt hat, diesen auch zu gebrauchen.

[…] „In vielen Fällen richten sich Menschen bei ihren Entscheidungen noch immer eher nach selbstsüchtigen Wünschen als nach gerechten Grundsätzen.

[…] Jehova bietet seinen Dienern heute immer noch Hilfe an, wenn sie vor wichtigen Entscheidungen stehen. Hilfe welcher Art? […]

Wenn wir in wichtigen Angelegenheiten vor eine Wahl gestellt werden, ist es vollkommen angebracht, sichergehen zu wollen, daß unsere Entscheidung dem Willen Gottes entspricht und seine überlegene Weisheit widerspiegelt. Wie? Indem wir sein Wort zu Rate ziehen, damit es ‚eine Leuchte unserem

---

[26] AaW, S. 64

Fuß und ein Licht für unseren Pfad' sein kann (Psalm 119:105; Sprüche 2:1-6). Dafür müssen wir es uns zur Gewohnheit machen, genaue Erkenntnis aus der Bibel in uns aufzunehmen (Kolosser 1:9, 10). Und vor einer Entscheidung gilt es, sorgfältig alle biblischen Grundsätze zu untersuchen, die mit der Angelegenheit zu tun haben. Dieses Nachforschen versetzt uns dann in die Lage, ‚uns der wichtigeren Dinge zu vergewissern' (Philipper 1:9, 10)."

Die Worte, die hier verwendet werden, vermitteln den Eindruck, dass eigene Entscheidungen selbstsüchtig sind und die Willensfreiheit ausschließlich dem Zweck dient, den Willen Gottes freiwillig zu tun. Ein Mensch kann angeblich allein durch das Bibellesen erfahren, was der Wille Gottes ist. Die in jedem Menschen vorhandene Fähigkeit, ethisch und moralisch richtiges oder falsches Verhalten zu erkennen, wird negiert. Mit den Worten „*Gewohnheit*", „*genaue Erkenntnis*" und „*biblische Grundsätze*" wird sublim vermittelt, dass ein ununterbrochenes Nachforschen nötig ist. Was die „*wichtigeren Dinge*" sind, wird als Information weggelassen.[27] Darum ist es nötig, dass mein eigener Verstand eine plausible Erklärung dafür findet. Diese finde ich durch die Verknüpfung mit Informationen, die ich an anderer Stelle zu diesem Thema gelernt und gespeichert habe. Natürlich wird jeder nur mit der Erklärung zufrieden sein, oder ein gutes Gefühl haben, die mit den Anforderungen und Erwartungen der Gruppe übereinstimmen. Der Wunsch, sich gruppenkonform zu verhalten, ist absolut normal.

---

[27] Wikipedia: Das **Milton-Modell** beschreibt, wie sprachlich Verallgemeinerungen, Tilgungen und Verzerrungen so eingesetzt werden können, dass man assoziativ aus seiner Erfahrungswelt eine Bedeutung hinzufügt.

[…] Im danach benannten Milton-Modell will man Personen durch ungenaue und „kunstvoll vage" Sprachmuster in Zustände führen, die letztlich das Unbewusste für hypnotherapeutische Wirkungen öffnen.

Tilgungen lassen Informationen weg: unspezifische Subjekte oder Verben, unbestimmte Inhaltsbezüge, Vergleiche und Bewertungen ohne Bezug, Nominalisierung von Verben, Gefühle ausdrückende Verben.

„Außerdem sollten wir zu Jehova beten und davon überzeugt sein, daß er uns zuhört. [...] Oftmals wird uns der Heilige Geist an zutreffende biblische Grundsätze erinnern, oder er hilft uns vielleicht, einen Bibeltext besser zu verstehen, der in Zusammenhang mit unserer Situation steht (Jakobus 1:5, 6)."

Durch die Sozialisierung mit Gott und dem heiligen Geist hat man gar keine andere Wahl, als das als göttliche Offenbarung anzuerkennen, was im Zusammenhang mit unserer Situation bereits irgendwo in den Schriften als göttlicher Grundsatz erklärt wurde. Außerdem entwickelt man die Gewohnheit, automatisch jede zufällige Bestätigung dieser Aussagen, als „Zeichen" zu werten.

„Jehova hat auch dafür gesorgt, daß es in der Christenversammlung reife Menschen gibt, mit denen wir über unsere Entscheidung reden können (Epheser 4:11, 12). [...] Wenn wir Rat einholen, dann von einem lebenserfahrenen Menschen, der eine gute biblische Erkenntnis und tiefe Ehrfurcht vor gerechten Grundsätzen hat (Sprüche 1:5; 11:14; 13:20)."

Notfalls eben einen der ernannten Ältesten, den Wächter über unseren Glauben fragen und dann die *biblischen Grundsätze Gehorsam* und *Loyalität* anwenden.

Die Ratgeber sind nicht als Seelsorger, Psychologen, Pädagogen oder in anderen Qualifikationen der Sozialfürsorge geschult. Sie bekleiden ein Laienamt. Sie sind anerkannte Lehrer der jeweiligen Kult-Doktrin. Ihr Rat wird stets die Gruppeninteressen kolportieren.

[...] *„Über andere Entscheidungen muß man länger nachdenken, weil in der Bibel darüber nicht direkt etwas gesagt wird. Trotzdem wird durch biblische Grundsätze in der Regel deutlicher, welche Entscheidung die beste ist. Beispielsweise waren viele heutige Formen der Unterhaltung in den Tagen Jesu unbekannt, aber es gibt eindeutige biblische Aussagen darüber, was Jehova gefällt und was ihm mißfällt. Demnach hat jeder Christ, der eine Unterhaltung wählt, die Gewalt, Unmoral oder rebellisches Handeln verherrlicht, eine schlechte Entscheidung getroffen (Psalm 97:10; Johannes 3:19-21; Galater 5:19-23; Epheser 5:3-5)."*

Es gibt keinen Zweifel, eine private Entscheidung zu treffen über Unterhaltung, Musik, Freundeskreis und vieles mehr, ist nicht erwünscht. Da die Bezeichnung „Christ" nur in dem Sinne zu verstehen ist, dass es sich um die eigene Gruppen-Gemeinschaft handelt, ist jede Abweichung riskant. Obwohl die Formulierung „in der Regel" eine Möglichkeitsform ist und somit nicht als Tatsachenbehauptung angesehen werden kann.

Die Behauptung, dass die Aussagen in der Bibel „eindeutig" seien, ist nicht redlich. Niemand kann von sich sagen, er hätte von Jehova persönlich erfahren, was ihm missfällt. Die als Beweise angeführten Bibeltexte veranschaulichen sehr gut die Rösselsprungmethode. Sie sind aus allen Bereichen der Bibel zusammengefügt. Die Psalmen sind der lyrische Teil der Schrift, Johannes ist ein Evangelium, während Galater und Epheser Lehrbriefe sind. Jeder Teil müsste unter ganz unterschiedlichen Aspekten verwendet und zitiert werden. In der Wachtturmlehre wird darauf keine Rücksicht genommen. Der Baustein passt normgerecht, da er durch ein Wort, einen Satz mit der Aussage übereinstimmt.

Wie viele Tränen wurden wegen dem angeblich biblischen Gebot vergossen, eine Beziehung zu beenden! Durch das Bibelzitat *Freundschaft mit der Welt* sei Feindschaft mit Gott war jeder Einwand zwecklos. Nur die Interpretation der Wachtturm-Gesellschaft, wie dieses Wort heute zu verstehen sei, zählte.

Dazu könnte ich ungezählte Beispiele nennen. Wie das meiner Schwester. Sie verliebte sich in einen sehr netten Arbeitskollegen. Nicht nur meine Eltern setzten sie unter Druck. Leider habe auch ich sie gefragt, ob sie denn wirklich eine Hochzeit feiern möchte, bei der ihre eigene Familie nicht dabei sein kann. Wie erpresserisch das war!

Eine andere Frau aus unserem Verwandtenkreis lernte die Zeugen als junge, ledige Mutter kennen. Sie lebte in einem streng katholischen Dorf und fühlte sich wegen ihrer „Schande" ausgegrenzt und isoliert. Obwohl sie den Vater ihres Kindes sehr liebte, glaubte sie schließlich den Zeugen Jehovas, dass sie die Beziehung beenden müsste, um sich taufen lassen zu können. Sie ist wahrlich nicht die Einzige in den Reihen der Zeugen Jehovas, die ihr Leben lang eine unglückliche Liebe in ihrem Herzen tragen musste. In diesem Fall endete das ganz besonders tragisch, weil sich ihr Sohn mit 20 Jahren das Leben nahm.

Wie werden junge Menschen dazu gebracht, solche Vorschriften zu befolgen? Es gibt Anleitungen speziell für junge Leute. In dem Buch „*Fragen junger Leute – praktische Antworten*", *Band 2*[28] wird Heranwachsenden empfohlen, sich „*Leitbilder*" zum Vorbild zu nehmen. An erster Stelle von neun „Vorbildern" steht „*Sulamith*". Sie ist die Hauptperson in der lyrischen Erzählung im sogenannten „Hohen Lied". Es wird dem weisen König Salomo als Autor zugeschrieben. Ein junges Mädchen, eine Sulamitin ist in einen Hirtenjungen verliebt. Sie ist so schön, dass der König auf sie aufmerksam wird und sie zu sich in seinen Palast bringen lässt. Aber die Liebe der Sulamith zu ihrem Hirten ist stärker als der Tod. Der König kann sie mit all seinen Reichtümern nicht umstimmen.

Dieses „Leitbild" wird auf den Seiten 33 bis 41 in dem Buch besprochen. Eine sehr schöne Liebesgeschichte – wie man meinen könnte. Doch auf Seite 34 wird eine Warnung eingeschoben mit dem Unterthema:

> kein „*ungleiches Joch*".

Durch verwirrende Zusammenhänge oder weggelassene Informationen wird das Unterbewusstsein gezwungen, Dissonanzen durch eigene Schlussfolgerungen aufzulösen. Lob und Zustimmung erhält, wer die erwartete, gruppenkonforme Entscheidung trifft.

Das ist der Wermutstropfen in dieser schönen Liebesgeschichte. Es sind Sätze wie diese zu lesen:

> „*Dann ist dir klar, was du zu tun hast. Ist der andere auch noch so attraktiv und charmant und wirkt er noch so anständig, er wird deine Freundschaft zu Gott nicht positiv beeinflussen (Jakobus 4,4).*"

Wie grausam ausgerechnet dieser Bibeltext in diesem Zusammenhang!

---

[28] Fj 2, S 33-41

„Ihr Ehebrecherinnen, wißt ihr nicht, daß die Freundschaft mit der Welt Feindschaft mit Gott ist? Wer immer daher ein Freund der Welt sein will, stellt sich als ein Feind Gottes dar."

Doch wie passt diese Ermahnung nun zu der Liebesgeschichte der Sulamith? Sie hatte sich doch überhaupt nicht in den König verliebt. Sie hat doch überhaupt nicht mit dem Hirten, ihrem Geliebten, Schluss gemacht. Außerdem hatte der König doch keinen anderen Glauben als sie selbst. Die herzzerreißende Erfahrung von Sindy, die in diesem Zusammenhang erzählt wird, impliziert zwar sublim, was ein junger Zeuge Jehovas tun sollte – daran kann kein Zweifel sein.

Jedoch ist die Botschaft verwirrend und paradox. Die unsterbliche Liebe einer jungen Frau soll als Leitbild dafür dienen, die Liebe zu einem Menschen zu beenden?!

Paradoxe Aussagen verwirren. Sie können nicht durch Logik aufgelöst werden. Es gibt keine plausible Erklärung. Es bleibt nur die Alternative zu glauben und zu gehorchen. Mit dieser antrainierten Hilflosigkeit wird man abhängig von der Leitung.

Im Falle der Sulamith und in ungezählten anderen konstruierten Zusammenhängen passt zwar der Wortlaut des Textes, jedoch ergibt eine fachliche Prüfung, dass die Konstruktion große Mängel aufweist und absolut nicht brauchbar oder belastbar ist, weil sich die Situation aus einer Zeit vor tausenden von Jahren nicht auf unser heutiges Leben übertragen lässt.

Das ist ein wichtiges Merkmal für religiösen Fundamentalismus. Am Wort hängen. Das Wort nicht im richtigen Kontext werten.

[…] „Gelegentlich mögen wir vor einer Entscheidung stehen, durch die wir zeigen können, wie ergeben wir Jehova sind oder was das Wichtigste in unserem Leben ist. Auf diese Weise gewährt uns Jehova, unsere Willensfreiheit zu nutzen, um zu zeigen, wie es in unserem Herzen wirklich aussieht."

Das wirkt auf mich wie Erpressung. Denn die Ableitung, ich sei Jehova nicht ergeben, wenn ich nicht die *Interessen des Königreiches* als das Wichtigste in meinem Leben sehe (das ist die sublime Botschaft die mich mit diesem

Satz erreicht), erzeugt Druck und eine kognitive Dissonanz, also ein ungutes Gefühl. Das lege ich häufig als schlechtes Gewissen aus, ohne mir darüber im Klaren zu sein, dass es das *geschulte Gewissen* ist, ein mir eingeredetes Gewissen, das von meinem inneren Sektenklon gebraucht wird um mich unter Druck zu setzen[29]. Damit habe ich mein eigentliches Gewissen ausgelagert, bei der Wachtturmführung abgegeben.

> *„Häufig wirken sich unsere Entscheidungen auch auf andere aus. [...] Was Paulus dazu sagte, läßt sich auf viele Entscheidungen, die wir treffen, anwenden: ‚Bewahrt euch beständig davor, ... Anlaß zum Straucheln zu geben' (1. Korinther 10:32). Der Wunsch, andere nicht zum Straucheln zu bringen, kann uns bei vielen Entscheidungen helfen. Schließlich ist die Liebe zum Nächsten das zweitgrößte Gebot (Matthäus 22:36, 39).“*

Andere nicht zum Straucheln bringen potenziert den Druck. Selbst wenn ich mit meinem Verständnis und nach meinen vernünftigen Schlussfolgerungen eine bestimmte Entscheidung getroffen hatte, konnte ich nicht danach handeln, falls es in der Versammlung jemanden gegeben hätte, der sagte, so etwas ginge nicht, das würde sein Gewissen belasten. Das verstärkte die Kontrolle. Jeder hat jeden beobachtet und bewertet, ob sein Handeln richtig oder falsch war. Dabei steht die Anweisung in der Möglichkeitsform. Ich muss nicht, es „kann" mir helfen. Ich bin überzeugt, dass ich mich „freiwillig"[30] entscheide, tue es aber in Wirklichkeit nicht. Was eben unüberwindlich wirkt ist der Gruppendruck.

> Wer die Zusammenarbeit freiwillig macht, lässt sich leicht überwachen.

---

[29] „Zwar spricht auch Der Wachtturm oft von der Bedeutung des Gewissens, einem religiösen Begriff, der Introspektion voraussetzt, aber dieses Gewissen ist nur dann nützlich, wenn es ‚geschult' ist, das heißt, wenn es im Sinne der Wachtturm-Lehre ‚richtige' Signale sendet." AaW, S 177

[30] „Jedes soziale System lässt sich am leichtesten überwachen, wenn die Zusammenarbeit zwischen Führenden und Geführten als freiwillig empfunden wird. Die Frage, ob es sich bei einer solchen Freiwilligkeit um eine tatsächliche und nicht um eine scheinbare handelt, ist durchaus berechtigt. Für die wirksame Überwachung eines sozialen Systems genügt es, wenn die Freiwilligkeit der Zusammenarbeit subjektiv empfunden wird." AaW, S. 77

[…] „Entscheidungen, die man nach bestem Wissen und Gewissen getroffen hat und die sich auf biblische Grundsätze stützen, werden sich auf lange Sicht immer positiv auswirken. Sie können uns natürlich kurzfristig Opfer abverlangen. […] Wenn wir nach einer gut überlegten Entscheidung auf Schwierigkeiten stoßen, brauchen wir nicht anzunehmen, die Entscheidung sei falsch gewesen. ‚Zeit und unvorhergesehenes Geschehen' kann sich selbst auf eine Entscheidung nachteilig auswirken, die mit den allerbesten Absichten getroffen wurde (Prediger 9:11). "

Diesen Hinweis habe ich mir oft zu Herzen genommen. Ich habe viele Opfer gebracht, um für *die wichtigeren Dinge* Zeit und Raum zu schaffen selbst dann, wenn meine Familie am Rand des Existenzminimums war. Der unerschütterliche Glaube daran, dass es sich „auf lange Sicht positiv auswirkt" war die Motivation, die unseren Motor am Laufen hielt. Dabei hat der angeführte Bibeltext in Prediger mit dem eigentlichen Thema nichts zu tun. Er enthält lediglich eine Aussage über Zeit und unvorhergesehenes Geschehen. Dieser Aussage stimme ich zu. Jeden kann etwas Unvorhergesehenes treffen. Wieder erkenne ich jetzt, dass ich mit einer Gedankenstopp-Methode darauf verzichtet habe zu fragen: Wie genau wird damit auch die Behauptung wahr, dass Opfer abverlangt werden und dass man auf lange Sicht mit positiven Ergebnissen rechnen kann?

> Die Gedankenstopp-Methode immunisiert gegen kritische Fragen. Da Kritik per se angeblich immer von Satan stammt, wird sie automatisch ausgeblendet.

Früher habe ich mir solche Fragen einfach nicht gestellt.

„Außerdem läßt Jehova manchmal Widrigkeiten zu, um zu prüfen, ob wir wirklich bei unserer Entscheidung bleiben. Jakob mußte die ganze Nacht mit einem Engel ringen, bevor er einen Segen erhielt (1. Mose 32:24-26). Auch wir haben vielleicht mit widrigen Umständen zu kämpfen, selbst wenn wir das Richtige tun. Wenn unsere Entscheidungen dem Willen Gottes entsprechen, können wir dennoch sicher sein, daß Gott uns helfen wird auszuharren und uns schließlich auch segnen wird (2. Korinther 4:7). "

Na prima, damit ist ja alles klar. Genau wie mit der Bauernregel: Wenn der Hahn kräht auf dem Mist, dann ändert sich das Wetter oder es bleibt wie es ist. Entweder Jehova segnet dich oder er lässt Widrigkeiten zu. Weil Jakob vor ein paar tausend Jahren mit einem Engel kämpfen musste, wird das auch von uns verlangt. Nur, wo steht das denn geschrieben? Sollte es „widrige Umstände" geben – und die hatten wir ja zuhauf – dann will Jehova mal wieder prüfen, ob wir stur genug an einer einmal getroffenen Entscheidung festhalten? In unserem Fall hat er sich wohl einen besonderen Spaß daraus gemacht uns immer wieder zu prüfen.

Das war jetzt ein bitterer Satz. Ich fühle Bitterkeit in der Rückschau. Es ist erschreckend, zu welchen persönlichen Opfern Menschen bereit sind, wenn sie jemandem oder einer Sache vertrauen oder etwas glauben. Es erschreckt mich zutiefst, dass ich mein Leben für diese Sache geopfert hätte. Ja, ich habe doch wirklich das Leben meiner Kinder aufs Spiel gesetzt, als ich mit den Ärzten darum gerungen habe, ihnen keine Bluttransfusion geben zu lassen.

> *„Vertrauen wir daher bei wichtigen Entscheidungen nicht auf unsere eigene Weisheit. Forschen wir nach, welche biblischen Grundsätze gelten. Sprechen wir mit Jehova über die Angelegenheit. Ziehen wir, soweit möglich, reife Mitchristen zu Rate. Dann gilt es, mutig zu sein. Nutzen wir unsere Willensfreiheit, die wir von Gott erhalten haben, auf verantwortungsvolle Weise. Treffen wir eine gute Entscheidung, und zeigen wir Jehova, daß unser Herz ihm gegenüber redlich ist."*

Die paradoxe Aussage ist offensichtlich: Wir haben einen freien Willen als kostbare Gabe, aber wir sind nicht dafür geschaffen, unseren eigenen Weg zu gehen. Wir dürfen unserem gesunden Menschenverstand nicht vertrauen. Bei unseren Entscheidungen müssen wir uns darauf verlassen, was uns als *biblische Grundsätze* eingetrichtert wurde und was die selbsternannten Glaubenswächter an sogenanntem Rat austeilen.[31] Leider habe ich das

---

[31] Der Wachtturm, 1.9.2001, S. 27-39 „Wie wir gute Entscheidungen treffen können"

wirklich geglaubt, und viele ehrliche Menschen in destruktiven Kulten glauben das ebenso unerschütterlich.

Die ganzen Anweisungen des abschließenden Resümees sind in der WIR und UNS Formulierung. Wir haben unser individuelles ICH dem WIR untergeordnet. Offenbar ist es nicht mehr schwer, die zweite Fessel anzubringen, da es gelungen ist, uns zu solchen „freiwilligen" Entscheidungen zu bringen. Wir gerieten auch unter die Verhaltenskontrolle.

> Mit der Verhaltenskontrolle wird weniger Zeit für eigene Wünsche zur Verfügung stehen, denn der Alltag wird Regeln und Vorschriften unterworfen. Das wird durch eine hierarchische Struktur kontrolliert. StH, S 102 ff

Völlig unbemerkt entwickelte sich für uns eine neue Lebensstruktur. Die Samstagnachmittage gehörten nicht mehr unserem gemütlichen Beisammensein mit Papa, dem Singen und Spielen. Regelmäßig jeden Samstag erschien jemand, der mit meinen Eltern ein *Bibelstudium* abhielt. Dabei hat er Seite für Seite in dem Buch, das die Wachtturm-Gesellschaft zu diesem Zweck herausgegeben hat, gemeinsam mit ihnen gelesen. Zu jedem Abschnitt gab es am Fuß der Seite jeweils Fragen. Der Absatz wurde so lange durchgesprochen, die Fragen so lange wiederholt, bis meine Eltern begriffen hatten, was sie lernen sollten und die richtigen Antworten aus dem Absatz gegeben haben. Das wurde zwar Heimbibelstudium genannt. Aber es war nichts anderes, als das Einpauken der Wachtturmdoktrin. Ich war jeweils sehr gespannt auf diese Nachmittage. Alles was ich hörte, habe ich aufgesaugt wie ein trockener Schwamm. Mein Geist war hungrig. Studium klang elitär und sehr verführerisch.

Ganz eindeutig kann ich heute die Manipulation mit dem Prinzip Belohnung – Bestrafung erkennen. Denn jede richtige Antwort wurde mit einem großen Lob beantwortet. Das Erfolgserlebnis fühlte sich sehr gut an und spornte an, sich noch mehr anzustrengen.

Es gab viele neuen Pflichten, die mit dem Glauben begründet wurden. Ich musste nun regelmäßig die Bibel lesen, mich auf alle Versammlungen vorbereiten, die Zusammenkünfte besuchen und mich aktiv daran beteiligen, indem ich zu dem vorbereiteten Stoff Kommentare gab oder die Fragebögen für die schriftlichen Wiederholungen ausfüllte. Ich beteiligte mich an den Werbefeldzügen für die neue Religion, was *Predigtdienst* genannt wurde. Dazu war ich mindestens 5 bis 6 Stunden pro Woche von Haus zu Haus oder auf der Straße im Dienst. Wenn ich zurückschaue und die Zeit addiere, dann komme ich auf mindesten 15 bis 20 Stunden wöchentlichen Einsatz für die Gruppenaktivitäten. Diese vielen Stunden gingen von meiner Zeit ab, in der ich hätte Kind sein können. Ich konnte nicht mehr mit einer Schulfreundin spielen oder sie zu mir einladen. Neben meinen Pflichten für die Schule und der Hilfe im Haushalt war Freizeit ein Luxus, den es wirklich nur noch hin und wieder gab.

> Die Verhaltenskontrolle regelt den Alltag, schränkt die Freizeit ein und hält das Gruppenmitglied so sehr beschäftigt, dass für Aktivitäten außerhalb der Gruppe und frühere Kontakte immer weniger Zeit bleibt. Siehe Anhang Parameter Sekte, Frage 5

Ein sogenannter *biblischer Grundsatz* lautete:

> *„Trachtet zuerst nach dem Königreich, und alle anderen Dinge werden Euch hinzugefügt werden.*[32]*„*

Daran änderte sich in den 60 Jahren meiner Zugehörigkeit zu dieser Gemeinschaft nichts. Diese mindestens 15 bis 20 Wochenstunden waren fix eingeplant. Alles andere wurde darum herum organisiert. Ein Vortragsredner hat es einmal mit der Radnabe veranschaulicht. Er sagte, je dicker die Radnabe sei, desto mehr Platz hätten die Speichen darum herum. Wenn man also mehr für *das Königreich* täte, würde man automatisch auch mehr Zeit für das andere Leben haben. Ich habe das immer wieder mal versucht mit dem empfohlenen *vermehrten Dienst*, aber es ist mir irgendwie nicht richtig gelungen, dadurch auch mehr Zeit für mich zu finden.

---

[32] UK Januar 1970, S 2

Wieder versuche ich, mir mittels der Veröffentlichungen ein Bild davon zu machen, wie es funktionieren konnte. Während ich einen Artikel aus dem Wachtturm vom 15. November 2006 genauer unter die Lupe nehme, fällt es mir wie Schuppen von den Augen. Hier wird das Schuldgefühl angesprochen, das Prinzip Belohnung und Bestrafung, Angst, die Warnung vor kritischer Information.[33] Ich fass es nicht! Das war also immer so und ich habe es nicht bemerkt.

> *„JEHOVA liebt die Menschenwelt sehr. Er gab sogar seinen einziggezeugten Sohn, damit jeder, der Glauben an ihn ausübt, ewiges Leben habe[34] (Johannes 3:16). "*

In diesem häufig verwendeter Bibelvers heißt es in der Neuen Welt Übersetzung der Wachtturm Bibel und Traktat Gesellschaft, dass jeder, der „Glauben ausübt", gerettet wird. Als Zeugen Jehovas hielten wir nur diese Bibelübersetzung für zuverlässig und wahr. Natürlich, zu glauben, nur die Gruppe hat die Wahrheit, gehört zur Gedankenkontrolle. Wie hätten wir auch auf die Idee kommen können, dass dieses Wörtchen „ausübt" so eine tückische Einfügung in den Text ist. Heute vergleiche ich diesen Text mit anderen anerkannten und zuverlässigen Bibelübersetzungen und finde nirgends das Wort „ausübt"[35]. Es ist nirgends auf die Notwendigkeit einer permanenten Tätigkeit verwiesen. Es genügt schlicht zu glauben, dass Christus der Retter der Menschen ist.

> *„Ist es nicht etwas Wunderbares, so geliebt zu werden? Bestimmt möchte jeder Diener Jehovas diese Liebe für immer verspüren.*
>
> *[…] Wir können uns am ‚allerheiligsten Glauben' — an der christlichen Lehre — erbauen, wenn wir Gottes Wort studieren und die gute Botschaft predigen. Damit wir in Gottes Liebe bleiben, müssen wir ‚mit heiligem Geist', das heißt unter dem Einfluss des Geistes, beten. Um den Lohn des ewigen Lebens zu empfangen, müssen wir auch Glauben an das Loskaufsopfer Jesu Christi ausüben (1. Johannes 4:10). "*

---

[33] Siehe Anhang, Parameter Sekte, Fragen 21 - 23
[34] Der Wachtturm 15. Nov. 2006, S 21
[35] Siehe Anhang, Parameter Sekte, Frage 9

Wie paradox das alles ist! Einmal liebt Jehova die „Menschenwelt". Dann verspürt „jeder Diener Jehovas" diese Liebe, was den Kreis der Betroffenen sehr einschränkt. Aber dann kommt noch dazu, dass man sich diese Liebe mit Studieren und Predigen verdienen muss. Es heißt zwar „Gottes Wort", aber es meint die Wachtturm-Bibelübersetzung zusammen mit den Schriften, die genau erklären, was wir zu glauben haben. Unsere Gebete sind einem Prüfkriterium unterworfen. Wir müssen unter dem Einfluss des Geistes beten und den Lohn, das ewige Leben eben durch „Ausüben" verdienen.

Das alles ist so verwirrend, dass man es wohl einfach damit bewenden lässt, dem ersten Satz zuzustimmen um dann davon auszugehen, dass auch der Rest schon stimmen wird, denn der *treue und verständige Sklave* teilt ja die *geistige Speise zur rechten Zeit* unter *der Leitung des Heiligen Geistes aus.*

Wie schrecklich dieser Merksatz heute in meinen Ohren klingt. Diese Behauptung von der Leitung durch den Geist Gottes, die ich tausende Male gehört und gelesen habe, ist in meinem Kopf eingebrannt und ich kann nicht verhindern, dass mich die Erinnerung daran immer wieder in heftige Abscheu versetzt. Ich fühle mich getäuscht durch diese Behauptung. Sie lässt sich nicht mit der Bibel beweisen. Der Heilige Geist veranlasst Menschen nicht, falsche Vorhersagen zu treffen. Es ist auch vermessen, zu behaupten, Menschen könnten wissen, was Gottes Wille und Gedanken sind. Aber durch diesen Merksatz funktionierte die Gedankenkontrolle. Einer der Fäden in dieser Fessel lautete ja, dass nur die Gruppe *Die Wahrheit* hat. Damit in direktem Zusammenhang steht auch der Anspruch, dass nur die Gruppe gut ist. Es zählen nicht der Einzelne und seine Gefühle. Diese werden mit Schuldzuweisungen, Angst und Bedrohungen kontrolliert. Geschützt wird das Ansehen der Gruppe, nicht das des Mitgliedes.

Heute sehe ich so einige Episoden in meinem Leben in einem anderen Licht. Wie war das damals 1953? Ich war im ersten Lehrjahr und hatte einen Abendkurs in Schreibmaschine und Stenographie belegt.

> Gefühlskontrolle: Schuld und Angst. Oft wird mit der Rache Gottes gedroht. Wenn Du die Gruppe verlässt passiert ein Unglück. Du wirst krank. Ein Angehöriger wird sterben. Du wirst bald mit dem Teufel in den Feuersee geworfen. StH, S 107

Eines Abends erwartete mich ein angesehener Vorsteher unserer Versammlung. Er war verheiratet. Ein treusorgender Familienvater aus Hohenpeißenberg, dem ich vertraute. Ich war etliche Male mit ihm sonntags im Predigtdienst gewesen. Ich durfte als Sozius auf seinem Motorrad mitfahren. Es war aufregend für eine Fünfzehnjährige. Nun wartete er mit seinem Motorrad auf mich, um mich nach Hause zu fahren. Es sei sicherer für mich bei der Dunkelheit. In der Au hielt er an. „Wir können doch noch einen Moment auf der Bank dort den romantischen Abend genießen." Na ja, warum nicht, dachte ich. Vater wird es nicht merken, denn mit dem Motorrad sind wir ja schneller als zu Fuß. Nach einer Weile rückt er näher an mich und legt seine Arme um mich. Natürlich sollte er das nicht tun. Vor allem sollte er mich nicht so anfassen. „Pst", flüstert er. „Hab keine Angst, es ist schon gut so. Das wird unser kleines Geheimnis bleiben, nicht wahr?" In meinem Kopf begannen das Chaos der Verwirrung und das Gezerre zwischen Zulassen oder Verweigern. Schließlich siegte die Vernunft. „Ich darf nicht zu spät kommen. Mein Vater wird sehr wütend, wenn ich nicht pünktlich bin." Das war wohl eher die Angst vor der *Rute der Zucht*, die mich zu dieser Entscheidung gedrängt hat.

Wenn mein Vater dieses *biblische Gebot* anwandte, dann hat er von uns Kindern verlangt, dass wir uns vor ihm niederbeugen, damit er uns mit dem Lederriemen den Hintern versohlen konnte. Der Befehl: „Mach Kopfstand!" war ein gefürchteter Satz für uns Kinder. Mir haben nicht so sehr die Schläge wehgetan, als vielmehr diese Demütigung, wenn er verlangte, dass wir uns für die Schläge auf diese Weise präsentieren.

An diesem Abend kam ich einige Minuten später als er erwartet hatte. „Wieso kommst Du erst jetzt?" Diese lauernde Strenge in seiner Stimme ließ mir schon das Blut in den Adern gefrieren. „Wir haben noch etwas länger auf der Schreibmaschine üben dürfen", log ich.

Das ging noch einmal gut.

Eine Woche später war aber jener brave Familienvater wieder mit seinem Motorrad vor dem Schulhaus. Wieder dieses Gefühlschaos. Was sollte ich tun? Während ich noch mit ihm darüber verhandelte, ob ich aufsteigen sollte oder nicht, stand plötzlich mein Vater neben uns. Er war misstrauisch und wollte überprüfen, ob ich wirklich länger übte. Er musste nicht erst raten, weshalb ein Mann 20 Kilometer mit seinem Motorrad fährt, um eine Minderjährige am Abend zu treffen. Es gab eine sehr heftige Auseinandersetzung, die alle weiteren Annäherungsversuche dieses Mannes verhindert hat.

Aber es gab keine weiteren Konsequenzen. Er blieb die angesehene Vertrauensperson in der Versammlung. Wie vielen weiteren Minderjährigen hat er sich wohl genähert?

War es nur ein Einzelfall? War ich wirklich selbst schuld, weil ich es zugelassen habe, dass er meine Seele verletzt? Dass er mich zur Komplizin seiner schändlichen Gesinnung gemacht hat?

Ich war später mit einem *Ältesten* der Versammlung verheiratet.

Mein Mann wurde gründlich geschult, um allen Anforderungen genügen zu können, die den reibungslosen Ablauf der *Versammlungsangelegenheiten* garantierten. Mit einer der vielen Änderungen in der Lehrmeinung wurde den *ernannten Ältesten der Versammlung* erklärt, sie würden durch die Schulungen befähigt, als *Fürsten in der neuen Ordnung* nach *Harmagedon*, diesem schrecklichen Krieg Gottes, *zu amten*. Sie sollten den reibungslosen Übergang zur *theokratischen neuen Ordnung* unter der Leitung des *treuen und verständigen Sklaven* garantieren. Alle mussten darum schon jetzt lernen, wie man sich gehorsam *unterordnet*.

Mussten? Wir haben das doch freiwillig getan. Diese spezielle Sprache! Welch ein Graus sie jetzt für mich ist. Die Worte wecken so bittere Erinnerungen. Trotzdem ich will mich nicht davon abhalten lassen, der Sache auf den Grund zu gehen. Wie hätte mein Mann gehandelt, wenn eines unserer Kinder in eine ähnliche Situation geraten wäre, wie ich damals?

Auch er hätte sich genau an die Organisationsanweisungen gehalten. Das steht fest. Einen kleinen Einblick davon, wie sie lauten, gibt der Wachtturm vom 1. November 1995, ab Seite 25:

> *„Zu den abscheulichsten Perversionen gehört der sexuelle Mißbrauch unschuldiger Kinder. Wie die Weisheit der Welt Satans ist auch der sexuelle Mißbrauch von Kindern ,animalisch, dämonisch' (Jakobus 3:15)."*

Der manipulative Gebrauch der Sprache ist hier perfekt umgesetzt. Zu der ersten Aussage wird jeder uneingeschränkt ja sagen können.

Wer einer anfänglichen Äußerung zustimmen kann, lässt nachfolgende Behauptungen leicht ungeprüft, weil er der Quelle vertraut.

Darum erübrigt es sich, den zweiten Satz näher unter die Lupe zu nehmen. Zumal der angeführte Bibeltext unterstellt, die Autorisierung durch Gott persönlich zu haben. Wer ihn aber überprüft, wird feststellen, dass der Bibeltext nicht von sexueller Perversion spricht, sondern von Eifersucht, Streit und Lüge. Aber Kindesmissbrauch bei den Dämonen und der Welt Satans einzuordnen, macht die eigenen Mitglieder unverdächtig, ja generell unschuldig. So etwas kann es bei den *wahren Christen* nicht geben.

> [...] *„Wenn diese Mißbrauchsopfer erwachsen sind, haben viele von ihnen immer noch schmerzhafte Wunden, und diese Wunden sind echt! In der Bibel heißt es: ,Der Geist [die geistige Neigung, die inneren Empfindungen und Gedanken] eines Mannes kann seine langwierige Krankheit ertragen; was aber einen niedergeschlagenen [verletzten, leidenden] Geist betrifft, wer kann ihn tragen?' (Sprüche 18:14)."*
>
> [...] *„Die Christenversammlung kann für die Betreffenden ein Ort des Trostes sein. Zu ihrer Freude erfahren sie, daß Leiden bald der Vergangenheit angehören werden (Jesaja 65:17). Doch bis dahin müssen sie möglicherweise ,getröstet' werden, und ihre Wunden müssen ,verbunden' werden. Passenderweise gab Paulus Christen den Rat: ,Redet bekümmerten Seelen tröstend zu, steht den Schwachen bei, seid langmütig gegen alle.' (1. Thessalonicher 5:14)."*

Hier finden sich die typischen Formulierungen in der Möglichkeitsform. Das Verständnis ist im Prinzip nur vorgetäuscht. Es wird durch die nachfolgenden Aussagen relativiert. Die Behauptung, dass es „bald" eine Befreiung von allen Schmerzen gibt, ist ein Stereotyp, das immer unerfüllbare Hoffnungen weckt. Es handelt sich bei den Leidenden um solche, die in der *bösen Welt Satans* Schlimmes erlebt haben und nun in der „*Christenversammlung*" getröstet werden.

> *[…] „In jüngster Zeit sind einige ‚gebrochenen Herzens' aus Gründen, die andere nur schwer verstehen können. Es handelt sich um Erwachsene, die auf Grund von ‚verdrängten Erinnerungen', wie man es bezeichnet, sagen, sie seien als Kinder sexuell mißbraucht worden. Einige hätten niemals gedacht, belästigt worden zu sein, bis sie sich plötzlich zurückerinnerten oder ‚Erinnerungen' in ihnen wach wurden, daß sie als Kind von einem (oder mehreren) Erwachsenen mißbraucht wurden. Gibt es auch in der Christenversammlung Personen mit solchen beunruhigenden Gedanken? In einigen Ländern ist das der Fall, und diese Gott hingegebenen Christen verspüren womöglich großen Schmerz, Zorn, Schuld, Scham oder Einsamkeit." […]*

Auch hier die Möglichkeitsform „sie seien" oder „womöglich". Doch lassen die Fälle, die „in einigen Ländern" in die Öffentlichkeit drangen, nicht mehr zu, alles zu leugnen.

> *„In der Welt gibt es sehr kontroverse Ansichten darüber, worum es sich bei diesen ‚Erinnerungen' handelt und in welchem Umfang sie tatsächlich Geschehenes beinhalten. Da Jehovas Zeugen ‚kein Teil der Welt' sind, mischen sie sich nicht in diese Kontroverse ein (Johannes 17:16). Wie veröffentlichte Berichte zeigen, haben sich solche ‚Erinnerungen' manchmal als zutreffend erwiesen. Ein Beispiel: Nachdem sich der Versicherungsgutachter Frank Fitzpatrick daran ‚erinnerte', daß ihn ein bestimmter Priester sexuell mißbraucht hatte, traten fast einhundert Personen an die Öffentlichkeit und behaupteten, ebenfalls von diesem Priester mißbraucht worden zu sein. Wie es hieß, soll der Geistliche den Mißbrauch zugegeben haben."*

Dieser Abschnitt macht mich geradezu wütend. Der Verweis auf „die Welt" zeigt mit einem Finger auf andere und möchte vertuschen, dass dabei drei Finger auf sich selbst deuten. Was heißt „manchmal" im Umkehrschluss? Soll man denken, meistens haben die Personen nur Spaß daran, sich mit peinlichen Details an die Öffentlichkeit zerren zu lassen? Es ist so scheinheilig zu sagen: Wir mischen uns nicht ein. Aber dann den Fall des „Priesters" zu zitieren, der „den Missbrauch zugegeben haben soll", – damit nicht nur sein Amt diskreditieren, sondern auch die ganze Geschichte durch die Aussage in der Möglichkeitsform so schwammig auszudrücken, dass man sie auch bezweifeln könnte.

Warum schreibt ein „treuer Sklave", der nichts als die Wahrheit zu verkünden behauptet so schwammig, dass es nicht Fisch und nicht Fleisch ist?

> *„Allerdings gilt es zu beachten, daß manche ihre ‚Erinnerungen' nicht durch Beweise erhärten konnten. Einige der Betroffenen hatten lebhafte ‚Erinnerungen' daran, von einer bestimmten Person oder an einem bestimmten Ort mißbraucht worden zu sein. Doch später ließen zuverlässige Gegenbeweise erkennen, daß die Einzelheiten dieser ‚Erinnerungen' nicht stimmen konnten."*

Ich kann mir sehr lebhaft vorstellen, wie dankbar Älteste für diesen Hinweis waren. „Manche" Erinnerung konnten nicht bewiesen werden. „Einzelheiten" stimmten nicht ganz. Wie toll! Die Opfer lügen wahrscheinlich. Das ist die Rettung. Man muss den Opfern nicht glauben!

> *[...] „Der Teufel ließ den treuen Hiob offenbar aus der Überzeugung heraus leiden, daß er dessen Lauterkeit durch physische oder psychische Schmerzen brechen könnte (Hiob 1:11; 2:5). Seitdem hat Satan oft durch Leid — ob direkt von ihm verursacht oder nicht — versucht, den Glauben von Dienern Gottes zu schwächen. (Vergleiche 2. Korinther 12:7-9.) Könnten wir daran zweifeln, daß sich der Teufel heute Kindesmißbrauch und den ‚niedergeschlagenen Geist' vieler Erwachsener, denen das widerfahren ist (oder die durch ‚Erinnerungen', daß es ihnen angetan wurde, beunruhigt sind), zunutze macht, um Christen im Glauben zu schwächen? Ein Christ, der leidet, aber sich unerschütterlich weigert, seine Lauterkeit aufzugeben, sagt wie Jesus, als er von Satan angegriffen wurde: ‚Geh weg, Satan!' (Matthäus 4:10)."*

Ach wie gut, dass wir den Teufel haben. Er ist an allem Schuld. Die Opfer sollen sich nur unerschütterlich weigern ihre Lauterkeit aufzugeben. Das können sie dadurch beweisen, dass sie fleißig „über die gute Botschaft sprechen".

[…] *„Sollte es dir auf Grund deines Herzensschmerzes schwerfallen zu glauben […]*

Fällt es dir schwer zu beten? Bitte andere, mit dir und für dich zu beten."

[…]

Die emotionalen Wunden sind sehr wohl bekannt. Doch der Schuldige ist nicht der Täter. Es liegt an dem Opfer selbst, wenn der Schmerz nicht vergeht. Nicht die gerechte Strafe für den Täter soll ihm Linderung und Genugtuung verschaffen, sondern genügend beten, glauben, predigen.

„Was ist mit dem angeblichen Mißbrauchstäter?

Jemand, der ein Kind tatsächlich sexuell mißbraucht, ist ein Vergewaltiger und sollte als solcher betrachtet werden. Jedes Opfer eines Mißbrauchs hat das Recht, den Täter anzuzeigen. Allerdings sollte eine Anzeige nicht voreilig erfolgen, wenn sie sich lediglich auf ,verdrängte Erinnerungen' an den Mißbrauch stützt. In diesem Fall ist es für den Leidenden das wichtigste, wieder ein Maß an innerem Gleichgewicht zu erlangen. Nachdem einige Zeit verstrichen ist, ist er möglicherweise besser in der Lage, die ,Erinnerungen' zu bewerten und zu entscheiden, was er, wenn überhaupt, in Verbindung damit unternimmt."

Das Opfer hat also das Recht, aber nicht die Pflicht, einen Täter anzuzeigen. Im Gegenteil, es sollte nur ja sorgfältig darüber nachdenken, ob seine Erinnerung nicht täuscht und ob es nicht möglicherweise besser wäre, sie neu zu bewerten. Denn es könnte sich ja um einen „angeblichen" Täter handeln. Wie zynisch ist das denn?

[…] „Wenn es berechtigten Grund zu der Annahme gibt, daß der angebliche Täter weiterhin Kinder mißbraucht, ist eine Warnung wahrscheinlich unumgänglich. In einem solchen Fall …"1

Wieder nur wenn und aber, Zweifel und wahrscheinlich, angeblich und überstürze nichts. Einfach nur furchtbar. Älteste, die solche Artikel in Verbindung mit ihren internen organisatorischen Anweisungen lesen, haben nach meiner Meinung doch überhaupt keine andere Wahl, als Missbrauchs-Vorfälle unter den Teppich zu kehren, um das Ansehen der Versammlung zu schützen.

„Vielleicht gibst du dich schließlich damit zufrieden, die Sache auf sich beruhen zu lassen. Wenn du allerdings dem angeblichen Täter gegenübertreten möchtest (nachdem du dir zunächst Gedanken darüber gemacht hast, wie du angesichts der möglichen Reaktionen wohl empfinden wirst), hast du das Recht, das zu tun."

Das hört sich so mitfühlend an. Diese Drohung: Wie wird es Dir wohl gehen, wenn Du dem „angeblichen" Täter gegenübertreten wirst? Die sublime Aussage ist folgerichtig: Wir glauben Dir nicht. Du wirst das schon ganz allein durchstehen müssen. Aber bitte, wenn Du unbedingt willst, hast Du ja das Recht dazu.

[…] „Jeder wird seine eigene Last tragen (Galater 6:5)."

Was wohl mit diesem *biblischen Grundsatz* hinreichend bewiesen wäre.

[…] „Was können Älteste tun? […] Die Namen aller Mißbrauchstäter, an die sich der Betreffende 'erinnert', sollten streng vertraulich bleiben. Älteste müssen in erster Linie ihren Hirtenpflichten nachkommen." […]

Diese Pflicht erstreckt sich ganz offensichtlich nicht auf den Schutz möglicher weiterer Opfer. Oder wie sollte ich diesen Satz verstehen? Die Namen der Täter streng vertraulich zu behandeln, gibt ihnen doch Narrenfreiheit. Wo bleibt die Pflicht für Älteste, wenn sie von einer Straftat Kenntnis bekommen, sie auch anzuzeigen? Da geht es doch in erster Linie um die internen Abläufe in der Versammlung und dass nichts Negatives davon nach außen dringt. Oder sollte ich mich da so sehr täuschen?[36]

Bestärkt wird dieser Eindruck für mich durch die Informationen in dem Brief der Religionsgemeinschaft der Zeugen Jehovas in Deutschland vom 20. September 1995 an alle Ältestenschaften.

---

[36] Es mag sein, dass es inzwischen wegen des öffentlichen Drucks und wegen verschiedener Prozesse im Ausland zu veränderten Anweisungen kam. Meine Darstellung bezieht sich auf die Zeit, als ich noch eine Zeugin Jehovas war.

Er enthält Richtlinien, um Opfer von Kindesmissbrauch zu schützen und wie man mit einer Person umgehen soll, die sich des Kindesmissbrauchs schuldig gemacht hat. Auszugsweise zitiere ich daraus folgende Sätze:

„[…] Sie werden also Vorkehrungen treffen wollen, um das Opfer des Kindesmißbrauchs zu schützen, wenn ein Rechtskomitee feststellt, daß der Täter bereut und ein Glied der Christenversammlung bleibt. […] Es wäre unbiblisch, würde man sagen, daß jemand, der sich des Kindesmißbrauchs schuldig gemacht hat, in der Versammlung niemals Dienstvorrechte genießen kann, […] Sich einen solchen guten Ruf zu erwerben erfordert in der Regel etliche Jahre; dabei spielt es eine Rolle, wie bekannt der Fehltritt geworden ist. […]“

Ich denke, auch mein Mann hätte sich als Ältester eng an die Vorgaben gehalten. Vielleicht hätte er einen Verdächtigen etwas strenger im Auge behalten. Wahrscheinlich hätte er ihm das auch persönlich gesagt. Aber einen Skandal nach außen zu tragen, hätte er nicht vermocht.

Ich erinnere mich sehr wohl an seine häufig gebrauchte Begründung: *„Man darf keine Schmach auf den Namen Jehovas bringen“*. Alles, was in den Wachtturm chriften an Vorschriften – die ja nicht so genannt werden, sondern Rat heißen – stand, wird so dargestellt, als wäre es eine direkte Erwartung Jehovas. Sie nicht zu befolgen wäre ein Zeichen der Illoyalität gegenüber Gott und nicht etwa gegenüber einer menschlichen Gruppe oder Organisation.

Wir hatten das wirklich als Lebenseinstellung verinnerlicht. Warum? Immer war uns klar, dass es ein freiwilliges MUSS ist. Aber das ist doch paradox! Warum hat es trotzdem funktioniert?

Kapitel 6
SCHMERZLICHE ERFAHRUNGEN – ICH ODER WIR

Die Erkenntnis, dass Träume, Hoffnungen, Liebesbezeugungen, das Ansehen – einfach alles, was uns wichtig war – nur so lange eine Bedeutung
hatten, wie wir – mein Mann und ich – getan haben, was die Regeln ver-
langten, ist ernüchternd. Jetzt sind wir für die gleichen Menschen Luft. Sie
grüßen uns nicht mehr[37].

Ich denke an meinen Einkauf im Supermarkt. Einer unserer besten Freun-
de kam mir mit seinem Einkaufswagen entgegen. Mein Puls begann zu
rasen. Wie würde er reagieren? Er sah durch mich hindurch, als wäre da
niemand. Eine Zurückweisung, die ihr Ziel nicht verfehlt. Mir wurde übel.
Ich kämpfte mit den Tränen und gleichzeitig mit einer ohnmächtigen Wut.
Ich bin mit solchen schlimmen Erfahrungen und Gefühlen nicht allein.
Unzählige Betroffene leiden ebenso. Als Beispiel zitiere ich ein Posting von
Natalie bei facebook vom 23. November 2012:

> „Ich weine … vor ca. drei Wochen erzählte ich euch vom Anruf
> einer Schwester, die mir plötzlich meinen Koffer, welchen ich ihr
> vor vier Jahren mal geliehen habe, zurückbringen wollte. Heute
> Abend gegen 21.30 klingelte es. Ich habe nicht aufgemacht. Sie
> kam dann mit einer anderen Schwester dennoch irgendwie ins
> Haus rein und dann klingelten sie direkt an der Wohnungstür. Ich
> hörte wie die eine zur anderen sagte, gut dass sie nicht da ist –
> dann bleibt mir das Gesicht des Antichristen erspart. Das war jah-
> relang meine beste Freundin!!!!!!!! Später habe ich den vor der Tür
> abgelegten Koffer reingeholt und war – für mich unerklärlich wa-
> rum – unendlich traurig, nicht eine Notiz oder so vorzufinden.
> Hätte nie geglaubt, dass mich dies so mitnimmt … diese Woche
> war eh eine mit viel Schmerzen …"

---

[37] Siehe Anhang, Parameter Sekte, Frage 6

Diese Ex-Freunde handeln auch „freiwillig" so. Ich weiß das sehr gut, denn ich hätte mich ja ähnlich verhalten. Ich hätte zwar vielleicht heimlich gewinkt oder einfach nur verstohlen gelächelt. Sicher hätte ich einen Zettel mit Dankeschön in den Koffer gelegt. Hin und wieder begegnete ich früher auch solchen Ex-Freunden. Ich weiß um den Gewissenskonflikt. Aber ich war trotzdem im Prinzip Handlanger der Menschenverächter. Dafür schäme ich mich. Mir ist bewusst, dass ich es zugelassen habe, meine natürlichen Empfindungen von Regeln und Vorschriften steuern zu lassen, die zerstörerisch für die Seele sind.[38]

Tatsächlich besteht eine sehr subtile Sprach-Besonderheit in der Methodik der Wachtturm-Gesellschaft. Sie argumentiert auf zwei verschiedenen Ebenen. Wenn sie in der Einzahl spricht, entsteht der Eindruck, dass der einzelne Gläubige völlig in seiner Entscheidung frei sei und nur seinem Gewissen folge. Dieses Gewissen wurde aber vorher durch intensives Training gut geschult. Der Einzelne unterwirft aufgrund dieser Schulung der Gruppe seinen eigenen Willen, sein ICH dem kollektiven WIR.

Kritikabwehr durch Immunisierung mittels gruppeneigener Sprache.

Wenn aber im Wachtturm die Mehrzahl gebraucht wird, dann wird Klartext gesprochen. Es geht um eine Position, die alle zu vertreten haben. Wir müssen, steht dann da oder *„Es ist uns nicht freigestellt"*.[39] Das Gruppenziel ist klar definiert, ohne Wenn und Aber. Es ist statisch nachprüfbar.

Bruno Deckert schreibt dazu in seiner Studie:

> „Überhaupt ist Zweifel als kritisches Erkenntnisinstrument innerhalb der Gemeinschaft negativ besetzt. Zweifel ist für alles Äußere der Gemeinschaft reserviert. Der an der Gemeinschaft oder ihren Lehren Zweifelnde hat sich durch seinen Zweifel bereits selbst belastet. Dass zur Beurteilung von Vorkommnissen innerhalb und außerhalb der Gemeinschaft verschiedene Kriterien angewendet

---

[38] Anhang, Parameter Sekte, Frage 8
[39] Der Wachtturm, 1. Dezember 2003, S 17.

werden, ist ein Hinweis auf eine weitere Strategie der Kritikabwehr. Für die Darstellung von Lehre und Praxis der Gemeinschaft existieren doppelte Wahrheitsebenen. Während sich die Gemeinschaft gegenüber Staat und Gesellschaft moderat und offen gibt, wird intern meist strikt und kompromisslos gesprochen. Um abweichendes Denken und Handeln wirkungsvoll zu bekämpfen, verfügt das Lehrgebäude zusätzlich über eine Anzahl von ideologischen Bausteinen, die wir Immunisierungstopoi nennen. Dabei handelt es sich um jedem Zeugen Jehovas bekannte und vertraute ideologische Automatismen, die den kritischen Einwand schlagwortartig einkreisen und zum Verstummen bringen sollen. Jeder dieser Topoi wie Wahrheit, Einheit, Geduld oder Prüfung entspricht einer festgelegten „biblisch begründeten" Argumentation mit der jeweils gleichen Quintessenz. Nicht zuletzt immunisiert auch die gruppeneigene Sprache, ein eigentlicher Soziolekt, eine gruppeninterne Art des Sich-Ausdrückens das Denken gegen ideologiefremde Einflüsse. Was sich ideologiekonform sagen lässt, lässt sich in dieser Sprache sagen. Andernfalls handelt es sich – zumindest tendenziell – um ketzerische Gedanken."[40]

Es war demnach auch die Gruppe, die etwas ganz Bestimmtes als Gegenleistung für ihre Anerkennung von uns erwartet hatte.

Manipulation durch Gruppenerwartung.

Das ist folgerichtig: Die Gruppe wird darauf getrimmt, völlig übereinstimmend zu handeln. Warum habe ich zugelassen, dass ich so gleichgeschaltet wurde? Es war die scheinbare Wahlfreiheit: Wollte ich dazu gehören, dann musste ich *freiwillig* das tun, was im Wachtturm als Wille Jehovas übermittelt wird. Es wird so geschickt verknüpft mit dieser höheren Instanz. Stets hängt an einer Anweisung, die als „*Rat des treuen und verständigen Sklaven*"

---

[40] AaW, S 171

bezeichnet wird, ein Bibelzitat. Sozusagen als Stempel und Unterschrift Gottes. Wenn ich den Wachtturm *studierte*, schrieb ich stets diese Zitate an den Rand, um nur ja nicht zu vergessen, dass ich Gottes Wort studiere und nicht ein Menschenwort, als das ich es nun Stück für Stück entlarve. Ich begreife, dass die Bibel wohl als Referenz benützt wird, aber dass sich die einzig verbindliche Autorität in Lehr- und Glaubensfragen die *leitende Körperschaft* anmaßt, die sich selbst auch *der treue und verständige Sklave nennt.* Diese Lehrautorität durfte nicht hinterfragt werden. Das machte immun gegen jeden Zweifel.[41]

Ich habe das alles so ernsthaft geglaubt. Ich konnte mich doch nicht freiwillig gegen Gott entscheiden und dafür, die Gemeinschaft und alles aufzugeben, wofür ich so viel geopfert hatte! Wieder stelle ich mit einem tiefen Seufzer fest, dass ich einfach nicht wahrgenommen hatte, dass diese scheinbare Logik in Wirklichkeit ein Paradoxon war.

Immunisierung durch paradoxe Aussagen:

Ohne an seinem bisherigen Glauben zu zweifeln wird man kein Zeuge Jehovas. Als Zeuge Jehovas muss Zweifel aufhören. Er wäre ein Zeichen von Illoyalität gegen Gott. Das Bibelzitat: „Wenn es also einem von euch an Weisheit fehlt, so bitte er Gott unablässig, denn er gibt allen großmütig und ohne Vorwürfe zu machen; und sie wird ihm gegeben werden. Er bitte aber unablässig im Glauben, ohne irgendwie zu zweifeln, denn wer zweifelt ist gleich einer Meereswoge, die vom Wind gejagt und umhergetrieben wird. In der Tat, jener Mensch denke nicht, dass er von Jehova etwas empfangen werde; er ist ein unentschlossener Mann, unbeständig in all seinen Wegen." Jakobus 1; 5-8 NW

Der Wachtturm enthält immer wieder Artikel mit solchen Aussagen wie:

> „... *da jeder von ihnen ein Geschöpf mit einem freien Willen ist, hat sich jeder persönlich dazu entschieden, die gute Botschaft von Gottes Königreich zu verkündigen, politisch neutral zu bleiben, sich des Blutes zu enthalten, sich vor*

---

[41] AaW, S141

bestimmten Formen der Unterhaltung zu hüten und gemäß biblischen Maß-
stäben zu leben. "[42]

In kurzen Worten die gesamte Palette der Eingriffe in die persönliche
Freiheit der Person. Das alles wird so lange in einem sogenannten *Heimbi-*
belstudium vermittelt, bis sich der Proband *freiwillig* dafür entscheidet, alles
im Rahmen seiner neuen Lebensweise einzuhalten. Erst wenn die Konditionierung ausreichend wirksam ist, wird er zur Taufe zugelassen.

Dazu eine Aussage der Rechtsanwälte Armin Pikl und Gajus Glockentin
vom 01.09.1998:[43]

Auszug aus diesem Schreiben:

> „*Das Prinzip der vorverlagerten Gewissensentscheidung ist auf alle Lehren*
> *und die gesamte Glaubenspraxis der Zeugen Jehovas anwendbar. Jede Person,*
> *die Zeuge Jehovas wird, trifft vor ihrer Taufe eine bewußte unbeeinflußte Ent-*
> *scheidung darüber, nach welchen Prinzipien sie ihr weiteres Leben gestalten*
> *möchte …*
>
> *Die bewußte Entscheidung, sein weiteres Leben als Zeuge Jehovas leben zu*
> *wollen, stellt eine Gewissensentscheidung in Fragen wie z.B. der Kriegsdienst-*
> *verweigerung, der Wahlenthaltung, der Ablehnung von Blut als medizinische*
> *Heilmethode usw. dar, um künftig in Übereinstimmung mit den Lehren der*
> *Religionsgemeinschaft zu leben. Es handelt sich somit um Individualentschei-*
> *dungen, die der Zeuge Jehovas vor seiner Taufe für sein weiteres Leben trifft.* "

Wie kann man bei dem Aufwand, der um ein Neumitglied getrieben wird,
nur allen Ernstes behaupten, es sei unbeeinflusst zu seiner Entscheidung
gekommen? Zugegeben, ich war auch stets der Meinung, ich hätte mich
freiwillig entschieden. Der Einfluss war zu verschleiert. Aber nach meinem
Verständnis sollte ich doch nach meinem Gewissen entscheiden, den
Willen Jehovas zu tun. Diese Individualentscheidung, in „Übereinstim-

---

[42] Der Wachtturm, 15. März 1998, S.18 ff

[43] Jehovas Zeugen als Körperschaft des öffentlichen Rechts, von RA Armin Pikl und
Betriebswirt (VWA) Gajus Glockentin, vom 01.09.1998 (Anlage 2 zum Schreiben an das
Bundesverfassungsgericht vom 28.01.1999) pdf S.15,16

mung mit den Lehren der Religionsgemeinschaft zu leben" bedeutet, Wachtturm-Lehren und Jehovas Wille sind als identisch zu betrachten.

Diese Form der Manipulation kann wohl nur durch Informationskontrolle funktionieren. Dafür muss man der Behauptung vertrauen, dass weltliche Informationen nur Lügen enthalten.

> Informationskontrolle: Es gibt verbotene Schriften, Internetseiten, Filme, StH, S. 110-112

Nur die Wachtturm-Literatur soll als einzige zuverlässige Quelle für Informationen gelten.[44] Eine objektive Entscheidung konnte auf diese Weise niemand treffen.

> *„Halten wir uns daher von Abtrünnigen fern und von jedem, der sich als ein Bruder ausgibt, aber Gott enteiert. Darauf müssen wir selbst bei Familienangehörigen achten (1. Kor. 5:11). Es bringt nichts, die Argumente von Abgefallenen oder anderen, die Jehovas Organisation kritisieren, widerlegen zu wollen. Es wäre falsch, ja gefährlich, etwas von ihnen zu lesen, sei es auf Papier oder im Internet."[45]*

Ich denke gerade über diese besonderen Vokabeln nach. Die ganz eigene Wachtturm-Sprache.

> Immunisierung durch Gruppensprache.

Bruno Deckert bringt ein typisches Beispiel aus dem Königreichsdienst 4/90, S.7:

> *„Durch gründliche und rechtzeitige Vorbereitung zeigen wir, daß wir den Besuch des Gedächtnismahls als ein Vorrecht und als Gelegenheit betrachten, Wertschätzung für das Opfer Christi zu zeigen. Möge sich die Gedächtnismahlfeier in diesem Jahr als eine Zeit der Erbauung und Ermunterung für alle*

---

[44] Siehe Anhang Parameter Sekte, Frage 9
[45] Der Wachtturm, 15. Mai 2012, S 26

Diener Jehovas erweisen und uns allen einen Geist des Vertrauens einflößen, wie ihn Jesus bekundete. Unser Vertrauen zu Jehova wird uns helfen, die Welt zu besiegen und unseren Lohn zu empfangen (Joh. 16:33; 2. Pet. 1:10; Offb. 7:9, 10, 14)."

Er kommentiert das wie folgt:

„Gleich vier Schlüsselbegriffe sind hier auf engem Raum vereint: Vorrecht, Wertschätzung, Erbauung, Ermunterung. Jehovas Zeugen sollten alles, was ihre ‚christliche Pflicht' ist, auch als Vorrecht betrachten. Aufgaben, mit denen ein Mitglied in der Organisation betraut wird, sind Vorrechte. Ein Zeuge Jehovas zu sein, ist ein Vorrecht, Ältester zu sein, ist ein Vorrecht, die Zusammenkünfte zu besuchen ebenfalls. Aber auch an einem Samstagmorgen den Königreichssaal zu reinigen, ist ein Vorrecht. Wer diese Vorrechte nicht wahrnimmt, hat keine Wertschätzung ‚für heilige Dinge'.[46] Ein Zeuge Jehovas sollte für alles, was Bestandteil seines Glaubens ist, ‚Wertschätzung bekunden',[47] denn alles dient der ‚Erbauung' und ‚Ermunterung'. Wer zweifelt, hat keine Wertschätzung für die ‚Geduld Jehovas',[48] wer ‚abtrünnig' geworden ist, hatte keine Wertschätzung für ‚Gottes Weg der Rettung'.[49] Innerhalb der Gemeinschaft herrscht kein Zwang, sondern nur ein Geist der Ermunterung.[50] Die Glieder der Versammlung sollten nur ‚Dinge … tun, die der gegenseitigen Erbauung dienen, statt Kritik zu üben.'[51] In einer solchen die Harmonie beschwörenden Tonlage wird schon der kleinste Widerspruch als Misston wahrgenommen. Wer sich also nicht an diese Abfolge stereotyper Wendungen hält und im Denken und Reden Neuland beschreitet, kann rasch Argwohn er-

---

[46] Der Wachtturm, 1.September 2000, S. 20
[47] Der Wachtturm, 1. Oktober 1982, S 4
[48] Der Wachtturm, 1. Juni 1998, S 6
[49] Der Wachtturm, 15. Dezember 1985, S. 7
[50] Der Wachtturm, 01. August 1994, S. 19
[51] Der Wachtturm, 15. Juni 1978, S. 19

wecken und einen ‚kritischen Geist'[52] offenbaren.[53] Dagegen ist das Mitglied, das den *watchtower sound* verinnerlicht hat, immer auf der sicheren Seite."[54]

Wie treffend Deckert das beschrieben hat. Ich schwang sehr harmonisch mit in diesem besonderen Sprachrhythmus. Nun ist mir klar, dass es kein Wunder war, wenn mich Nachbarn und Freunde manchmal recht verdutzt angeschaut haben, so als käme ich von einem fremden Stern. Ich sprach deutsch und keiner hat mich verstanden. Jetzt muss ich in der Erinnerung daran doch wieder lachen.

Ich weiß nicht mehr, wie oft ich mich nun schon gefragt habe, wie ich so lange ohne Misstrauen diesen Menschen folgen konnte, die mich nun hart und menschenverachtend behandeln. Die einer Organisation ebenso vertrauen, wie ich es getan habe und kein Mitleid empfinden, wenn sie im Wachtturm aufgefordert werden, sich vor mir zu ekeln, mich zu hassen oder mich – eine ehemalige Mitgläubige – offen als eine Anhängerin des Teufels zu diskriminieren.[55]

Bevor meine Eltern und meine Geschwister in diese Gemeinschaft aufgenommen wurden, hatten wir eine gründliche Umerziehung genossen.[56]

> Neue Denkmuster dienen der Anpassung an das System. Umerziehung um systemkonform zu handeln.

Das Ziel war nicht, uns zu besseren Menschen zu machen. Wir mussten zum System passen. Uns anpassen, funktionieren, um dem System zu nützen. Inzwischen habe ich gelernt, dass man es Seelenmord nennen kann, wenn durch Regeln und Vorschriften von außen der Zugang zu unserer Seele – unserem unzerstörbaren Selbst – versperrt wird. Jetzt

---

[52] Der Wachtturm, 01. August 1997, S. 10
[53] Ein Sprachstil ist auch ein Denkstil. Es sei an Wilhelm Flecks Begriff *des kollektiven Denkstils* erinnert (Kap.2.10.1)
[54] AaW, S. 170
[55] Der Wachtturm, 15. Juli 1992, S. 13.
[56] Siehe Anhang Parameter Sekte, Frage 8

begreife ich auch, warum ich in einem ständigen Ringkampf mit mir selbst war. Es kostete viel Kraft, meine natürlichen Empfindungen in einem engen Korsett eingesperrt zu halten und es war wie ein bedrohliches Damoklesschwert über mir, sollte ich den Kampf verlieren und schuldig werden. Eine Beute des Teufels, der als *brüllender Löwe* umhergeht und sucht, wen er verschlingen kann. Der Teufel, die Dämonen und die Vernichtung in Harmagedon waren unsere allgegenwärtigen Bedrohungen und es verging kein Tag in meinem Leben an dem uns diese Worte nicht als „Warnung" untergejubelt wurden.[57] Ich war dissoziiert in zwei widersprüchliche Persönlichkeiten. Mein wahres ICH wurde von dem Sektenklon kontrolliert und in Schach gehalten. Ich nenne diesen Teil meiner damaligen Persönlichkeit Mara, die Bittere.

Ganz besonders schlimm ist für mich die Erkenntnis, dass ich das auch unseren Kindern zugemutet habe. Auch wenn ich ihnen nicht direkt mit den Dämonen gedroht habe, konnte ich doch nicht verhindern, dass sie diese Worte tausende Male in allen *Vorträgen* bei den *Zusammenkünften* und in den Schriften gehört und gelesen haben.

Als unsere Tochter etwa 4 Jahre alt war, hatte sie nachts oft Albträume nach denen sie heftig schluchzend aufgewacht ist. Ich führte das darauf zurück, dass ich ihr Gute-Nacht-Geschichten aus Grimms Märchen vorgelesen hatte. Da gab es natürlich Zauberer und Hexen und allerlei Bedrohliches. Ich warf das Buch in die Mülltonne und schrieb für meine Kinder eigene Geschichten oder erzählte ihnen etwas aus dem Stegreif. Aber ich habe mich nicht gefragt, wieso meine Tochter diese Märchen als reale Bedrohung empfunden hat. Generationen von Kindern sind mit diesen Geschichten groß geworden und wussten, dass es Märchen sind. Meine Tochter hat sie offensichtlich genauso für wahr gehalten, wie sie die Geschichten vom *Teufel*, den *Dämonen*, der *Vernichtung* und *Strafe Jehovas* als *die Wahrheit* angenommen hatte.

---

[57] Der Wachtturm, 01. Juli 1994, S. 11 ff.

Wir waren doch tatsächlich der Meinung, das wäre zu unserem Schutz, aus liebevoller Fürsorge und zur Warnung zehntausende Male in den Schriften aufgeschrieben.[58] Ich empfand es als Angst machende Bedrohung. Das durfte ich aber nicht zulassen. Das war einer der Punkte, an dem ich mein ungutes Gefühl zum Schweigen bringen musste. Es gab für jede Situation in meinem Leben, selbst für die privateste, intimste, geheimste, einen passenden Bibeltext, der mir sagen sollte, was richtig oder falsch war. Immer wenn ich etwas zu entscheiden hatte, lief in meinem Kopf eine imaginäre Abhakliste ab. Was stand dazu im *Wachtturm*? Gab es dazu schon eine *Leserfrage*? Hatte der „*Königreichsdienst*" einen *Rat* veröffentlicht? Wurde darüber schon etwas in einem *Vortrag* gesagt? Welchen *biblischen Grundsatz* muss ich hier beachten? Wenn es mir gelang danach zu handeln, konnte ich die Angst verbannen und mich in Sicherheit wiegen. Das führte unweigerlich dazu, dass ich quasi immer mit gebremstem Schaum agierte. Meine Tochter hat mich sehr treffend beschrieben. Sie sagte: „Meine Mutter war kontrolliert und distanziert." Wie wahr! Ich ließ mich von dem *biblischen Grundsatz* der *Selbstbeherrschung* leiten.

Gefühlskontrolle durch Regeln und Vorschriften. Nur wer sie beachtet kann ein „gutes Gewissen" haben. Andernfalls drohen Schuldgefühle und Angst. StH, S. 107 - 110

Dazu fällt mir ein Beispiel ein. Wenn wir an jenen Ausflug im Juli 2000 nach Mattsee in Österreich zurückdenken, dann sind mein Mann und ich immer noch frustriert. Wir kamen zufällig dort an, als die Feier der Städte-Partnerschaft mit einer ungarischen Gemeinde so richtig im Gange war. Unter einem Pavillon spielte eine original ungarische Zigeunerkapelle

---

[58] In der Wachtower Librery 2009, in der Veröffentlichungen von 1970 bis 2009 erfasst sind, erscheinen die Worte Dämonen 3.428 mal, Satan 9.161 mal, Teufel 5.121 mal, Harmagedon 2.113 mal und Vernichtung 4.695 mal. Sie werden sowohl im täglichen Tagestext als auch in den Zusammenkünften und im sogenannten Predigtdienst in allen Kombinationen permanent verwendet und sind regelrecht als Trigger-Worte in das Unterbewusstsein eingemeißelt.

Czardas-Melodien. Whow, das war etwas für mein ungarisches Temperament. Der Rhythmus packte mich, und ich fing an am Rand des Festplatzes zu tanzen. Mein Mann schaute mir belustigt zu und hat mich fotografiert. Der Zigeuner-Primas hat das beobachtet und begann extra für mich zu spielen. Plötzlich fuhr mir der Schreck in die Glieder. Der Film mit allen Drohbotschaften begann in meinem Kopf abzulaufen. Die Schlagworte: *Selbstbeherrschung, weltliche Gemeinschaft, nicht mit fremden Männern tanzen,* triggerten plötzlich panische Angst, es könnte mich jemand zum Tanz auffordern. Ich ergriff die Flucht. Mein Mann lief ratlos hinter mir her und viele Besucher des Festes sahen uns verdutzt nach. Noch heute bekomme ich leise Vorwürfe von meinem Mann, dass ich ihm keine Gelegenheit gegeben habe, von dem echten, original ungarischen Zigeunergulasch zu kosten. Aber ich befürchtete, dass ich nicht stark genug sei, mich gegen alle Versuchungen bei diesem Fest zu wappnen.

Doch wenn ich nach einem Verbot in den Schriften forsche, finde ich keine direkte Aussage, dass es für uns „verboten" gewesen wäre. Aber natürlich hatte ich den *biblischen Grundsatz* im Sinn, der besagt

> *„alles was vor Zeiten geschrieben wurde ist zu unserer Unterweisung geschrieben worden."*[59]

Dabei hätte ich nicht wirklich erklären können, was denn verkehrt daran gewesen wäre, bei diesem Fest zu tanzen oder zu essen. Erst die Analyse Bruno Deckerts, wie das Immunsystem der Zeugen Jehovas funktioniert, half mir zu verstehen, dass es die Methode der Suggestiv-Fragen war, durch die ich gesteuert wurde.[60] Bei diesem Fest war es die Angst, ein fremder Mann könnte mir zu nahe kommen oder mich der Versuchung aussetzen, in meinem *Herzen Ehebruch zu begehen.*

---

[59] Römer 15,4 NW

[60] „Der an dieser Stelle vermittelte Eindruck einer Welt, mit der sich ein Zeuge Jehovas eigentlich nur, beflecken' kann, setzt im Grunde genommen alles unter Verdacht, was nicht ausdrücklich nötig ist, um den ,biblischen Verpflichtungen' nachzukommen und, die Königreichsbotschaft zu predigen'. Für einen Zeugen Jehovas ist nicht alles in dieser Welt verboten, aber vieles ist für ihn gefährlich. Das Böse lauert überall."
AaW, S. 190

Ich gehe in eine Buchhandlung, um einen Büchergutschein einzulösen. Ich überlege, welcher Titel gemäß den Wachtturm-Schriften zu lesen verboten sein könnte. Mir fällt kein einziger Titel auf. Doch wenn ich mich umsehe, sehe ich hunderte Titel, von denen gläubige Zeugen Jehovas sagen würden, „das lese ich nicht".

Wie funktioniert das?

Wir waren geschult, nach *biblischen Grundsätzen* zu entscheiden. Die Bücher sind in Wissensgebiete eingeteilt. Jede dieser Gruppierungen unterliegt Merkmalen, die man mit einem Bibeltext bewerten kann.

Da waren die „Ratgeber" – ich denke an den Bibelvers:

> *Die Weisheit der Welt ist Torheit bei Gott.*

Wissensgebiete wie Archäologie:

Das Buch von Keller „Und die Bibel hat doch recht" ist okay.

Aber andere sind vermutlich von Archäologen geschrieben, die sich mit möglichst weit zurückdatierten Funden nur brüsten wollen. Da sie ein *Teil der Welt Satans* sind, stimmen ihre Angaben nicht mit dem Zeitplan überein, der in den Veröffentlichungen der Wachtturm Gesellschaft steht. Also, die Schöpfungsperiode dauert sechsmal siebentausend Jahre. Seit der Erschaffung Adams sind ungefähr *sechstausend Jahre* vergangen. Während dieser Zeit *ruht Gott von all seinen Werken.* Nur noch *tausend Jahre* dieses *Ruhetages* stehen uns bevor, die Christus als König nutzt, um das *verlorene Paradies wiederherzu-stellen.*[61] Das *tausendjährige Friedensreich* wird *sehr bald* beginnen. Im Krieg *Harmagedon* reinigt Gott die Erde von allem Bösen, und Christus hat tausend Jahre Zeit, unter seiner Herrschaft alles vollkommen zu machen. Das galt als *die absolute Wahrheit*, die durch *Gottes Geist geoffenbart* wurde. Es war etwas, das wir wirklich so geglaubt haben! Ich nehme es keinem Menschen übel, der darüber verständnislos den Kopf schüttelt.

---

[61] Die Lehren über die Dauer der Schöpfungsperioden wurden inzwischen revidiert, die Lehre von 6 000 Jahren seit der Erschaffung Adams soll allerdings immer noch die *Zeit des Endes* bestätigen.

Die scheinbar logische Schlussfolgerung war für uns: Es ist unnötig, andere Schriften zu lesen, die in Bezug auf Zeitangaben nur zu Verwirrung führen könnten.

Bücher von Philosophen fallen unter die Rubrik *Weisheit der Welt ist Torheit bei Gott*. Was Theologen schreiben, muss als Teil *Babylons der Großen* auf alle Fälle gemieden werden.

Evolutionstheorie – ganz schlecht – das ist direkt vom Erzfeind Gottes, von Satan dem Teufel erdacht.

Ich gehe eine Abteilung nach der anderen entlang und stelle seufzend fest, wie viel mir an faszinierendem Wissen nicht zugänglich war, weil ich durch einfaches Schwarz-Weiß-Denken[62] darauf verzichtet habe.

> Die Gedankenkontrolle erfolgt durch einfache Antworten auf alle Fragen. Es gibt nur richtig oder falsch. Wir haben die Wahrheit, alles andere muss falsch sein.
> StH, S. 104-107

Bücher über Politik und Wirtschaft, die großen Staatsmänner der Geschichte. Wir haben uns doch tatsächlich einreden lassen, dass wir als *Gesandte an Christi statt* in jedem Land der Welt politisch neutral sein müssen. In Wirklichkeit waren wir alles andere als neutral oder gar Pazifisten. Wenn es die Wachtturm-Führung befohlen hätte, wären wir auch militant gegen eine Regierung vorgegangen, weil wir uns als *Untertanen einer himmlischen Theokratie* verstanden haben. Die leitenden Männer in Brooklyn, NY waren unsere anerkannten Stellvertreter dieser Regierung. Wir hielten uns an deren Gesetzgebung, die weit über das hinaus geht, was eine Gesetzgebung in unserer Demokratie von ihren Untertanen verlangt.

Das wurde mir bei einem Besuch in Berlin sehr bewusst. Ich saß im Besucherraum des Plenarsaales und hörte fasziniert den Erklärungen zu, was die Parteien sind, die Fraktionen, die Ausschüsse, die Petitionen, welche Rechte und Pflichten die Bürger haben und welche Arbeit die Abgeordneten leisten. So mancher tiefe Seufzer drückte mein Bedauern darüber aus, dass

---

[62] Siehe Anhang Parameter Sekte, Frage 7

ich mir nehmen ließ, ein vollwertiges Mitgliede dieses Staates zu sein und mein Recht auf Mitbestimmung durch die Teilnahme an den freien Wahlen in Anspruch zu nehmen. Ein bedauernder Seufzer galt der Erkenntnis, dass ich mich völlig zu Unrecht geweigert hatte, mit meinen Mitmenschen über eine politische Meinung, ein Parteiprogramm oder die Ziele und Entscheidungen unserer Regierung zu sprechen. Ich ließ mir doch tatsächlich das Recht auf eine eigene Meinung und umfassende Information nehmen.[63]

> **Manipulation durch Informationskontrolle und Beschränkung der Meinungsfreiheit. StH, S. 110-112**

Ich nütze meine neu gewonnene Freiheit und entscheide mich für ein Buch von Katharina Ceming und Jürgen Werlitz, „Die verbotenen Evangelien". Ich wollte schon immer wissen, was es mit den apokryphen Schriften auf sich hat. Sind sie wirklich verkappte okkulte Schriften, in denen allerlei Zauberei enthalten ist, durch die man mit Dämonen in Verbindung treten kann? Ich gebe zu, es ist mir nicht ganz wohl dabei, das Buch zu kaufen. Die antrainierten Ängste und Warnungen vor dem gefährlichen Einfluss der Dämonen sind deutlich zu spüren. Aber ich will es einfach wissen.

Inzwischen sind vier Jahre vergangen, seit ich die Verbindung zu meinem früheren Leben abgebrochen habe. Immer noch frage ich mich, wo waren die Fallen, die Fußangeln, die wir übersehen haben? Warum ist meine Familie so eifrig und vorbildlich dieser Lehre gefolgt? Und wieso können meine Mutter und meine Geschwister und alle meine Verwandten nicht auch erkennen, dass sie getäuscht wurden?

---

[63] Siehe Anhang Parameter Sekte, Frage 9 und Frage 26

Kapitel 7
ZURÜCK ZU DEN ANFÄNGEN – WELCHE STOLPERFALLEN HABEN WIR ÜBERSEHEN?

Ich erinnere mich mit Wehmut an unser erstes Weihnachtsfest nach der Flucht. Nach den vielen Kriegsjahren endlich wieder zusammen mit der ganzen Familie. Wir wohnten in dem winzigen Behelfsheim in der Südendstraße in Weilheim. Mein Vater hatte heimlich einen kleinen Tannenbaum aus dem Wald besorgt. Damit Mutter ihn schmücken konnte, musste meine Großmutter mit uns spazieren gehen. So etwas hatte sie noch nie zuvor gemacht. Sie besuchte mit uns die Ausstellung der Weihnachtskrippe im Heilig Geist Spital. Diese war beleuchtet und hatte Figuren, die sich bewegten. Wir Kinder staunten mit offenen Mündern und großen Augen. Etwas so Schönes hatten wir noch nie gesehen. Als wir gegen Abend wieder nach Hause kamen, war das „Christkind" auch bei uns gewesen. Ach wie war der geschmückte Tannenbaum herrlich. Die Kerzen, die bunten Kugeln und der Salonzucker, den Mutti wieder wie zu Hause in Jugoslawien in buntes Papier gewickelt an die Zweige gehängt hatte.

Alles war so schön feierlich. Da ging plötzlich die Türe auf und ein neuer Schlitten polterte in die Stube. Das war vielleicht ein Hallo!

An Weihnachten 1947 lag schon viel Schnee. Darum gingen wir am ersten Feiertag mit unserem neuen Schlitten zum Gögerl zum Schlittenfahren. Was hatten wir Spaß mit unserem Vater den Hang hinauf und hinunter zu toben! Dieser Schlitten war uns für die nächsten Jahre ein treuer Begleiter im Winter. Ich habe so manches Mal meine kleinen Geschwister mit ihm transportiert. Dass er auch ein Symbol für unser letztes Weihnachtsfest sein würde, konnten wir damals nicht ahnen.

Dieses Fest ist aber gerade deshalb für mich so unvergesslich.

Denn der Zeuge Jehovas erklärte uns bei seinem ersten Besuch nach den Feiertagen, dass wir etwas getan hatten, was nicht Gottes Wille sei. Wir hätten ein *heidnisches Fest* gefeiert. Die Religionen, die Weihnachten feierten, gehörten zu *„Babylon der Großen"*. [64]

> Methode der Immunisierung gegen Kritik durch ideologische Bausteine. Hier wird ein Feindbild konstruiert, das sich für einen Großteil der Handlungsvorschriften, also zur Konditionierung, verwenden lässt.

Das war ein Paukenschlag, den wir erst einmal verdauen mussten. Vor allem bei meiner Großmutter läuteten plötzlich alle Alarmglocken. Die Aufforderung „geht aus ihr hinaus" war eine Provokation für sie. Hier sagte sie: „Stopp, nicht mit mir. Ich habe bei meiner Konfirmation ein Gelübde abgelegt. Das werde ich niemals brechen." Sie wusste, dass in ihrer Bibel stand:

> „Wenn du Gott ein Gelübde tust, so säume nicht, es zu bezahlen."[65]

Unser Besucher vermied geschickt jede Konfrontation mit unserer Großmutter. Er versicherte uns, dass es unsere ganz persönliche Entscheidung sei, ob wir nach der Bibel handeln wollen oder nicht.

Das war schon tückisch. Uns zu sagen, die Bibel verurteilt das Fest und Gott ist auch dagegen, aber wir könnten ja tun und lassen was wir wollten. Meine Mutter war in einem schweren Konflikt.

> Wer durch Suggestivfragen dazu gebracht wird, sich „freiwillig" für die neue Religion zu entscheiden, ist besser gegen Kritik immunisiert. Eine freiwillige Entscheidung gibt man nicht so leicht auf wie einen ungeliebten Befehl.

Doch gab es erst einmal dringendere Probleme. Der Winter war hart. Hungern und frieren brauchten wir nicht mehr. Meine Mutter hatte Wintervorräte aus dem Garten und Wald und Feld angelegt. Die Methode, heiße, in der Backröhre aufgewärmte, Ziegelsteine als Bettwärmer zu

---

[64] Offenbarung 18: „... Geht aus ihr hinaus mein Volk, auf daß ihr nicht ihrer Sünden mitteilhaftig werdet. ..."
[65] Prediger 5;4 Elb

benützen, funktionierte auch in der Südendstraße genauso wie in Jugoslawien. Wir konnten einige Briketts kaufen. Mutter wickelte immer ein Brikett in alte Zeitungen oder Packpapier ein und legte es am Abend in die Glut. So glühte es bis zum Morgen. Wenn wir aufstanden, brauchte sie nur die Asche etwas zur Seite zu schieben und Reisig darauf zu legen und schon brannte das Feuer und die Küche wurde angenehm warm, weil sie ja in der Nacht nicht völlig ausgekühlt war. Obwohl wir also bereits ein relativ normales, bescheidenes Leben führten, konnte sich meine Mutter nur sehr langsam von den vergangenen Strapazen der Flucht und Unterernährung erholen. Sie hatte sehr häufig Tetanie-Anfälle und auch Migräne. Im Frühling 1948 war ihr häufig übel, schwindlig und sie musste sich oft übergeben. Schließlich gab es keinen Zweifel mehr, unsere Familie würde wieder Zuwachs bekommen. Mutter erwartete ein Baby.

Im Juni 1948 kam es zu einer entscheidenden Wende in Deutschland. Es gab die Währungsreform. Die Reichsmark wurde abgeschafft und die Deutsche Mark eingeführt. Die Rationierung der Bedarfsgüter wurde abgeschafft. Am 21. Juni 1948 war der Währungsstichtag. Jede Person bekam ein Kopfgeld von 40 Deutschen Mark. Die erste Anschaffung, die meine Eltern damit machten, war eine gebrauchte Nähmaschine. Endlich konnte meine Mutter wieder Kleider für uns mit der Maschine nähen. Sie hat manchmal gebrauchte Kleidung bekommen, die sie für uns umarbeiten konnte. Warme Winterkleidung war teuer und wenn Mutter sie selber nähte und stattdessen Schuhe kaufen konnte, war das doch eine große Hilfe. Der nächste Winter kam bestimmt. Nicht nur für die Schule würden wir warme Sachen benötigen, auch das Baby musste ausgestattet werden.

Großmutter widerstand unserem Treffen mit dem Zeugen Jehovas immer heftiger. Sie hatte eine Abneigung gegen den neuen Mann, der uns inzwischen regelmäßig besuchte. Sie war unfreundlich zu ihm und wenn er kam, ging sie fort.

Mein Vater stand wieder zwischen zwei Fronten. Großmutter war eigentlich unantastbar. Noch immer war es für uns Brauch und selbstverständlich, dass die Jungen den Alten zu gehorchen hatten. Wir redeten meine

Großmutter in der dritten Person an: „*Motr*", nannten wir sie nach donau-schwäbischem Brauch, „Wollt Ihr? Braucht Ihr? Habt Ihr?" Es „*stand*" sich also, ihr nicht zu widersprechen – auf der einen Seite. Mutti auf der ande-ren Seite hatte ein unwiderstehliches Bedürfnis, mehr über die Lehren der Bibel zu erfahren. Auch wurde ihr versichert, dass der Widerstand ein Zeichen dafür sei, dass der *Widersacher Gottes, Satan der Teufel* verhindern wolle, dass meine Eltern die Bibel und Gottes Willen genau kennen lernen. Auch dafür gab es den passenden Bibelvers.[66]

> „Denn ich bin gekommen, den Menschen zu entzweien mit sei-nem Vater, und die Tochter mit ihrer Mutter, und die Schwieger-tochter mit ihrer Schwiegermutter; und des Menschen Feinde wer-den seine eigenen Hausgenossen sein. Wer Vater oder Mutter mehr liebt als mich, ist meiner nicht würdig."

Das war ein Totschlagargument. Es stand ganz klar in der Bibel und dieser Vers machte uns immun gegen jegliche Kritik, der wir in der Zukunft begegnen sollten. Wir haben nie die kritischen Argumente geprüft, die zu bedenken gaben, dass Jesus hier ja von der Kontroverse zwischen dem Judentum und seinem neuen Evangelium der Liebe ohne die Gesetze des Talmuds sprach. Wir haben einfach die Kritik als solche abgewiesen. Sie als *Versuchung Satans* gewertet, uns von *der Wahrheit* abzuhalten. Dieser Bibel-vers war wie ein unsichtbarer Friesennerz, an dem das Wasser abperlt. Kritik oder gutgemeinte Warnungen konnten uns nicht mehr erreichen.

Herr Walz[67] hat sich nicht an die Maßstäbe gehalten, die er uns aus Gottes Wort gezeigt hatte. Es stellte sich heraus, dass er seine Frau mit verheirate-ten Frauen betrog und auch, dass er pädophile Neigungen hatte. Als wir das erfuhren, war unsere Immunisierung gegen Kritik von außen aber schon so weit fortgeschritten, dass wir nur noch gruppenkonform reagier-ten. Fehler und Schuld suchten wir bei dem einzelnen Mitglied. Die Grup-pe war fehlerlos, weil unter der Leitung des Geistes Gottes.

---

[66] Matthäus 10, 35-37, Elb
[67] Name geändert

Herr Walz wurde zwar aus der Gemeinschaft ausgeschlossen und verunglückte kurze Zeit später mit seinem Moped auf freier Strecke zwischen Peißenberg und Weilheim tödlich. Makaber ist dabei, dass er trotz des *Gemeinschaftsentzuges* auf dem Weg zu einer alleinstehenden Frau mit ihrer 12-jährigen Tochter zu seinem sogenannten *Bibelstudium* war. Doch das alles passierte erst Jahre später.

Zunächst hatten meine Eltern einige Argumente aus dem neuen Buch einstudiert, die gegen die Religion von „Motr" sprachen. Herr Walz war gut präpariert. Er bat Mutti, in ihrer Luther-Bibel das dritte Kapitel im zweiten Buch Mose aufzuschlagen und den Vers fünfzehn zu lesen. Mutti las:

> „Und Gott sprach weiter zu Mose: So sollst du zu den Kindern Israel sagen: Der HERR, der Gott eurer Väter, … hat mich zu euch gesandt."

Zum Vergleich sollte sie diesen Text in seiner Elberfelder Bibel-Übersetzung lesen. Mutti staunte, als sie dort las:

> „Jehova, der Gott eurer Väter … hat mich zu euch gesandt. Das ist mein Name."

Nun folgte eine ausführliche Erklärung darüber, dass dieser Name mit vier hebräischen Buchstaben geschrieben wird, als Tetragram bekannt ist und mehr als 7000 Mal in den Urschriften der Bibel vorkommt.

Dann kam die triumphale Feststellung: Die falsche Religion hat diesen Namen aus den Bibeln in der Absicht entfernt, dass er vergessen wird und dass niemand die Bitte im Vater Unser: „Dein Name werde geheiligt" ausführen kann.

Alles was wir direkt in der Bibel lesen konnten, hat uns überzeugt. Meine Eltern entwickelten ein grenzenloses Vertrauen in die Worte der Heiligen Schrift, so wie sie von dem Vertreter der Wachtturmorganisation übermittelt wurden. Sie wurden nicht skeptisch bei Erklärungen, die sich buchstabengetreu an die Worte hielten. Auch diese Methode war ausgezeichnet dazu geeignet, gegen Kritik von außen und gegen zweifelnde Fragen im eigenen Sinn immun zu machen. Die theologischen Erklärungen, warum in manchen Bibelübersetzungen die vier hebräischen Buchstaben mit HERR wiedergegeben werden, haben sie nicht mehr interessiert, denn sie betrachteten bereits alles was außerhalb der Zeugen Jehovas gesagt oder geschrieben wurde, als weltliche Weisheit oder Teil des Weltreiches der falschen Religion. Meine Eltern und somit auch wir Kinder sahen keinen Grund mehr, Informationen von dort einzuholen.[68]

Einwände, zum Beispiel, dass Wissenschaft oder Archäologie von Milliarden Jahren bei der Entstehung des Universums ausgingen und somit überhaupt nicht mit den Angaben in den Wachtturm Schriften in Übereinstimmung waren, wurden mit dem Hinweis weggewischt, dass

„die Weisheit dieser Welt Torheit bei Gott sei".[69]

Das *verlorene Paradies* sollte also sehr bald wieder hergestellt werden. Eine Hoffnung, an die wir uns klammerten. Dieses automatische Erklärungsmuster wurde immer und immer wieder gebraucht. Als *Erfüllung im Kleinen* oder als *Vorbild* und als *Erfüllung im Gegenbild*. In Verbindung mit dem Paradies war die Sintflut das Vorbild für die kurz bevorstehende *Schlacht von Harmagedon*, die ebenfalls ein Gottesgericht sein würde, in dem das gesamte irdische System vernichtet würde, ausgenommen die Menschen, die sich der *Wahrheit* anschlössen. Das Vernichtungsszenario wurde sehr blutrünstig geschildert und es hat mir wirklich Albträume verursacht.[70]

Damit war die Grundlage gelegt für eine Konditionierung, die mit den Worten *Satan, Teufel, Dämonen, Harmagedon* als Angstmacher und dem Zuckerbrot *Paradies, Rettung, ewiges Leben* als Rettungsanker in unser Unterbewusstsein eingemeißelt wurde. Alle Veröffentlichungen des Wachtturm-Verlages enthalten dieses Prinzip der Manipulation mit Hilfe dieser Trig-

---

[68] Siehe Anhang Parameter Sekte, Frage 9
[69] 1. Korinther 3,19 Elb
[70] "Das Blutbad und die Vernichtung von Harmagedon werden so grässlich sein, dass es jeder menschlichen Beschreibung spottet. Bereits sind die Aasgeier und die wilden Tiere des Waldes und der Zoos eingeladen worden, sich zu erlaben an den vielen Millionen Leichen der Männer, Frauen und Kinder, der Hohen und Mächtigen sowohl wie ihrer sklavischen Diener."
Der Wachtturm, 1.Februar 1952; Der Wachtturm, 1. Februar 2012;

gerworte. Sie wurden zehntausende Male in den Schriften, Vorträgen und Lehrveranstaltungen verwendet.

In anderen destruktiven Gemeinschaften wird diese Methode des suggestiven Gebrauchs bestimmter Worte ebenfalls zum Zwecke der Kontrolle und Manipulation angewandt. Diese Worte werden so häufig wiederholt, dass sie unauslöschlich im Unbewussten verankert sind.

Der suggestive Gebrauch bestimmter gruppentypischer Worte zum Zwecke der Manipulation. Das Ziel ist absoluten Gehorsam und gruppenkonformes Verhalten zu erreichen. Mit der Gedankenstopp-Technik jede Kritik und kognitive Dissonanz abzuwehren.

Zum Beispiel kann man die Aussage, jemand wird „geführt", suggestiv gebrauchen. Ein Mitglied wird aufgefordert zu sagen ob es sich „fühlt", ob es „bei sich ist". Es wird suggeriert, man könne eine höhere Bewusstseinsebene erreichen, sobald man das „fühlt", was erwartet wird.

Es war so leicht, uns zu dem Zirkelschluss zu bringen: „Alles was die anderen Religionen lehren ist falsch, vom *Teufel, heidnisch* und absolut zu meiden, denn es entstammt *Babylon der Großen,* dem *Weltreich der falschen Religion.* Mit diesem Hinweis wurde die überwiegende Mehrheit der eindringlichen Warnungen, gegen Gott zu sündigen, begründet. Ausschließlich die Lehren der Wachtturm-Gesellschaft seien *die reine Wahrheit.* Vom Geist Gottes geleitet. Ihnen zu folgen bedeute, auf der Seite Gottes zu stehen und *ewiges Leben* zu bekommen.

Während wir allmählich und unbemerkt die neue Religion immer mehr in unserem Sinn verankerten, veränderte sie auch unsere Persönlichkeit. Mit der Überzeugung, dass die Zeugen Jehovas die einzigen *wahren Christen* seien, wuchs in uns auch ein gewisser Stolz darauf, *die Wahrheit erkannt* zu haben.

Ich hatte plötzlich ein Selbstbewusstsein, das mir alle Zaghaftigkeit nahm. Für mich war die Berechnung der Zeiten mit der Erklärung, dass 1914 ein Wendepunkt in der Geschichte war, spannend. Die Erklärung besagte, damals hätte Christus Jesus seinen *himmlischen Thron bestiegen* und zuerst den

Himmel gereinigt. Er hätte *Satan* und seine *Dämonen* aus dem Himmel hinaus geschmissen. Dass ein *Kampf im Himmel* stattgefunden hatte, sollten wir in Offenbarung, Kapitel 12 nachlesen:

> *12 „Darum seid fröhlich, ihr Himmel, und die ihr in ihnen wohnet! Wehe der Erde und dem Meere! Denn der Teufel ist zu euch hinab gekommen und hat große Wut, da er weiß, dass er wenig Zeit hat." Elb*

Wir glaubten nun, dass die beiden schrecklichen Kriege und Seuchen, Hungersnöte usw. eine direkte Folge der Wut Satans und seiner Dämonen waren. Diese Erklärung war für uns wie der Strohhalm, nach dem der Ertrinkende greift. Endlich gab es einen personifizierten Schuldigen, den wir hassen durften. Aber auch die Möglichkeit, Menschen zu vergeben.

Wir haben keinen Gedanken daran verschwendet, etwas zu hinterfragen oder zu überprüfen. Die Art, wie wir in dieser Gruppe aufgenommen wurden, tat uns sehr gut. Es war nicht wichtig alles genau mit dem Verstand zu überprüfen. Das Gefühl stimmte zu.

Doch angenommen, mein Vater hätte etwas über die ursprünglichen Lehren der Zeugen Jehovas erfahren, wie hätte er wohl reagiert? Die ersten Bibelforscher glaubten, wie andere neue evangelikale Gruppen in Amerika auch, Christus wäre seit 1874 gegenwärtig und die Zeit des Endes dieser Welt sollte bis 1915 dauern. Unmittelbar danach würde Christus sein Reich aufrichten, indem er seinen irdischen Thron in Jerusalem bestieg, alle Königreiche und Regierungen zermalmte und vernichtete und das Paradies auf Erden aufrichtete.

Welche Schlussfolgerung hätte er gezogen aus der Information, dass jahrzehntelang etwas als einzige Wahrheit verkündet wurde, die dann 1922 rückwirkend berichtigt werden musste? Wir dachten selbstverständlich, die Lehre von dem Kommen Christi 1914 sei von Anfang an durch den Geist Gottes den Bibelforschern geoffenbart worden und auch, diese hätten sich nie an Kriegen beteiligt.

Ich bin heute überzeugt, wenn er durch Aufklärung darüber etwas erfahren hätte, er wäre wohl kaum Mitglied bei den Zeugen Jehovas geworden.[71] Es ist nicht auszudenken, wie unser Leben dann wohl verlaufen wäre.

Meine Eltern hatten keine Möglichkeit, die früheren Schriften der Wachtturm-Gesellschaft zu lesen. Sie hatten keine Informationen darüber, dass alle Erwartungen,[72] die propagiert wurden, nicht eingetroffen sind. Auch die erst 1922 geänderte Erwartung, dass zunächst die *treuen Überwinder der alten Zeit wie Abraham oder David* auferstehen werden, war eine falsche Prophetie. Keiner der längst Verstorbenen: Abel, Henoch, Noah, Melchisedek, Abraham, Isaak, Jakob, Hiob, Moses, Samuel, David, Jesaja, Jeremia, Hesekiel, Daniel, Johannes der Täufer und viele andere, die im 11. Kapitel des Hebräerbriefes erwähnt werden und deren Auferstehung man definitiv erwartete, kam von den Toten zurück.

Trotzdem wurde 1930 in San Diego (Kalifornien) *Beth-Sarim* gebaut, das *Haus der Fürsten*. Fred Franz begründet diesen Schritt in dem Buch „Die Neue Welt", Seite 104, wie folgt:

> *„Demzufolge können jene treuen Menschen der letzten Zeit jetzt irgendwann zurückerwartet werden. [...] Zurzeit wird es als Wohnstätte für die zurückkehrenden Fürsten verwaltet. "*

Der konkrete Zweck des Gebäudes sollte wohl die Winterresidenz für den zweiten Präsidenten der Gesellschaft, J. F. Rutherford sein. Kaum eine der Lehren des Gründers Pastor Russell ist unverändert beibehalten worden. Doch wenn eine Korrektur nicht mehr zu vermeiden war, weil eine Erwartung sich ganz offensichtlich nicht erfüllt hatte, erfand man neue Theorien und verbreitete sie als *neues Licht*. Der Bibeltext: „Das Licht wird heller ..." wurde gebetsmühlenartig verwendet, um alles zu erklären, was sich je an Lehre oder Vorschrift oder Einstellung geändert hatte. Dieses legoartige

---

[71] Merkmal der Manipulation: Informationskontrolle durch Verschweigen von Information, Verbot von kritischer Literatur nach Steven Hassan, „Ausbruch aus dem Bann der Sekten".
[72] Ausführliche Dokumentation siehe:
http://www.manfred-gebhard.de/Parsimony.19871.htm und
http://www.manfred-gebhard.de/Parsimony.22889.htm

Bausteinchen wurde einfach überall angepasst, wo es benötigt wurde. Dabei ist dieser kurze Text völlig aus dem Zusammenhang gerissen. Denn im Kontext geht es nicht um mehr, besseres oder korrigiertes Wissen, sondern um eine Gegenüberstellung von Gut und Böse.[73]

In dem 1943 veröffentlichten Buch „*Die Wahrheit wird Euch frei machen*", welches wir mit Herrn Walz *studierten* wurde der Eindruckt erweckt, dass sogar die Weltpresse schrieb, die Bibelforscher hätten das Jahr 1914 als Weltwende richtig vorausgesagt.

Wie hätte mein Vater reagiert, wenn er gewusst hätte, dass es eine bezahlte Anzeige von Pastor Russell war, der sich durch den Ausbruch des Krieges bestätigt fühlte und dies mittels der Anzeige kundtun wollte.

Wie schon erwähnt, wir suchten und fanden damals Halt in den Anleitungen, die uns durch die neuen Schriften vermittelt wurden. Es war alles scheinbar plausibel und mit der Bibel in Übereinstimmung. Wir waren glücklich in der Überzeugung, *die Wahrheit* gefunden zu haben. Sie gab uns neue Lebensperspektiven nach der Entwurzelung. Das Gefühl etwas erkannt zu haben, was anderen verschlossen blieb, erfüllte uns mit Stolz. Von Gott auserwählt oder begnadet zu sein ist für arme Flüchtlinge schon etwas sehr Besonderes.

Die Kluft zwischen uns und unserer Großmutter verbreitete sich. Die Familie wurde in Wir und Ihr gespalten. Der Glaube, nur die Wachtturmschriften vermitteln die Wahrheit, trennte uns in zwei unversöhnliche Lager. Wir hatten damals keine Ahnung davon, dass es Teil der Methode ist, mit der man die Gruppe von der übrigen *Welt* isoliert.[74]

Unmerklich gab es immer mehr Pflichten der Gruppe gegenüber. Die konnten wir angeblich als Zeichen unserer Liebe zu Gott freiwillig übernehmen. Gleichzeitig hatten wir den Eindruck, dass es von uns genauso

---

[73] Sprüche 4,18 NW
[74] Siehe Anhang, Parameter Sekte, Frage 5

erwartet wurde. Wir waren das schuldig. Wir sollten eine *neue Persönlichkeit* anziehen. Handelten wir erwartungsgemäß, gab es Lob und Anerkennung. Es markierte den Beginn einer neuen Ära innerhalb unserer Familie. Durch die neue Religion ging immer mehr von dem verloren, was unseren gemütlichen Teil der Familie ausgemacht hatte. Vater hatte zunehmend weniger Zeit zum Spielen, Tanzen und Singen. Das wurde ersetzt durch missionarischen Eifer, Studieren, Verpflichtungen und Regeln. Er fühlte sich verpflichtet, immer *„den Dingen die er gehört hat mehr als die gewöhnliche Aufmerksamkeit"* [75] zu schenken, um seine Liebe und Dankbarkeit Gott gegenüber zu beweisen. Auch wurde sein Wunsch nach Anerkennung in der Gruppe befriedigt. Er gab sich immer mehr Mühe, seine Fähigkeit zu lesen zu verbessern. Auch das kostete Zeit.

---

[75] Hebräer 2,1-3 NW

Kapitel 8
ZWISCHEN ZWEI WELTEN

Unser Alltagsleben war streng geregelt. Alles Nötige hatte man gewissenhaft zu erledigen. Die Verpflichtungen in unserem Leben mit der Versammlung nahmen einen immer breiteren Raum ein. Alle Zeit, die neben der Pflichterfüllung übrig blieb, gehörte den Aufgaben für die Religion.[76]

Als sich meine Eltern den Zeugen Jehovas anschlossen, verlor ich meine letzte Chance ein kindgerechtes Leben zu kennenzulernen. Für mich gab es ab dieser Zeit nur noch Pflichten. Ich habe sie zwar nicht widerwillig erledigt, denn ich vertraute ebenfalls darauf, dass ich Gottes Willen tue und *in der Wahrheit* bin. Diese Überzeugung gab mir einen gewissen Ersatz für alles Verlorene aus meiner Vergangenheit. In diesem Punkt fühlte ich mich nicht arm, sondern eher reicher als die Anderen. Das erfüllte mich mit Stolz und hob mein Selbstwertgefühl.[77]

Es war bewundernswert, wie mein Vater seine Lesefähigkeit verbesserte, um mit all dem zu „*studierenden*" Stoff Schritt zu halten.

Ich für meinen Teil konnte gar nicht genug davon bekommen, Neues zu lernen.

Wieder stand Weihnachten vor der Türe und setzte uns unter Druck. Sollten wir es wieder feiern, oder folgten wir der neuen *Erkenntnis,* dass Christus nicht am 24. Dezember geboren wurde, sondern dass dieses Datum dem römischen Sonnengott gewidmet war. Also *heidnischer Ursprung – Babylon die Große.* Wenn meine Eltern dies anderen Leuten erzählten, hörten sie überall den Einwand: „Man kann doch den armen Kindern nicht die Freude nehmen, die das Weihnachtsfest bringt. Die strahlenden Augen, wenn sie ihre Geschenke auspacken." Meine Eltern waren hin und her gerissen. Was sollten sie tun? Besonders meine Mutter hatte Gewissensnö-

---

[76] Ein Merkmal der Manipulation ist die Verhaltenskontrolle durch Freizeitbeschränkung, StH, S 102 ff
[77] Manipulation durch Gefühlskontrolle, Glück nur in der Gruppe, Angst und Schuldgefühl bei Kritik; Gedankenkontrolle; die Gruppe hat die Wahrheit, StH, S 104 ff

te. Sie fühlte sich sehr schlecht bei dem Gedanken, ein heidnisches Fest zu feiern. Die Schulung hatte bei ihr schon deutliche Spuren hinterlassen. Trotzdem überlegte sie, den Kindern zuliebe wieder Weihnachten zu feiern. Als man die Entscheidung nicht mehr weiter aufschieben konnte, waren wir eines Nachmittags in unserer Küche alle zusammen. Mutti fragte: „Kinder, was meint ihr, was machen wir, sollen wir einen Weihnachtsbaum besorgen oder nicht?" Meine jüngste Schwester, sechs Jahre alt, schaute Mutti ganz entrüstet an und sagte vorwurfsvoll: „Aber Mutti, das ist doch Sünde." Mutti war einen Moment sprachlos. Dann sagte sie: „Also wenn das Kind schon versteht, was richtig oder falsch ist, dann ist es für mich keine Frage mehr."

Fortan gab es bei uns kein Weihnachten oder Ostern mehr und wir fühlten uns wohl bei dem Gedanken, dass wir eine Entscheidung für den wahren Gott getroffen hatten.

Aber warum haben wir auch rigoros alle anderen Bräuche und Traditionen gemieden? Warum haben wir keinen Muttertag oder Vatertag gefeiert? Hätte ein Kindertag anstelle des Geburtstages die Väter nicht daran erinnern können: „Reizt eure Kinder nicht zum Zorn"? Wäre ein Familientag nicht eine wunderbare Möglichkeit, Gott für die Einrichtung der Familie zu danken und sie als Quelle der Kraft und Gemeinschaft zu pflegen? Die Bibel verbietet keine fröhlichen Feste. Vom Sohn Gottes wird gesagt, dass er „allzeit fröhlich war vor seinem Vater". Wir dagegen bekamen einen immer engeren Tunnelblick und merkten nicht mehr, wie sehr wir in unserem bisherigen sozialen Umfeld, das in der Fremde ohnehin sehr minimal war, in die Isolation gerieten. Alles, was unsere Verwandten, Nachbarn, Arbeitskollegen, Mitschüler oder Freunde taten, galt als *„weltlich"* oder *„heidnischen Ursprungs"* und somit als teuflisch. Die *„alte Welt"* sollte vernichtet und durch die *„neue Welt"* sehr bald ersetzt werden. Es der *„alten Welt"*[78] gleich zu tun hätte automatisch bedeutet, dass wir mit den anderen vernichtet werden. Es ist uns nicht mehr aufgefallen, wie oft und

---

[78] Manipulation durch Gedankenkontrolle, der Abgrenzung nach außen, StH, S 104 ff

wie eindringlich wir mit diesen Triggerworten durch die vermittelte Angst und Bedrohung von einer möglichen Entscheidung gegen die Organisation abgehalten wurden.[79]

Für uns war es aber inzwischen selbstverständlich, dass wir *Harmagedon überleben* wollten, um in *Gottes neuer Welt ewig* zu leben.

Meine Eltern haben mit tiefer Dankbarkeit und mit noch größerem Eifer weiter studiert, wie sie die Bibel aus der Sicht der Wachtturmlehre verstehen sollten. Allmählich verschmolz ihre Sicht auf die Wachtturm-Gesellschaft mit dem aufrichtigen Glauben an Gott. Sie wurden gleichbedeutend. Jehova war die Wachtturm-Gesellschaft. Das war *die Wahrheit*. Das bedeutete die Rettung. Es war der Weg zum *Überleben*. Das ist der entscheidende Zirkelschluss, der uns zu willfährigen Erfüllungsgehilfen für die Wachtturmorganisation gemacht hat. Fortan war alles was wir getan haben, ob wir gegessen oder gearbeitet haben oder sonst etwas taten, das was wir „*für Jehova getan*" haben.[80] Im Verlauf der Jahrzehnte hat sich das auf sehr viel summiert.

Meine Eltern besuchten inzwischen ab und zu die Versammlung der Zeugen Jehovas in Peißenberg. Dort wurden sie herzlich aufgenommen. Es war für sie sehr wohltuend, dass man sie nicht verächtlich als unwillkommene, arme Flüchtlinge behandelte. Sie wurden wirklich liebevoll willkommen geheißen. Aber unser Vater war immer noch ein starker Raucher. Als Zeuge Jehovas musste er mit dem Rauchen aufhören.[81] Er hatte auch Furcht davor, was seine Geschwister und Arbeitskollegen oder die Nachbarn sagen würden, wenn er sich zu den Zeugen Jehovas – den verachteten Bibelforschern – bekannte. Er führte wohl harte innere Kämpfe mit seinem Gewissen.

---

[79] „Die Drohung mit dem Verlust existentieller Sicherheiten kann … die Bildung eines kritischen Bewusstseins bereits auf einer sehr frühen Stufe verhindern." AaW, S.173

[80] Kolosser 3,23-24 NW

[81] Methode der Immunisierung durch Rollenerwartung. „Je mehr es die Rollenerwartungen verinnerlicht hat, umso weniger bedarf es der äußeren Instanzen, um sie durchzusetzen. Jede soziale Rolle mit den an sie geknüpften … Erwartungen kann Druck und Stress erzeugen und den Rollenträger in Konflikte führen." AaW, S. 99

Eines Sonntags waren sie wieder in der Zusammenkunft und es wurde wie immer ein Lied zum Beginn gesungen. Mein Vater hatte eine sehr gute Stimme und er liebte Gesang. Der Text des Liedes hat sein Herz berührt. Auf dem Heimweg sagte er zu meiner Mutter: „Entweder wir tun jetzt, was wir als *die Wahrheit* kennen gelernt haben, oder wir brauchen nicht mehr zu den Treffen zu gehen. Das wäre doch nur Heuchelei." Meine Mutter war sofort seiner Meinung. Sie beschlossen als erstes aus der Kirche auszutreten. Als unser Austritt an einem Sonntag öffentlich von der Kanzel verkündet wurde, traf es meine Großmutter wirklich hart. Sie schämte sich. Sie war sehr unglücklich, denn sie empfand es als Verrat an ihrem Glauben. Wenn ich bedenke, dass wir sie wirklich tief verletzt haben und ihr Leid mit dem vergleiche, das meine Familie nun vielleicht empfindet, weil ich auch nicht mehr zu ihrem Glauben stehe, dann kann ich meine Großmutter nur sehr bewundern. Sie hat trotz allem unsere Entscheidung respektiert. Sie hat nie den Kontakt zu uns abgebrochen. Auch alle anderen evangelischen Gläubigen haben uns nicht wie lebendige Tote behandelt. Ich kann an diesem Verhalten viel eher eine christliche Haltung erkennen als an den rigiden Vorschriften einer *leitenden Körperschaft* der Wachtturm Organisation.[82]

Als nächsten Schritt hatte sich mein Vater entschlossen, mit dem Rauchen aufzuhören. Er blieb standhaft. Es hat sechs Wochen gedauert, bis er keine nächtlichen Albträume mehr hatte. Im Traum sah er sich heimlich auf dem Speicher Zigaretten rauchen und dass er dabei erwischt wurde. Er fühlte sich schuldig. Der schlechte Schlaf machte ihn sehr missmutig und aggressiv. Es waren auch für meine Mutter sechs kritische Wochen, denn Vater war mürrisch, sehr reizbar und aufbrausend. Das Geld, das an den Zigaretten eingespart wurde, haben meine Eltern verwendet um ein Ferkel zu

---

[82] „Mit dem Ausschluss aus der Gemeinschaft wird die Existenz des Ausgeschlossenen doppelt nihiliert. ... existiert er in sozialer Hinsicht nicht mehr. ... Darüber hinaus ist er ... zum Tod verurteilt. ... Alles, was Ehemalige ... veröffentlichen ist falsch, weil *sie* die Quelle sind, und diese Quelle ist vergiftet". Bruno Deckert, All along the Wachtchtower, 2007 S. 197ff

kaufen. Im Schuppen wurde eine Ecke zum Schweinestall umgebaut. Die Aussicht auf den kommenden Winter war sehr verlockend. Es konnte wie zu Hause in der alten Heimat werden. Mein Vater würde wieder *Brotworscht* und *Leberworscht,* also Salami und Leberwürste machen, Schwartenmagen, Schinken, Speck und Grieben. Wahrlich gute Aussichten.

Die Volksweisheit: Selten ein Schaden ohne Nutzen, stimmte. Wurst, Schinken und Specke waren allemal köstlicher für uns als Zigarettenrauch.

Als Vorbereitung auf den endgültigen Beitritt gehörte es auch, die größeren *Kongresse* zu besuchen. Ein sogenannter *Bezirkskongress* fand im Sommer 1949 im Grünwalder Stadion in München statt. Bei diesem Kongress wurde eine neue Form des Predigtdienstes eingeführt. Es war der Plakatdienst. Wir liefen mit Plakaten durch die Straßen, kündigten öffentliche Vorträge an und boten die Zeitschriften „Der Wachtturm" und „Erwachet" feil. Ich beteiligte mich von Anfang an mit Begeisterung daran. Wir sind oft drei Stunden am Samstagnachmittag durch die Stadt gelaufen und haben einen Vortrag für den Sonntag angekündigt. Ich wäre gar nicht auf die Idee gekommen, stattdessen lieber mit Freundinnen spielen zu gehen. Auch alle anderen aus unserer Familie haben sich an diesem Dienst eifrig beteiligt.

Von diesem Jahr an gab es keinen einzigen Monat mehr, in dem ich nicht wenigsten ein paar Stunden Zeit für den Predigtdienst eingesetzt hätte. Dafür hatte ich einen engen Zeitplan einzuhalten. Die Familienpläne und Aktivitäten drehten sich bei uns immer mehr um *Gottes Königreich.* Wir haben Matthäus 6:33 wörtlich genommen. Wir versäumten keine *Zusammenkünfte* mehr, außer wegen Krankheit. Wir waren wenigstens mit einigen aus der Familie an allen künftigen *Kongressen* anwesend. In unserer aufrichtigen Überzeugung haben wir gar nicht wahrgenommen, dass ein normales Familienleben und Kind sein keinen Platz mehr in unserem Leben hatte.

Meine Eltern haben sich im Februar 1950 auf dem *Kreiskongress* in Weilheim, der im Gasthaus Birkenau stattfand, taufen lassen. Damit hat vor allem mein Vater bereits einen entscheidenden Schritt für seine zukünftige Karriere innerhalb der Wachtturm-Hierarchie getan. Vom *Interessierten,* über einen *ungetauften Verkündiger* zum *getauften Zeugen Jehovas*. Wir ernteten als Familie viel Lob und Beifall für unseren Eifer und unsere *Opferbereitschaft*. Die *Kreiskongresse* dauerten damals von Freitag bis Sonntag, jeweils bis 22 Uhr. Viele Zeugen hatten keine Autos. Es mussten Unterkünfte beschafft werden für die Besucher. Wir sind von Haus zu Haus gegangen und haben um Privatunterkünfte geworben. In einem Jahr haben wir bei uns drei Frauen aufgenommen. Wir wohnten damals in einem Behelfsheim mit insgesamt achtzehn Quadratmetern Wohnraum. Die Frauen schliefen auf unserer Schlafcouch in der Küche und unsere Familie schlief in den Ehebetten im Schlafzimmer. Damit alle – Vater, Mutter und wir drei Kinder – Platz hatten, lagen wir quer in den Betten. Heute wäre es undenkbar, jemandem eine solche Unterkunft zuzumuten aber damals hat Mutti gesagt: „Geduldige Schafe gehen viele in einen Stall." Man war dankbar und zufrieden.

Geeignete Lokale für die Kongresse zu finden war schwierig, weil von Seiten der Kirche großer Widerstand geleistet wurde. Mein Vater hatte sich inzwischen viel Ansehen erworben und wurde zum *Diener* ernannt. Von dieser Zeit an wurden ihm viele Verwaltungsaufgaben übertragen, die als *Vorrecht* galten und gewissenhaft zu erfüllen waren. Bei der Suche nach Veranstaltungsräumen wurde er mit der Zeit sehr erfolgreich, denn er machte sich einen guten Namen. Wir konnten zum Beispiel Tierzuchthallen mieten. Die Stadtverwaltungen schätzten es, dass wir die Hallen für den Kongress in Eigenleistung gründlich säuberten. Wir waren sowohl mehrmals in der Tierzuchthalle in Kempten als auch in Weilheim in der Hochlandhalle. Die Hochlandhalle haben wir jeweils neu geweißelt.

Außerdem brauchten wir damals noch eine Cafeteria. Da für die Verpflegung Essen verkauft werden konnte ohne dafür Umsatzsteuer zu entrichten, wurden die Kosten für die Kongresse mit dem Verkauf von Essen finanziert. Der Aufbau der Kücheneinrichtung war sehr schwierig, weil die Spülmaschine schwer zu transportieren war. Aber es gab immer genug *freiwillige Helfer*. Einer der eifrigsten von ihnen war nun auch mein Vater. Die Wachtturm-Gesellschaft hatte eigene Tabletts entwickelt, die auf den

Servierlinien gut zu schieben waren. So ging die Essenausgabe sehr rasch voran und ich war in diesem Bereich als freiwillige Helferin nicht zu bremsen. Ich war an jedem Kongress mit Feuereifer dabei. Die Gemeinschaft und die Freude, die wir bei der Arbeit hatten, sind schöne Erinnerungen. Auch gibt es Erinnerungen an die Gefährten bei der Arbeit, die man nie vergisst. Das ist ein wichtiger Faktor für die Bindung an eine Organisation oder Gruppe. Die soziale Gemeinschaft gibt Halt. Die Anerkennung der Gemeinschaft vermittelt ein angenehmes Selbstwertgefühl. Aber gleichzeitig dient das der Verhaltenskontrolle und dem Prinzip des Systems der Belohnung und Bestrafung.[83]

> Der Wunsch in einer Gruppe anerkannt zu sein, kann missbraucht werden. Selten ist der Zielperson eines Seelenfängers bewusst, dass die versprochene soziale Wärme als verlockender Köder dient. Die Drohung: Wenn Du nicht tust was wir sagen, wirst Du allein sein, verhindert später eine freie Entscheidung.

Die soziale Gemeinschaft ist ein wichtiger Faktor für die Bindung an die Gruppe. Durch solche Veranstaltungen, die mit sehr viel positiven Attributen beschrieben und belegt sind, wird ein Gefühl der Einzigartigkeit geschaffen, das der Abgrenzung dient. Wie überhaupt das gute Gefühl ein Hauptargument ist, bei der Gruppe zu bleiben.

Je mehr wir zu solchen extremen Erfahrungen und Einsätzen bereit waren, desto mehr wurden wir gelobt und desto wertvoller wurden die Opfer, die wir für unseren neuen Glauben brachten und damit auch der Glaube selbst und alles was damit zusammen hing. Das war für die Immunisierung von Bedeutung. Wer für eine Sache oder Idee viel Zeit und Geld geopfert hat, wird sie verteidigen. Je mehr er dafür eingesetzt hat, desto entschiedener wird er daran festhalten wollen.

Zu einem besonderen *Bezirkskongress* in Frankfurt, der 1950 abgehalten wurde und für den die Messehallen als Massenunterkünfte gemietet waren, fuhren Sonderzüge aus ganz Deutschland. Es war ein Großereignis, das

---

[83] StH, S 102 ff

mir noch gut in Erinnerung ist. An diesem *Kongress* wurde *neues Licht* mit überschwänglicher Begeisterung aufgenommen. Die bis dahin erwartete *erste Auferstehung* der *treuen Überwinder der alten Zeit* wurde umgedeutet. Nicht die Auferstandenen sollten die kommenden *Fürsten der neuen Erde* sein, sondern die *ernannten Diener* in den *Versammlungen*. Diese *neue Erkenntnis* hat so manchen *Versammlungsdiener* mit Stolz erfüllt und er fühlte sich dann auch als „Fürst". Die Aussicht, ein *Fürst der neuen Ordnung* zu werden, war eine echte Motivation für manchen männlichen Zeugen Jehovas, sich sehr anzustrengen, um für die Ernennung in Frage zu kommen. Auch die Frauen der *Versammlungsdiener* stiegen in ihrem Ansehen als Ehefrauen von zukünftigen *Fürsten*. Manche *Fürsten* begannen auf eine Weise zu herrschen, dass es bald wieder notwendig wurde, eine neue Organisationsform durch eine *Ältestenschaft* einzuführen.

Ein Grund mehr, dass wir stolz waren, zu solch einer Gruppe von vorbildlich guten Menschen zu gehören.[84]

Wenn ich heute die begeisterten Fußballfans beobachte, die euphorisch den Sieg ihrer Mannschaft feiern, dann erinnert mich das an das Glücksgefühl, das wir nach solchen *Kongressen* hatten. Es ist dieses besondere Gefühl, an einem außergewöhnlichen Ereignis live dabei gewesen zu sein. Das hat eine starke tiefenpsychologische Wirkung.

Unter dem Präsidenten N. H. Knorr wurde die Schulung der Mitglieder intensiviert. Er führte eine *wöchentliche Predigtdienstschule* ein. Auch mein Vater ließ sich einschreiben. Das war sehr mutig, denn er konnte damals wirklich nicht viel deutsch lesen und schreiben. Bei seiner ersten Aufgabe sollte er über Ecuador sprechen. Seine Einleitung zu dieser Aufgabe war die Frage an die Zuhörer: „Kann mir jemand erklären, was dieser Satz bedeutet: Equador liegt am Äquador?". Er hatte die unterschiedliche Schreibweise nicht verstanden. Er sprach beide Namen mit weichem „d" aus. Schwester Ruth B. erklärte ihm: „Das soll heißen Ecuador – das Land,

---

[84] Zu der Methode der Informationskontrolle zählt auch, nach außen demonstrativ ein positives Gesamtbild zu geben, wie Ordentlichkeit, Reinlichkeit, Freundlichkeit, etc. und die inneren Strukturen zu verschleiern. StH, S. 110 ff

liegt am Äquator – das ist ein geographischer Punkt unseres Planeten Erde." Mein Vater konnte dann seine vorbereitete Ansprache von 8 Minuten über das Werk in Ecuador halten. Er musste nur den Text aus dem Jahrbuch wiederholen, der ihm als Redeplan vorgegeben war.

Er hat ungezählte Stunden und Nächte damit zugebracht, seine Redefähigkeit zu schulen. Am Ende konnte er öffentliche Stundenvorträge halten.

Das ist eines der Merkmale der Organisation von Jehovas Zeugen. Sie gibt jedem, der sich gebrauchen lässt, das Gefühl ein vollwertiges Mitglied zu sein. Es werden keine hohen Grundansprüche gestellt. Das bedeutet allerdings auch, dass oft Menschen mit Aufgaben betraut werden, die sie eindeutig überfordern. Doch die Versicherung: Jehova gibt dir die Kraft, die über das Normale hinaus geht, zerstört die Fähigkeit zur Selbstkritik. Man müsste bedenken, dass es nicht genug ist eine riesige Menge an Regeln und Anweisungen zu lernen und umzusetzen. Das verführt wohl eher zur Selbstüberschätzung. Für einen einfachen Handwerker ist es ein enormer Zugewinn an Prestige, wenn ihm plötzlich zugetraut wird, mit Anzug und Krawatte auf einer Bühne zu stehen und vor einer Anzahl an Zuhörern einen Vortrag zu halten. Wer diese Stufe erreicht hat, ist in der Hierarchie schon weit gekommen.

Weil mein Vater für jede erlernte Lektion auch ein Lob geerntet hat, motivierte ihn das zu immer neuen Anstrengungen. Er war längst in dem Stadium der erlernten Hilflosigkeit. Er gehorchte und verzichtete darauf, sich eigene Gedanken zu machen oder gar kritisch zu hinterfragen. Die vielen Lektionen überfluteten den Sinn mit widersprüchlichen oder gar paradoxen Informationen. Er war an dem Punkt angelangt zu glauben und zu vertrauen, dass alles was von der Leitung kommt oder in der Wachtturmliteratur steht, *die Wahrheit* ist.

Nehmen wir die Geburt meines Bruders. Als meine Mutter 1948 mit ihm schwanger wurde, rechneten unser Hausarzt und meine Eltern damit, dass meine Mutter die Geburt nicht überlebt, weil sie noch so geschwächt von den Strapazen der überstandenen Flucht war. Aber unser Hausarzt tat alles in seiner Macht stehende um Mutter und Kind am Leben zu halten. Es war kritisch, doch sie haben es beide geschafft.

Danach haben wir uns aber nicht gefragt, ob mein Bruder und meine Mutter am Leben sind weil die Ärzte ihr Bestes dazu getan hatten. Es machte uns auch nicht stutzig, dass wir die Rettung aus Lebensgefahr während des Krieges und der Flucht erfuhren, obwohl wir keine Zeugen Jehovas waren. Welcher Gott hat die Gebete meiner Mutter damals erhört? Für uns waren Wachtturmgesellschaft und Gott eine untrennbare Einheit. Das trifft nun auf den Rest meiner Familie immer noch zu. Sie glaubt der Behauptung: Wer die Organisation der Wachtturm-Gesellschaft verlässt, hat Jehova verlassen.[85] So haben aus diesem Grund nicht nur meine Mutter und die übrigen Verwandten, die Zeugen Jehovas sind, sondern auch meine jüngste Schwester den Kontakt zu mir abgebrochen. Auch sie glaubt, damit einer göttlichen Anweisung gehorchen zu müssen.[86] Als sie 1950 geboren wurde, war ich ihre Ersatzmutter. Unsere Mutter litt nach wie vor an den Folgen der Flucht und konnte oft ihre Arbeit nicht bewältigen.

Der *Bezirkskongress* des Sommers 1951 sollte in Nürnberg stattfinden. Dieses Mal wollten meine Eltern dabei sein. Doch das Baby konnten sie nicht mitnehmen. Obwohl selbst wenige Tage alte Babys normalerweise mitgenommen werden, war Mutter dieser Anstrengung einfach nicht gewachsen. Ich musste deshalb zu meinem Leidwesen als Kindermädchen zu Hause bleiben. Am Samstagnachmittag, als die Kleine ihren Mittagsschlaf hielt, bekam ich überraschenden Besuch. Es war Herr Walz. Eigentlich hatte er sich auch für die Sonderfahrt nach Nürnberg angemeldet. Doch er blieb zu Hause. Er kam in unsere Küche und forderte mich auf, mich zu ihm auf das Sofa zu setzen. Ich war sehr verlegen. Plötzlich fing

---

[85] Der Wachtturm, 15. Januar 2013, S. 15 ff

[86] „… dass ein einfacher Gruß der erste Schritt zu einer Unterhaltung und vielleicht sogar zu einer Freundschaft sein kann. Möchten wir bei einem Ausgeschlossenen diesen ersten Schritt tun?"

„Ist es wirklich nötig, den Kontakt völlig abzubrechen? Ja, aus mehreren Gründen." Bew, S. 207

im Hühnerhof ein Huhn an ganz laut zu schreien. Erschrocken lief ich hinaus und sah, dass es sich mit dem Kopf zwischen den Zaunpfählen verhängt hatte. Zusammen mit unserer Nachbarin, die ebenfalls herbeigeeilt war, haben wir das Huhn aus seiner misslichen Lage befreit. Aber ich wollte auf keinen Fall wieder mit Herrn Walz in die Küche gehen. Daher habe ich ihn angelogen. Ich sagte: „Zum Glück hat das *Motr* nicht gesehen. Die kommt gleich, um zu schauen, ob mit der Kleinen alles in Ordnung ist." Ja, das war die richtige Eingebung, denn vor *Motr* ist er dann geflüchtet. Ich habe meinen Eltern nichts von seinem Besuch erzählt. Aber andere Mädchen, denen er nachgestellt hat, haben es ihren Eltern berichtet und so kam seine schändliche Einstellung ans Licht und er wurde aus der Versammlung ausgeschlossen.

Meine Großmutter versuchte irgendwie mit der Veränderung in unserem Leben klar zu kommen. Sie hatte sich nach der Geburt meiner jüngsten Schwester eine eigene kleine Stube gesucht und musste nicht mehr alles mit eigenen Augen ansehen, was unseren Alltag ausmachte. Zu meinem 15. Geburtstag strickte sie mir ein Kostüm. Es war sehr aufwändig gearbeitet. Allein für die Rosenranken im Saum des Sechs-Bahnen-Rockes benötigte sie achtzig Arbeitsstunden.

Da ich 1953 noch nicht als Zeugin Jehovas getauft war, habe ich dieses Geburtstagsgeschenk von meiner Großmutter annehmen können. Auch den Fotoapparat, den mein Vater mir gekauft hatte. Es war eine Gefabox, die ich noch heute besitze. Ein letztes Mal wurde ein Geburtstag in unserer Familie zwar nicht gefeiert, aber besonders erwähnt. Vielleicht ist dieses „letzte Mal" der Grund, warum ich ihn nicht vergessen habe.

Die Aktivitäten für den *Predigtdienst* und die *Versammlung* nahmen nun einen breiten Raum in meinem Leben ein. Ich setzte mehr Zeit für die Vorbereitung auf die *Predigtdienstschule* und das *Wachtturm-Studium* ein als für die Hausaufgaben und Schularbeiten. Ich konnte mich nicht mit den anderen Kindern vergnügen. Ich hatte auch keine Freundin, mit der ich meine Freizeit verbringen durfte. Neben der Schule musste ich viel im Haushalt helfen und hatte keine Zeit zum Spielen.

> „Unter Verhaltenskontrolle versteht man die Regelung der physischen Realität des Individuums. Dies beinhaltet die Kontrolle der Umwelt des Menschen – wo er lebt, wie er sich kleidet, was er ißt, wie viel Schlaf er bekommt -, ebenso wie der Arbeit, Rituale und sonstigen Tätigkeiten, die er ausübt." StH, S 102

Mein Lehrer hatte das alles beobachtet und auch in mein Zeugnis geschrieben, aber was hätte man schon ändern können? Ich habe mit allen und mit jedem über meinen Glauben gesprochen. Ob Lehrer oder Mitschüler, Pfarrer oder Nonne, Mann oder Frau. Es war egal. Mit einem Mitschüler aus der Englischklasse, der bei uns im Nachbarhaus wohnte, saß ich oft stundenlang unter einer Birke und wir unterhielten uns über den Glauben.

Kapitel 9
DER ERNST DES LEBENS – GRUPPENKONFORME ENT-SCHEIDUNGEN

Aufgrund meiner schulischen Leistungen wollte mein Lehrer vermeiden, dass ich die Schule mit der 7. Klasse beende. Damals war die Regelschulzeit acht Jahre. Nur sieben Schuljahre würden bei der Bewerbung um einen Arbeitsplatz nicht gut ankommen. Er hat meine Eltern sehr bedrängt, mich auf eine weiterführende Schule zu schicken. Den Hauptgrund für die Ablehnung meiner Eltern, das nahe bevorstehende Ende der Welt, hat ihm mein Vater nicht genannt.[87] Im Wachtturm stand, dass man keine Chance mehr hätte, die angestrebte Laufbahn dank einer weiterführenden Schulausbildung zu erreichen, da „*dieses System der Dinge*" auf dem Weg zu seinem Ende schon weit fortgeschritten sei oder dann vielleicht sogar schon verschwunden sein würde.

Aber schließlich sah mein Lehrer auch, dass wir keinerlei finanzielle Voraussetzung hatten. Ich war die erste, die etwas zum Familieneinkommen beitragen konnte. Also hat er mich gefördert, indem ich im 2. Halbjahr 1951/52 mit dem Stoff der 7. Klasse fortfahren konnte. In der evangelischen Volksschule gab es jeweils Doppelklassen. Ich besuchte die Klasse 6/7. Darum hatte ich keine Probleme, den Stoff der höheren Klasse zu bewältigen, denn in meinem Wissensdurst hatte ich ohnehin immer zusätzlich mit der höheren Klasse mitgelernt. Durch mein fleißiges Studium für die Versammlung – ich hatte immer den Ehrgeiz, bei den schriftlichen Wiederholungen 100 Punkte zu bekommen – war ich so im Lernen trainiert, dass ich damit keine Mühe hatte. So kam ich im Schuljahr 1952/53 regulär in die 8. Klasse. Damit hatte ich den Hauptschulabschluss erreicht.

---

[87] „Es ist gut, wenn du deinen Sinn und auch dem Sinn anderer die Nähe Harmagedons einprägst. … Es wird somit offenbar, dass die oben erwähnten Gründe … dafür sprechen, dass man nicht in eine höhere Schule gehe." Der Wachtturm, 15.5.1952 „Sollen wir die Schule weiter besuchen oder nicht?"

Die Möglichkeit, den qualifizierenden Hauptschulabschluss mit 9 Schuljahren zu machen gab es erst sehr viel später.

Durch das Lastenausgleichsgesetz hat der Staat die Ausbildung gefördert. Meine Eltern bekamen 260 Mark Lehrlingsbeihilfe. Auch Arbeitgeber erhielten für die Schaffung von Arbeitsplätzen für Kriegsgeschädigte Zuschüsse aus dem Lastenausgleichsfonds. Ich fand eine Lehrstelle als Industrie-Kaufmannsgehilfin.

Im Januar 1954 durfte ich mich taufen lassen. Mein Vater hatte darauf bestanden, dass ich vor diesem Schritt zuerst die Schule abschließe. Der nächste Kreiskongress war im Januar in Immenstadt. Ich wurde in der Badewanne eines Zeugen Jehovas getauft. Ich fühlte mich am Ziel meiner Wünsche.

Das Jahr 1954 brachte uns dann das letzte Mitglied unserer Familie. Am 1. Juli wurde mein Bruder Albert geboren. Sehr zur Freude meines Vaters war es wieder ein Sohn. Sehr zu meinem Kummer ist auch er immer noch ein treuer Anhänger der Wachtturmlehre und hat gehorsam den Kontakt zu mir abgebrochen.

> Schuldgefühle einreden, mit Angst und Drohung die Gruppenbindung einfordern ist ein Merkmal der Manipulation bei totalitären Gruppen.

Auch meine Schwester lehnte ein Karriereangebot ab. Auch sie glaubte, Gott erwarte von uns, noch vor dem Ende der Welt allen Menschen zu *predigen,* dass *Harmagedon* vor der Türe steht und sie nur gerettet werden können, wenn sie zu den Zeugen Jehovas gehen. Die Drohung, dass wir als Wächter für die Welt bestimmt seien und wenn wir dieses Warnungswerk nicht täten, Blutschuld auf uns laden,[88] hielt auch meine Schwester davon ab, eine vernünftige Entscheidung für ihre Zukunft zu treffen. Das hält sie nun davon ab, mit mir Umgang zu haben, weil sie immer noch glaubt, dass

---

[88] Hesekiel 3,17-21 „Menschensohn ich habe dich dem Hause Israel zum Wächter gesetzt …" Elb

alles, was in der Wachtturmliteratur steht, *die Wahrheit* ist.[89] Die Bedrohung mit der *Blutschuld* war allerdings eine schwere Last,[90] die uns dieser legogleiche Baustein auf die Schultern legte. Die Verantwortung dafür, dass wir auf jeden Fall alle Menschen vor der *drohenden Vernichtung warnen* müssen, wurde uns mit dem unlogischen Fehlschluss aufgebürdet, dass die Prophezeiung an die damaligen Israeliten eine *gegenbildliche Erfüllung* in unserem *Predigtauftrag* hatte. Die Erklärungen dazu waren zwar widersprüchlich, aber wir hatten längst begriffen, dass es keinen Sinn hatte zu zweifeln oder alles verstehen zu wollen. Wir taten einfach, was von uns erwartet wurde und freuten uns, wenn wir für unseren Eifer Anerkennung und Lob ernteten.

Wie wichtig Bildung für die Entwicklung der Persönlichkeit ist, stand uns als Information nicht zur Verfügung.[91] Besonders in den Veröffentlichungen der Wachtturm-Gesellschaft wird das Streben nach Bildung oft als mangelndes *„Geistiggesinntsein"* – ein Wort, das bei den Zeugen Jehovas fälschlich für Spiritualität gebraucht wird – negativ dargestellt. Man soll möglichst früh nach Abschluss einer einfachen Berufsausbildung in den *„Pionierdienst"* gehen, um seine ganze Zeit und vor allem seine *„Jugendkraft"* für Jehova – sprich die Wachtturm Gesellschaft – einzusetzen. Da *Harmagedon greifbar nahe* sei, wäre die Zeit, die man für eine *weltliche* Bildung verwendet, vergeudete Zeit.[92]

Wir hatten nach der Geburt meines Bruders als kinderreiche Familie Anspruch auf eine Sozialbauwohnung. Wir bekamen 56 qm, 3 Zimmer, Küche, Dusche. Es war „supermodern". Fließendes Wasser, Toilette mit Spülung – kein stinkendes Plumpsklo mehr. Mein Vater ließ statt der Dusche eine Badewanne mit Sondermaß einbauen, die in die Nische passte. Es war der pure Luxus. Man konnte jetzt jederzeit den Badeofen anheizen

---

[89] Siehe Anhang Sektencheckliste Fragen 6, 7
[90] Siehe Anhang Parameter Sekten, Fragen 21, 22
[91] Informationskontrolle, StH, S 110 ff
[92] *„Falls ihr, du und deine Eltern, der Meinung seid, nach der Schule sei eine weiterführende Ausbildung angebracht, solltest du nicht auf viel Geld bedacht sein, sondern darauf, dir deinen Dienst für Jehova zu erleichtern, sodass du vielleicht einmal den Vollzeitdienst aufnehmen kannst." Traktat „Ihr Jugendlichen – was werdet ihr aus eurem Leben machen?", Wachtturm Gesellschaft, Selters/Taunus*

und hatte fließendes, warmes Wasser. Mein Vetter Fredi, der inzwischen auch in der Wehoba-Siedlung in einem Behelfsheim wohnte, kam einmal zu Besuch und bat darum, in einer richtigen Badewanne bei uns baden zu dürfen. „Endlich nicht mehr in die „Multr" (Zinkwanne) steigen müssen, das ist das Paradies", sagte er.

Im August 1955 wurden wir Zeugen Jehovas durch einen besonderen Kongress mit dem Motto „*Triumphierendes Königreich*" in eine euphorische Stimmung versetzt. Es sollte unseren Triumph ausdrücken, dass *Gottes Königreich* über Hitlers „1000jähriges Reich" triumphiert hatte. Er war in jeder Beziehung ein Superlativ.

Bei Programmeröffnung hörten die 107 000 Anwesenden aus vielen Nationen jeweils eine besondere Königreichsfanfare, die eigens für diesen Kongress komponiert wurde. Die Bühnendekoration mit Krone und Zepter zwischen den 144 Säulen war sehr geschickt gewählt. Sie zielte genau auf unsere Befindlichkeiten.

Ich hatte mich zum freiwilligen Dienst gemeldet. Meine Zuteilung war ein Tag im Materialzelt für die Erfrischungen. Mein Dienst begann um 7 Uhr morgens und endete um 18 Uhr abends. Ich hatte Weintrauben in Tüten zu je 1 Kilo zu verpacken. Wir haben mehr als 6 Tonnen Weintrauben abgewogen. Nach ein bis zwei Stunden habe ich fast keine Waage mehr gebraucht. Ich hatte es im Gefühl, wie viel ein Kilo ist. Die Trauben und das übrige Obst, das noch verteilt wurde, sind in den Pausen an den Erfrischungsständen so schnell verkauft worden, dass wir den Nachschub kaum schafften. Die jungen Männer, die die Obstkisten mit den abgewogenen Tüten transportierten, waren ständig im Laufschritt unterwegs. Am Abend war ich hundemüde. Aber das Gefühl, diese großartige Leistung geschafft zu haben, hat mich für alle Mühe entschädigt. Ich wollte diese Arbeit nicht für die Wachtturm Gesellschaft und deren Finanzbedarf machen. Ich hatte den Bibeltext-Mix im Sinn: „Ob ihr esst oder trinkt, oder sonst etwas tut, arbeitet daran mit ganzer Seele als für Jehova getan und nicht für Menschen."[93]

Es fand die größte Taufe aller Zeiten statt. Mehr als 7000 Neue wurden durch die Taufe Teil unserer *internationalen Bruderschaft*. Diese Veranstaltung war ausgezeichnet dazu geeignet, unser Gefühl der Einzigartigkeit zu stärken. Es war zum damaligen Zeitpunkt besonders wichtig, da die Zeugen Jehovas aufgrund ihrer geringen Mitgliederzahl und der geringen finanziellen Mittel kein hohes gesellschaftliches Ansehen erwarten konnten. Sie kamen in gemieteten Hinterzimmern und Nebenräumen zusammen. Sie hatten in der Mehrzahl Mitglieder aus der unteren Einkommensschicht und waren allenthalben Spott und Lächerlichkeit preisgegeben. Mit diesem Kongress wurde nicht nur die eigene Wahrnehmung sehr beeinflusst. Auch die Berichterstattung in der Presse konnte eine gewisse Anerkennung nicht verhehlen. Diese Stimmung der Begeisterung war auch in den Ansprachen und Vorträgen zu spüren.

Es war wirklich ein die Sinne berauschendes Erlebnis. Mein Vater hat alle Tage als freiwilliger Helfer mitgearbeitet und war auf der Heimfahrt im Sonderzug nur noch geschafft. Doch auch er hat nie einen anderen Gedanken gehabt, als dass alles was er tat, für Jehova war und nicht für Menschen. Durch dieses Erlebnis waren wir entschlossener denn je, *„für die Interessen des Königreiches"* zu arbeiten.

In Weilheim gab es inzwischen etwas mehr als 20 Zeugen Jehovas. Man beschloss eine eigene Versammlung zu gründen. Mein Vater wurde zum *Versammlungsdiener*[94] ernannt.

> Die Immunisierung gegen eigenes kritisches Denken kann auch durch Manipulation über Prestige/Status erfolgen. AaW, S 183 ff

---

[93] Kolosser 3,23; 1. Korinther 10,31

[94] Für ihn war es die höchstmögliche Stufe, die er in der Hierarchie der Funktionsträger erreichen konnte. Er gehörte nun zu der Basis des Netzwerkes, das die Verbindung zwischen der Zentrale in Brooklyn und den Versammlungen darstellte. In dieser Funktion fielen ihm wichtige Aufgaben und Verantwortungen zu. AaW, S. 135

Zwischenzeitlich ist dieser Titel in „*Aufseher*" umbenannt worden. Danach änderten sich die Bezeichnungen in *vorsitzführende Aufseher* für die „*Ältesten*" und noch später in „*Koordinatoren*" *für die Ältestenschaft*. Es wurde immer großer Wert darauf gelegt, dass man die neuen Worte lernte und gebrauchte. Es war zum Beispiel nicht gut zu sagen: „Ich habe einen Nachbesuch gemacht". Mit der Lehre Schritt zu halten bedeutete, dass man sagte: „*Ich habe einen Rückbesuch gemacht*".[95] Solche Veränderungen gab es immer wieder und besonders für die Älteren war es eine Herausforderung, gewohnte Ausdrücke einfach durch neue zu ersetzen.

Was die Wachtturm-Gesellschaft mit ihren verschiedenen Voraussagen als *Wahrheit* verbreitete zu Daten wie 1874, 1914, 1925, 1975, noch im 20. Jahrhundert sollte das Predigtwerk enden usw., hat sich bisher immer als Irrtum herausgestellt. Ihre Auslegungen der Bibel zum Thema „*obrigkeitliche Gewalten*", „*Millionen jetzt Lebender werden nie sterben*" (damit war die „Generation" gemeint, die 1914 erlebt hat und die bei der Auferstehung der Treuen im Jahre 1925 am Leben war), die vielen Erklärungen der Gleichnisse mussten bisher immer wieder korrigiert werden. Die Wachtturm-Gesellschaft hat ihre Erklärungen in den vergangenen mehr als einhundert Jahren sehr oft korrigiert. Ja, oft war die Korrektur das genaue Gegenteil dessen, was man zuvor gelehrt hatte. Auf so eine Leitung soll Verlass sein? Auch ihre Ansichten zur organisierten Religion haben sich in der Zwischenzeit drastisch geändert. In dem Buch „*Das vollendete Geheimnis*", das 1922 veröffentlicht wurde, ist auf Seite 370 ein Gespräch überliefert zwischen einem evangelischen Geistlichen und Pastor Russell. Auf die Frage, wie viele Mitglieder die ernsten Bibelforscher haben, antwortete Pastor Russel: „*Wir haben keine Mitgliederlisten. Ihre Namen sind im Himmel angeschrieben*". Heute dagegen existiert für jeden Zeugen Jehovas der in der Versammlung akzeptiert ist, eine Karteikarte, in der nicht nur seine persönlichen Daten wie Namen, Adresse, Telefonnummern, Geburtsdatum, und

---

[95] Die Gruppensprache ist ein Mittel zur Immunisierung durch Abgrenzung. Der Sprachstil ist auch ein Denkstil. Stereotype Redewendungen werden Schlüsselbegriffe wie Vorrecht, Wertschätzung, Erbauung, Ermunterung etc. Ebenda S. 169 ff

Bezugspersonen für den Notfall gespeichert sind, sondern auch wann er getauft wurde, wie viele Stunden er im *Predigtdienst* jeden Monat einsetzt, wie viele *Rückbesuche* und *Heimbibelstudien* er bei Andersgläubigen durchführt, wie viele Wachttürme, Erwachet, Broschüren, Bibeln oder Bücher er verbreitet. Ob er ein *anderes Schaf* oder ein *Gesalbter* ist, welchen Status er in der Hierarchie einnimmt usw. Je nachdem wie diese Berichte in der sogenannten *Verkündiger Dienstkarte* aussehen, wird jemand in der Organisationsstruktur Karriere machen oder abseits stehen.

Die neuen Statuten der Religionsgemeinschaft besagen, dass jeder getaufte Zeuge Jehovas, der mit einer Versammlung verbunden ist, ein Mitglied der Religionsgemeinschaft ist.[96] Dies wird auch bei der Taufe ausdrücklich als öffentliche Erklärung bejaht.[97]

Da liegen wahrlich Welten dazwischen.

Im Wachtturm vom 15. September 1895 (englisch) sagt C. T. Russell:

> *„Hütet euch vor ‚Organisation'. Sie ist vollkommen unnötig. Die Richtlinien der Bibel sind die einzigen, die ihr benötigt. Versucht nicht, andere in ihren Gewissensentscheidungen auf etwas festzulegen, und lasst das auch nicht bei euch zu. Glaubt und gehorcht soweit, wie ihr Gottes Wort im Augenblick versteht." Charles Taze Russell*

Russel wollte keine neue Religions-Organisation gründen. Er gründete eine Gesellschaft zur Verbreitung seiner Druckschriften. The Wachtchtower Bible and Tract Society.

Die Nachfolger Pastor Russells haben eine weltumspannende Organisation daraus gemacht und sie Religionsgemeinschaft genannt. Im Namen der Religion und der Religionsfreiheit kann man sich viele Vorteile verschaffen. Innerorganisatorisch wird sie durch unzählige Regeln im wahrsten Sinne

---

[96] § 5 der Statuten lautet: (5) Die in den Absätzen 1 – 4 genannten Gegebenheiten werden von allen Zeugen Jehovas durch ihren Beitritt mit dem Empfang ihrer Wassertaufe anerkannt. (Jesaja 2:2,3)

[97] *„Bist du dir darüber im Klaren, dass du dich durch deine Hingabe und Taufe als ein Zeuge Jehovas zu erkennen gibst, der mit der vom Geist geleiteten Organisation Gottes verbunden ist?" Org, S.215*

des Wortes straff „reglementiert". Das Ziel ist weltweite Einheit, die ich weltweite Gleichförmigkeit nenne. Dieses wird als *Zeichen des Segens Jehovas* kolportiert. Dabei werden vor allem Gewissensentscheidungen im vorauseilenden Gehorsam verlangt. In der Frage der Verwendung von Blut oder in der Frage des Wehrdienstes und vor allem in der Frage der Anerkennung von organisatorischen Entscheidungen im Falle von Gemeinschaftsentzug wird massiv in die persönlichen, familiären und sozialen Beziehungen eingegriffen. In diesen Fällen sind die Anweisungen Dogmen gleich unantastbar. Damit machte sich die *Leitende Körperschaft* zur nicht hinterfragbaren Lehrautorität. Ein Mittel der ideologischen Immunisierung gegen Kritik.[98] Das wird durch eine neuerliche Änderung in der Lehrauffassung zu der Rolle des *treuen und verständigen Sklaven* noch unterstrichen. Bisher galten alle *Gesalbten,* die als *Überrest* auf der Erde leben, als Teil dieser *Sklavenklasse.* Die neue *Erkenntnis* besagt, dass nur die Glieder der *Leitenden Körperschaft* diese Stellung innehaben und somit auch nur sie befugt sind, in Glaubensfragen Entscheidungen zu treffen.

Die Anfangszeit der Versammlung in Weilheim war besonders für die Kinder eine Qual. Da es uns nicht gelang geeignete Räume zu mieten, nahmen wir das Angebot der Wirtin des Gasthauses Hofburg an, ihren Ruhetag zu nützen. Die Wirtin war uns gut gesinnt und überließ uns ihre Gaststube an diesem Abend. Wir mussten aber das Programm für alle drei Treffen an diesem Abend absolvieren. Das waren die *Predigtdienstschule,* die *Dienstzusammenkunft* und das *Wachtturmstudium.* Für die Kinder eine echte Tortur, denn sie mussten still sitzen und dem Programm folgen. Es war ein Montag. Am Dienstag war Schule. Eine Familie aus Utting kam erst gegen Mitternacht wieder nach Hause. Da war an ausreichend Nachtruhe für die Schulkinder nicht zu denken. Es war einfach nicht Sitte, auf die Bedürfnisse der Kinder zu achten.

Nach der Neugründung der Versammlung Weilheim wurde mein Vater zur Säule und Stütze für alle Belange und war praktisch und buchstäblich Tag

---

[98] AaW, S. 141ff

und Nacht im Einsatz. Er wurde in Weilheim und Umgebung so bekannt, dass er in der Bevölkerung der Bischof von den Bibelforschern hieß.

Mein Vater war der Führer einer Gruppe gläubiger Menschen, die er auch im Glauben belehren musste. Um eine Ansprache von 15 Minuten für die Zusammenkunft vorzubereiten, brauchte er bis zu 20 Stunden Zeit. Oft hat er nach Feierabend bis in den frühen Morgen an unserem Küchentisch gesessen und seine Vortragsmanuskripte mühsam mit der Hand geschrieben. Oft ist er dabei wegen Übermüdung eingeschlafen. Natürlich hat er mit der Zeit Fortschritte gemacht. Aber schriftliche Arbeiten zu erledigen war für ihn immer eine Qual. Es war eine große Erleichterung, als ich ihm die Manuskripte mit der Schreibmaschine abtippen konnte. Für mich allerdings auch noch eine zusätzliche Pflicht, die mir aber letzten Endes beruflich genützt hat. Mit zehn Fingern blind auf der Maschine schreiben ist bis heute reiner Spaß.

Im Juli 1957 traf unsere Familie ein Schicksalsschlag, den niemand von uns je vergessen wird. Mein Bruder Heinrich, Vaters geliebter Stammhalter ist in der Ammer, oberhalb des Wehres, ertrunken. Die Obduktion ergab, dass der Junge einen Herzklappenfehler hatte. Das war uns nicht bekannt. Heini ist wohl durch den Temperaturschock von der heißen Sonne in das kalte Wasser des Flusses ohnmächtig geworden. Anders ist es nicht zu erklären, wie er an ca. 200 bis 300 Badegästen und an der Wasserwacht unbemerkt vorbei treiben konnte.

Die Beerdigung werde ich niemals vergessen. Seine Klassenkameraden waren da und haben ein Lied gesungen. Es hat geregnet. Mein Gefühl war so, als wäre ich selbst tot. Ich wollte mich an die Ermahnung halten, keine übermäßige Trauer zu zeigen, da die Hoffnung auf eine Auferstehung überwiegen sollte. Egal, was die offiziellen Untersuchungsergebnisse sagten, den Vorwurf an mich selbst: Wärst du an diesem Tag nicht zum Baden gegangen, würde dein Bruder noch am Leben sein, bekomme ich nicht aus meinem Kopf.

Der „Dienst für Jehova" wurde daraufhin noch mehr der Inhalt meines Lebens. Ich konnte mich nur in Gesellschaft Gleichgesinnter wohl fühlen.

Ich wusste nicht, wie das Leben eines normalen Teenagers verläuft. Nach dem Ende meiner Lehrzeit wollte ich unbedingt den Pionierdienst aufnehmen, denn bis zum *Ende dieses Systems* sollte nur noch sehr wenig Zeit vergehen, und das musste den Menschen unbedingt *gepredigt* werden. Die Vorstellung, dass mein Bruder sehr bald wieder auferstehen würde, half mir, nicht völlig zu verzweifeln. Es gelang mir eine Teilzeitarbeit als Haushaltshilfe zu finden. Mein Eindruck war, dass Jehova alle meine Wünsche erfüllt hat.

1958 kam ein junger Mann nach Weilheim, um der Versammlung zu helfen. Auch er hatte unter den Folgen dieses schrecklichen Krieges zu leiden gehabt. Sein Vater gehörte zu den gefallenen Soldaten. Er war ebenfalls als Flüchtlingskind unwillkommen. Seine Chance, in einer Gemeinschaft Anerkennung zu finden, war bei den Zeugen Jehovas besonders groß. Durch eifriges *Predigen* und *freiwilligen Dienst* konnte er als Mann bald größere *Vorrechte* erwarten. Das hat er bereits in sehr jungen Jahren erreicht. Er wurde *Pionier* wie ich und bald auch *ernannter Diener* in der *Versammlung*. Wir hatten dadurch nicht nur das gleiche Ziel, sondern auch den gleichen Schritt, als wir uns dafür entschieden ein gemeinsames Leben zu beginnen. Wir fühlten uns gesegnet und mit Frieden beschenkt.

Das gemeinsame Leben haben wir am 27. Februar 1959 begonnen. Wir haben es in den Dienst für eine menschliche Vertriebsgesellschaft gestellt in dem Glauben, es wäre die *irdische Organisation Gottes*. Wie es uns dabei erging, habe ich in dem Buch „Mara im Kokon – ein Leben unter Wachtturm-Regeln" ausführlich beschrieben. Dieses Buch entstand unmittelbar nach unserem Gemeinschaftsentzug. Ich konnte damals das Erlebte noch nicht in der Ich-Form formulieren. Ich fühlte mich so völlig verloren und aus der Bahn katapultiert, dass ich mich noch verzweifelt an alten Vorstellungen wie der folgenden festhalten wollte:

„Ich habe nicht nur von der Güte Jehovas erzählen gehört und gesehen, dass er gut ist, wie man ein wunderbares kaltes Buffet anschaut und denkt, es ist sicher gut. Nein, ich habe auch durch meine persönlichen Erfahrungen geschmeckt, dass ER gut ist."

Selbstverständlich habe ich alles Gute, das uns widerfahren ist, „dem Segen Jehovas" zugeschrieben und alles, was wir an Sorgen und Problemen zu meistern hatten galt „als Versuch des Teufels uns einen Fallstrick zu legen" oder „unsere Lauterkeit auf die Probe zu stellen". Dadurch war ich völlig immun gegen Unzufriedenheit, Zweifel, Kritik.[99]

Ich ließ meinen Sektenklon Mara unsere Geschichte an meiner Stelle erzählen.

Wie ich inzwischen begriffen habe, ist die Güte Gottes nicht von der Wachtturm-Gesellschaft abhängig. Jehova ist ein Produktname geworden, den man als Zauberformel oder Mantra benützt. Gott aber muss niemanden um Erlaubnis fragen, ob er Gutes tut oder es lässt.

Mein Gottesbild hat sich sehr gewandelt. Ich habe nun nicht mehr die Vorstellung, Gott sitzt irgendwo im Himmel und beobachtet, ob ich einen Fehler mache, damit er mich bestrafen kann. Ich finde es grotesk und paradox, dass Gott den Menschen einen freien Willen gegeben hat, um sie dann dafür als Sünder zu bestrafen, wenn sie von diesem freien Willen Gebrauch machen. Ich habe im Planetarium in Augsburg einen kleinen Einblick in die unvorstellbare Größe des Alls bekommen und die Relation unserer Erde zum Kosmos. Nun brauche ich keine Beschreibung einer spirituellen Kraft hinter dieser monumentalen Größe mehr. Für mich existiert eine Göttlichkeit. Sie beschreiben zu wollen scheint mir so unmöglich, wie das Meer mit einem Teelöffel ausschöpfen zu wollen. Sie in Konfessionen oder Sektenschubladen aufzuteilen, ist in meinen Augen so hilfreich, wie mein Geschirr in der Wachmaschine waschen zu wollen. Mir genügt es zu glauben, dass es ihn als Prior Mobile – als ersten Beweger – gibt und mich als Teil des Universums in Harmonie mit ihm zu fühlen. Es ist ein Urvertrauen, das keine Beweise einfordern muss. Es existiert trotz der bitteren Erkenntnis, dass es menschliche Versuche gibt, teilweise sehr

---

[99] AaW, S. 160ff. „Der Zeuge Jehovas, der nichtkonforme Gedanken hegt oder mit solchen konfrontiert wird und bereit ist, sie als Anfechtungen seines Glaubens zu deuten, entschärft damit ihren Zündstoff und kann – falls er ‚die Prüfung' erfolgreich besteht – seine Kritikimmunität zusätzlich festigen."

erfolgreiche noch dazu, dieses Vertrauen zu zerstören oder den Zugang zu dieser Quelle der Kraft in uns zu verbauen.

Wenn Gott Liebe ist, dann ist meine Beschreibung für Gott: Liebe ist. Das ist mein Urvertrauen zu dieser Quelle. Aramäisch Abbwun. Das Wort wird mit Vater übersetzt. Es ist im Ursprung weder männlich noch weiblich. Aber es ist auch kein Neutrum. Es soll Ursprung bedeuten. Für diese wertvolle Formulierung meiner Empfindung danke ich Frau Liz. Phil. Maria de Lourdes Stiegeler.

Mehr Worte brauche ich nicht. Liebe nimmt mich an wie ich bin. Es spielt keine Rolle, ob ich Fehler mache oder mich irre. Wenn die Menschheit versuchen würde, ihre Probleme mit dieser bedingungslosen Liebe zu lösen, indem sie das natürliche Wissen um rechtes oder unrechtes ethisches und moralisches Handeln nutzt, müssten keine Kinder mehr durch Mörser-Raketen sterben. Es wären keine kilometerlangen Mauern zum Schutz eines Landes oder einer Region nötig. Die Schere zwischen Arm und Reich würde nicht so gewaltig auseinander klaffen. Dabei müsste es für keinen einzigen Menschen auf der Erde Mangel geben.

Das Beste an dieser meiner neuen Erkenntnis ist, dass ich nicht mehr zwischen Konfessionen unterscheiden muss. Nicht die Religionszugehörigkeit zählt, sondern der Mensch. Seine Würde besteht Kraft seiner Natur und Geburt als Mensch, nicht Kraft der Definition eines Glaubenskonstruktes.

Es ist für mich absolut kein Widerspruch mehr zu glauben, dass Abbwun die Schöpfung initiiert hat und die Wissenschaft versucht uns zu erklären, wie er es gemacht hat, wie die Naturgesetze, die Evolution, die biologischen Vorgänge etc. funktionieren. Alles das ist ungeheuer spannend.

Das Trauma der Entwurzelung, das in meiner Familiengeschichte mehrfach bewältigt werden musste, stellte die Bedrohung für unsere Seele dar. Nun habe ich verstanden, dass es einen multikausalen Zusammenhang gibt, wenn sich erwachsene Menschen für einen Kult entscheiden. Dabei wäre es sehr hilfreich, wenn man sich vor der Entscheidung informieren würde, ob die Gruppe destruktive Merkmale aufweist, denn Verbote, Verdächtigungen, Spott oder skurrile Geschichten bewirken leider das genaue Gegenteil.

Auf meiner Suche nach Antworten auf das Warum war mir ein sehr interessanter Vortrag von Frau Professor Reddemann eine große Hilfe, den sie zum Thema: „Kann die Wahrheit krank machen?" (psychisch und körperlich) anlässlich der Feier zum 20-jährigen Jubiläum vom Verein Wildwasser Augsburg hielt. Sie leitete bis Ende 2003 die Klinik für Psychotherapeutische und Psychosomatische Medizin des Ev. Johannes-Krankenhauses in Bielefeld. Ihr Interesse galt der Behandlung von Menschen mit schweren Traumatisierungen und sie entwickelte gemeinsam mit dem Behandlungsteam der Klinik die Psychodynamisch Imaginative Traumatherapie, PITT. Luise Reddemann setzt sich seit Jahren insbesondere für eine frauengerechte Psychotherapie ein. Dafür erhielt sie einen Gedenkstein im Frauengedenklabyrinth und den Bertha von Pappenheim Preis der ISSD (International Society for the Studies of Dissociation).

Sie beschrieb in ihrem Vortrag anschaulich die Wirkung von Gewalt auf das Unterbewusstsein. Nicht religiöse Gewalt und Seelenvergewaltigung, sondern körperliche Gewalt. Die Psyche unterscheidet jedoch nicht zwischen den Auslösern des Drucks und der Gewalt. Die Region in unserem Gehirn die auf Gewalt reagiert ist sowohl bei körperlichen Schmerzen als auch bei seelischen Wunden genau die gleiche. Also konnte ich eine frappierende Deckungsgleichheit mit meinen persönlichen Erfahrungen feststellen.

Frau Prof. Reddemann erläuterte, dass Gewalttäter es so darstellen, als wäre das Opfer schuld an dem, was ihm angetan wurde. Sie bezeichnen ihre Opfer, zum Beispiel die Ehefrau oder ein Kind oder einen Untergebenen, als dumm, faul, ungehorsam usw. Ich erinnerte mich an die vielen Vorträge oder schriftlichen Belehrungen, dass ein aufrichtig gläubiger Christ keinen Grund hätte, sich unglücklich oder depressiv zu fühlen. Die Tätigkeit des *Predigtdienstes* wäre eine Quelle des Glücks. Wenn es nicht so empfunden wird, sollte man sich mehr anstrengen, mehr beten, mehr studieren. Auch die Jünger Jesu hätten gebetet: Gib uns mehr Glauben.

In diesem Zusammenhang wurde uns das Wort *Verantwortung* sehr negativ, als Schuldzuweisung vermittelt. Wem es nicht gut ging, wer nicht glücklich war, ist seiner Verantwortung nicht richtig nachgekommen. Als Opfer beginnt man schließlich, sich selbst mit den Augen des Täters zu sehen, sagte Frau Reddemann: „Ich habe mich zu wenig eingesetzt, habe zu wenig Glauben, zu wenig studiert, zu wenig gepredigt, etc."

Das führt zu der Überzeugung, ich habe das Leiden verdient. Die Reaktionen sind vielfältig: Depressionen oder psychosomatische Störungen an Herz, Kreislauf, Magen, Darm; Ängste, etc.

Gleichzeitig ist aber der Täter derjenige der Schutz gibt, soziale Bindung, Hoffnung, Lebensanweisungen, fuhr Frau Reddemann mit ihren Ausführungen fort.

Stimmt genau! – musste ich ihr zustimmen. *Die Organisation – unsere Mutter; der treue und verständige Sklave – der Mitteilungskanal Gottes; unsere internationale Bruderschaft – die Rettungsvorkehrung Gottes.*

Es war eine sehr starke Fessel, die uns da unbeweglich in unserer Platon'schen Höhle gefangen hielt.

Diese Situation führte zu Angst ohne Ausweg – Täter und Schutzgeber sind eins. So oft hatte ich dieses deprimierende Gefühl, ich tue zu wenig. Das beschwerte mein Gewissen. Wie sollte ich es nur schaffen, alle notwendigen Dinge für mein Überleben zu bewältigen? Die einzige Möglichkeit, die ich hatte war, mich noch enger an die Organisation zu halten. Meine Anstrengungen zu intensivieren.

„So etwas hält das autonome Nervensystem nicht unbegrenzt aus", erklärte die Rednerin. „Wenn der Punkt der Unerträglichkeit erreicht ist, kommt es zur Dissoziation. Das ist eine innere Spaltung der Persönlichkeit. Damit kann man die Täterschaft verleugnen, verdrängen.

„Da sich in der Regel Lob und Druck ständig abwechseln, versucht das Opfer von Gewalt", – hier ergänze ich in meinem Sinn: oder Überforderung durch Gruppendruck, – „sich durch Sozialisation mit dem Täter Erleichterung zu verschaffen. Bekannt ist das ‚Stockholm Syndrom'. Im Falle familiärer Gewalt übernehmen die Kinder Funktionen, die den Eltern zukommen: Sie bringen Medizin, kochen, versorgen den Haushalt, usw.

In der Traumatherapie sei es ein häufig zu beobachtendes Phänomen, dass sich ein Opfer von Gewalt an die unmittelbar vorausgehenden Ereignisse nicht mehr erinnern kann. Es muss verleugnen, dass die gute Bezugsperson (Vater als Beispiel) der Täter ist. Auf diese Weise verdrängen und verleugnen die Betroffenen die Misshandlung.“

Wenn ich bei klarem Verstand darüber nachdenke, was ich als *gute Botschaft* verbreiten sollte: Bald kommt der große Krieg Gottes und 7 Milliarden Menschen werden in einem unvorstellbaren Blutbad vernichtet und die Fleischteile von den Vögeln des Himmels gefressen … dann muss ich mich sehr beherrschen um keinen Schreikrampf zu bekommen. Das ging doch nur deshalb, weil ein anderer Teil meiner Person diese Tatsache komplett ausgeblendet hat und nur das Paradies, Überleben, Stroh fressende Löwen und diese Scheinwelt gesehen hatte.

Steven Hassan sagt, dass auch eine Manipulation der persönlichen Wahrnehmung der Vergangenheit stattfinden kann. Man empfindet sein früheres Leben als schlecht, erinnert sich an Gewalt oder Selbstmordgedanken, die so nie stattgefunden haben. Es ist wie eine Selbstrechtfertigung dafür, dass man diesem Kult beigetreten ist. Das wäre eine mögliche Erklärung dafür, warum meine Eltern das Leben außerhalb der Zeugenorganisation stets negativ beschrieben haben.

Warum diese Bindung so stark ist, hat Frau Professor Reddemann mit der Sehnsucht nach Schutz und den Grundbedürfnissen des Menschen erklärt.

Der gläubige Zeuge Jehovas denkt, nur in dieser unauflösbaren Bindung werden seine Bedürfnisse befriedigt: Heimat, soziale Kontakte, Sicherheit, sinnstiftendes Handeln, ewiges Leben in einem Paradies. Er sieht keinen anderen Ausweg. Wer hat nicht schon die bange Frage gehört: Aber wohin sollen wir denn gehen? Oder hat sie eventuell zunächst sich selbst gestellt? Erst wenn diese unbewussten Vorgänge und Zusammenhänge verstanden werden, kann man Wege aus dem Zwang durch Stärkung der eigenen Kompetenz finden.

Das bedeutet zwingend, dass der aus der Gleichnis-Höhle Entkommene, Hilfe durch Aufklärung benötigt und bekommt. Er muss seine Fesseln in der Rückschau einzeln erkennen lernen und sich bewusst von ihnen lösen.

Erst wenn er auch den Gebrauch der Sprache neu erlernt, kann er verstehen, was die Worte auch bedeuten könnten. Zum Beispiel die Freiheit der Verantwortung. Wer verstehen lernt, dass es wunderbar ist, seinen freien Willen in Freiheit zu gebrauchen, um für sein eigenes Glück und seine Bedürfnisse die Verantwortung – nicht Schuld – zu übernehmen, kann seine persönliche soziale Kompetenz entwickeln. Sich selbst wieder finden. Selbstvertrauen und Selbstbewusstsein erlernen.

Nun, wer aber kennt die Zusammenhänge? Bei wem kann ein Sektenaussteiger, der unter einem extrem negativen Selbstbild leidet, Verständnis finden? Welcher Psychotherapeut hat einen Studiengang zur Sektenproblematik absolviert und weiß über die antrainierten Ängste vor *Teufel, Dämonen, Satan, Babylon der Großen, Vernichtung, dem Feuersee* Bescheid? Leider gibt es derzeit wohl kaum einen solchen Studiengang an deutschen Universitäten. Und es gibt nur sehr wenige Therapeuten, die sich mit den Themen Seelenmord und Bestrafung mit sozialem Tod näher beschäftigt haben.

Ich habe bei einer der vielen Vortragsveranstaltungen, die ich besuchte, um eine Antwort auf meine vielen „Warums" zu finden, einen Redner im Bezirkskrankenhaus gefragt, warum es in seiner Präsentation über die Ursachen und Auslöser der Depression keinen Hinweis auf die Kult – d.h. religiös bedingten Störungen gibt. In den verschiedensten Dissertationen und Fachbüchern wird auf die Konditionierung durch Drohbotschaften verwiesen, die Ängste und Depressionen oder Wahnvorstellungen bei entsprechend sensiblen Menschen auslösen können.

Milliarden Menschen haben in ihrem Religionsunterricht die Geschichte von Adam und Eva im Paradies gehört. Eva wurde von der Schlange dazu verführt von der verbotenen Frucht zu essen. Sie verführte ihrerseits Adam und verursachte so die Erbsünde. Der Prozentsatz – oder Promilleanteil – Gläubiger, der diese Geschichte als heiligen Ausspruch Gottes annimmt und sich schuldig fühlt, glaubt diese Schuld durch extreme Handlungen abtragen zu müssen. Man kennt die Selbstkasteiung, bestimmte Bußegelübde, Opfergaben, Pilgerreisen.

Religiöse Gruppen, die zu Extremismus tendieren, verstärken durch ihre Drohbotschaften die Gefühle von Schuld und Sünde.

Ich erinnere mich an meine Taufe im Jahre 1954. Sie bedeutete für mich, dass ich Gott ein Gelübde abgelegt habe. Das vollständige Untertauchen im Wasser sollte symbolisieren, dass meine alte Persönlichkeit tot ist. Ich wurde mit einer neuen Persönlichkeit aus dem Wasser gehoben, die Gott ein Gelübde gegeben hat: „Nimm mein Leben, lass es sein, mit Deinem Willen harmonisch rein. Alles was ich hab und bin, nimm es Höchster gnädig hin."

Fortan habe ich alles was ich getan habe, mit dem Willen Gottes in Übereinstimmung bringen wollen und das in meinem Sinn ständig kontrolliert. Dazu benützte ich die ungezählten legogleichen Bausteine aus den Bibelzitaten, die ich auswendig gelernt hatte.

„Wer Gott ein Gelübde tut, säume nicht, es zu bezahlen." „Die Interessen des Königreiches an die erste Stelle setzen." „Seid nicht saumselig in euren Geschäften." „Alles was ihr getan habt, ist das, was ihr zu tun schuldig wart." „Niemand rühme sich selbst. Die Ehre gehört Gott." „Frauen seien den Männern untertan." „Ich erlaube einer Frau nicht zu lehren." „Unabhängiges Denken ist der Geist der Isebel. Das bedeutet Götzendienst und Hurerei. Frauen verführen Männer zu schändlichem Handeln." „Freundschaft mit der Welt ist Feindschaft mit Gott." Immer lief, bei allem was ich tat, in meinem Kopf die imaginäre to do Liste der verbotenen und erlaubten Handlungen ab.

Die Furcht davor, etwas Falsches getan zu haben, bewirkte, dass eine einfache Frage einer Autorität oder Respektsperson bereits panische Angst auslösen konnte. Ich hörte dahinter: Was habe ich falsch gemacht? Um welches Vergehen könnte es sich handeln? Habe ich gesündigt? Dahinter stand die Befürchtung, von Gott verworfen zu sein.

Frau Dr. Reddemann sagt, man kann seine Gefühle mit der Technik der Visualisierung anschauen. Ich versuche das gerade. Ich stelle mir eine große eiserne Kralle vor, die sich um mein Herz schließt. Es kann noch schlagen und das Blut zirkulieren lassen. Aber nur in ganz engen Grenzen. Nur wenn ich mich genau nach den Regeln und Vorschriften bewege, fühle ich die einengende Kralle nicht. Darum hielt ich mich mit der Eigenschaft „Selbstbeherrschung" eisern unter Kontrolle. Die Technik dazu ist für mich immer noch abrufbar.

Das wurde mir bei der schrecklichen Nachricht vom tödlichen Unfall meiner Schwester bewusst. Es gab dabei ein ganzes Bündel von schmerzenden Schlägen. Meine Familie hat mir das Unglück verschwiegen, weil sie sich an das Kontaktverbot hielt. Der Tod meiner Schwester ist für mich sehr traurig. Ich konnte mich nicht von ihr verabschieden. Wir haben uns immer sehr gut verstanden. Ich vermisste sie wegen der Kontaktsperre als Lebende, nun ist sie tot und es gibt keine Möglichkeit mehr Freud und Leid miteinander zu teilen. Die Ausgrenzung und Ablehnung der Familie trifft in einer solchen Situation das Herz. Anstelle der normalen Reaktion, als Familie in Trauer und Not zusammenzustehen, gemeinsam zu weinen und sich in der Trauer zu trösten, war ich allein gelassen. Wieder dieser luftleere Raum um mich.

Da kam mir nach dem ersten Schock meine antrainierte Eigenschaft der Selbstbeherrschung zu Hilfe. Ich habe es geschafft, nach einiger Zeit wieder aus der traurigen Reaktionsstarre aufzutauchen und wieder an die

Arbeit zu gehen. Das Leben ging weiter. Vom Jammern werden die Sorgen nur größer, sagte ich mir.

Doch am 27. Dezember bekam ich ein Schreiben, das wie eine Keule in meine Seele traf:

> *„An Familie Kohout,*
> *am 01.12.2012 ist unsere liebe Mutti R… T… durch einen schweren Verkehrsunfall tödlich verunglückt.*
> *Am 17.12.2012 wurde durch die Urnenbeisetzung im Dreifaltigkeitsfriedhof … von ihr Abschied genommen.*
> *In tiefer Trauer, H… T… und alle Familienangehörigen."*

Wenn als Anrede wenigstens Hallo gestanden wäre und hochachtend oder Ähnliches als minimale Anstandsformel, dann wäre ich nicht so betroffen gewesen. Jedoch durch das Fehlen jeglicher persönlicher Signale kam wieder der Schmerz mit voller Wucht.

Ich bin meinem Sohn dankbar, dass er mir eine neue Sicht und Perspektive gezeigt hat. Die Wachtturmorganisation ist eine totalitäre Gesellschaft. Sie fordert absoluten Gehorsam. Wenn sich ein Mitglied nach den Gesetzen verhält, hat es kein Unrechtsbewusstsein. Er gab mir als Beispiel die Diktaturen der Welt. Ein Beamter, der akribisch alle gesetzlichen Vorschriften erfüllt und genau aufzeichnet, wann ein Lagerinsasse zur Exekution geführt wird, die Angehörigen vorschriftsmäßig benachrichtigt und den Vorgang sorgfältig in die Registratur bringt, wird sich nicht schuldig fühlen am Tod eines Dissidenten. Erst wenn das System gestürzt ist, werden die Vorgänge neu bewertet und erst dann mag ein gewissenhafter Beamter als Mittäter ins Fadenkreuz der Kritik geraten.

Aus dieser Sicht der Dinge kann ich meinen Frieden finden. Mein Verwandter hat nach Vorschrift gehandelt. Denn in extremen Ausnahmesituationen dürfen nahe Angehörige von wichtigen Ereignissen informiert werden.

Doch Kindern mit Drohbotschaften Angst zu machen, halte ich für ein Verbrechen an ihrer Seele. Nicht selten graben sich die Ängste so unauslöschlich in ihr Unterbewusstsein ein, dass sie auch als Erwachsene in ständiger Furcht vor der Bedrohung durch die Dämonen leben. Es wirkt auf Außenstehende, als wären sie von Wahnvorstellungen geplagt. Wie soll man auch unterscheiden, ob dieser Wahn durch ein systemisches Ungleichgewicht im Hirnstoffwechsel verursacht ist oder durch antrainierte Ängste? Ich verstehe sehr gut, dass es viel Wissen und fachliches Gespür erfordert, mittels Differenzialdiagnostik die antrainierten Ängste von solchen zu unterscheiden, die durch Störungen des Hirnstoffwechsels auftreten. Natürlich können diese auch bei Menschen auftreten, die tief in ihren religiösen Zwängen verstrickt sind. Ich will als Beispiel einige Einträge zitieren, die Ex-Zeugen Jehovas bei Facebook zu ihren Ängsten gepostet haben:

> M.K schreibt: „Dafür hin und wieder von Harmagedon. Als ich als Kind mal von Harmagedon träumte, wurden kurz vorher die Namen verlesen wer gerettet wird und wer umkommt. *bibber*"

> M.L. schreibt: „Auch ich habe häufig von Harmagedon geträumt und interessanterweise wurden auch in meinen Träumen die Namen derer vorgelesen, die gerettet werden. Mein Name wurde nie erwähnt."

> D.L schreibt:"Ja, das kenne ich, allerdings als Jugendliche. Meine Mutter quatschte mich so zu, dass mein Baby eine Sünde sei, dass ich davon träumte, dass Jehova zu mir sprach. Und ich wahnsinnige Albträume hatte …"

> M.L: „Ich weiß nur, dass ich als Kind nachts richtige Angstzustände hatte. Diese blieben auch, bis ich mich endgültig von den Zeugen gelöst hatte und eine wirklich gute Therapie abgeschlossen habe."

S.L. schreibt: „ Ja, daran erinnere ich mich. Die Bilder von Feuerbällen, die vom Himmel regnen und von Menschen, die in Erdrisse stürzen (Bilder von Harmagedon) aus Wachtturm und Erwachet haben mir immer schlimme Angst gemacht. Ich habe als Kind ja schließlich geglaubt, genauso sterben zu müssen – denn ich konnte nie, wirklich nie richtig glauben. Und dafür würde ich irgendwann bestraft werden, da war ich mir ganz sicher…"

M.L.: „ Meine Oma hat mir immer richtig Angst gemacht. Sie sagte, dass wir ja alle noch geprüft werden würden und dass die Menschen uns verfolgen und quälen würden. Ich hatte immer furchtbare Angst davor, was für Prüfungen auf mich zukommen würden und was für Schmerzen ich wohl ertragen müsste … Das ist echt so krank, seinen Kindern, bzw. Enkelkindern solche Heidenangst einzujagen … ich konnte nachts nicht schlafen, wegen dieser Angst. Oder das Licht musste immer an sein … ja, wenn ich unartig war, hat meine Oma auch immer gesagt, dass Satan sich jetzt darüber freut und in der Ecke steht. Als Kind hatte ich wirklich das Gefühl, dass da etwas Böses in der Ecke stand …"

R.R.: „Als Kind konnte ich nicht alleine schlafen, es hat ewig gedauert, bis ich das konnte. Aber die Angst blieb und wenn ich Geräusche gehört habe, hab ich Panik bekommen. Man sagte mir dann, das wären die Dämonen. Nicht gerade beruhigend."

S.L.: „Oh weh, das kenn ich alles. Und die Dämonen, tja, da könnte ich auch Geschichten erzählen. Ich hatte als Kind oft das Gefühl, dass jemand bei mir im Zimmer war – und das es nichts Gutes war, verstand sich von alleine. Ich erinnere mich sogar, dass es nachts eine Situation gab, in der ich wirklich dachte, es hätte mich etwas berührt (ich fühl es auch jetzt noch, nach so langer Zeit, so echt hat sich das angefühlt) – es waren natürlich Dämonen, die mich schon an der Hand hatten. Das hat meine Mutter (die seltsamerweise ziemlich viele persönliche Geschichten mit Dämonen erlebt hatte) mit erzählt. Naja – ein entspanntes Kind war ich auf gar keinen Fall."

N.P.: „leider habe ich noch immer so 2-3 mal im Monat das Gefühl jemand drückt mir mit den Händen den Hals zu – ich quäle mich und kann noch nicht mal um Hilfe schreien und dann ist die Nacht für mich gelaufen, ... denke immer dann an Dämonen und diese typischen Dinge, die man beigebracht bekommen hat – gibt es Gegenstände in der Wohnung usw. Habe von meiner Oma zum Beispiel letztes Jahr einen goldenen Anhänger als Kreuz geschenkt bekommen und sofort daran gedacht ... würde es für nichts in der Welt entsorgen – ist ein liebes Andenken. Dennoch weiß ich noch keine Lösung – was da passiert?“

J.W.: „Ach ja, geträumt habe ich nur von Harmagedon und wie ich umkomme ... nie – niemals von schöneren Zeiten :-(„

M.K.: „... lernte meinen 1ten Mann kennen und zog gleich mit Ihm zusammen ... also in Sünde ... dieser Mann hat mir echt geholfen ... denn ich habe im wahrsten Sinne Gestalten gesehen ... bedrohend ... schauten mich an ... mir blieb die Luft weg ... immer im dunklen ... ich konnte nie alleine sein ... hatte immer das Gefühl ... von kaltem in meiner Nähe ... es war soooooo schrecklich ... das könnt Ihr mir glauben ... ich habe nur überall Licht angehabt ... ich konnte mit meinem Mann ein Katholik darüber reden ... es hat fast ein Jahr gedauert ... dann wurde es besser ... je mehr ich mich lossagte ... und ein anderes Umfeld in mein Leben trat ... ich hatte meine Schwester ... die auch den ZJ den Rücken kehrte ... für mich war klar ... das rührte alles von dieser Seelenvergewaltigung ... die seit Kindheit in einem drin war ...“

Ein Angsttrauma, das durch physische oder psychische Gewalt ausgelöst wurde, begleitet einen Menschen ein Leben lang. Es ist sehr viel schwieriger zu bewältigen als ein Trauma, das durch eine Naturkatastrophe oder eine technische Katstrophe ausgelöst wurde.

Die permanente Behauptung, diese Mutter aller Vernichtungen, dieses Gottesgericht *Harmagedon* stehe unmittelbar bevor, verhindert eine natürliche Lebensplanung und -einstellung. Es erscheint jede Zukunftsplanung sinnlos, jeder Einsatz zwecklos, wenn man damit rechnet, dass es in Kürze zu einer weltweiten Katastrophe kommt, die im Feuer- und Blutrausch alles vernichtet. So unglaublich das für einen nicht konditionierten Menschen klingen mag – ein Sektenanhänger lebt nur in der Erwartung einer Zukunft, die er sich erhofft. In der Gegenwart will er nur so funktionieren, dass er diese Zukunft erreicht.

Ich formuliere es ganz klar so: Mein Leben hat nicht stattgefunden. Ich ließ mir durch trügerische Versprechungen ein fremdes Leben vorschreiben.

Ich selbst habe als Kind oft geträumt, dass sich unter meinem Bett Astralkugeln bildeten, aus denen *Dämonen* herauskamen, die sich in meinem Zimmer verteilten. Dieses Triggerwort *Dämonen* hat unser Leben begleitet. Ich kann nur bestätigen, dass auch mich die Erinnerung an die Ängste für immer begleiten wird, obwohl ich immer besser damit umgehen kann.

Manche Erwachsene können nicht mit dieser antrainierten Angst umgehen. Sie werden durch die geringsten, flüchtigen Gedanken oder Eindrücke an diese Bedrohung erinnert und haben dann oft das Gefühl, von unsichtbaren Geistwesen beobachtet oder verfolgt zu werden.

Ich fragte einen anwesenden Professor bei der Informations-Veranstaltung, warum eine an sich sehr gut beherrschbare Erkrankung – die Depression – im Falle von Sektenaussteigern selbst nach vielen Jahren Therapie mit Medikamenten, wie Antidepressiva, häufig nicht gebessert wird. Er erklärte, dass unter anderem die Stressoren beseitigt werden müssen, bevor eine Therapie wirksam sein kann.

Sehr richtig, Herr Professor. Doch wie erkennt der Therapeut antrainierte Stressoren bei seinen Klienten, wie Schuldgefühle, Versagensängste, Gewissensnöte, Angst vor den Bedrohungen *Feuersee, Harmagedon, Satan, Sünde*, die den klassischen Wahnvorstellungen zum verwechseln ähnlich sind? Vielleicht wäre es für alle Seiten hilfreich und von großem Vorteil, auch an den Universitäten Vorlesungen anzubieten über unredliche Machenschaften von Seelenfängern, die mit ausgeklügelten Manipulationstechniken Mitglieder gefangen halten, indem sie Drohbotschaften als Trigger vermitteln. Dem Klienten ist meistens nicht bewusst, dass möglicherweise genau diese Faktoren zu seiner Erkrankung geführt haben oder sie eventuell verstärken und den Weg zur Heilung versperren.

Kann ein Therapeut wirksam helfen, wenn er die traumatische Tragweite eines totalen Kontaktverbotes nach dem Sektenausstieg, oder die Angst vor diesem Zusammenbruch seines gesamten sozialen Umfeldes nicht erkennt? Der Professor sagte mir auch: „Der Patient muss auch bereit sein mitzuarbeiten. Wenn er sich der Therapie verweigert, kann sie nicht wirken".

Da hat er sicher Recht. Ich gehe davon aus, dass er Erfahrungen mit Sektenaussteigern an seiner Klinik gemacht hat. Ich denke an meine Ex-Freundin Karola.[100] Sie hatte eine sehr tiefe Depression und war suizidgefährdet. Stimmt, Herr Professor, die Krankheit war multikausal. Die Ehe gescheitert, der Sohn hat sich von ihr losgesagt, finanziell ein Desaster, weit weg von ihrer Heimat Italien, geriet sie in den Bann der Zeugen Jehovas. Leider haben sich alle Hoffnungen und Versprechungen, dass sie innerhalb dieser Gemeinschaft von ihren Sorgen frei würde, nicht erfüllt. Sie wurde von ihrem behandelnden Arzt zur Kur in den Schwarzwald überwiesen. Sie sollte von Mitte Dezember bis Mitte Januar dort bleiben. Aber Karola weigerte sich sehr schnell, an dem autogenen Training und an den Vorbereitungen für das bevorstehende Weihnachtsfest teilzunehmen.

Auch das Ultimatum der Kurklinik, sie würde wegen Verweigerung nach Hause geschickt, brachte sie nicht zur Vernunft. Woraufhin sie entlassen wurde.

Warum konnte niemand in der Klinik erkennen, dass diese Frau von ihrem destruktiven Kult beeinflusst war? Ihr wurde davor Angst gemacht, dass Psychotherapie möglicherweise den *Dämonen* den Zugang zu ihrem Kopf ermöglicht. Sie wurde durch Wachtturm-Veröffentlichungen vor spiritisti-

---

[100] Name geändert

schen Praktiken der Psychotherapeuten gewarnt, die womöglich Hypnose, Pendeln oder andere okkulte Methoden verwenden, um sie von ihrem Glauben abzubringen. Auch hier möchte ich einen Beitrag aus einem Forum als typisches Beispiel stellvertretend für unzählige gleich gelagerte Fälle bringen:

> *„Wisst Ihr, warum ich schon so viele Jahre das Gefühl habe einen Psychiater aufsuchen zu müssen und es trotzdem nie getan habe? Weil es immer geheißen hat, man solle nicht zu Psychiatern gehen, weil die einem ‚unbiblischen Rat' geben würden. ‚Stellt Euch vor liebe Brüder, da wurde einer Schwester sogar der Rat gegeben Ihren Mann zu verlassen' … Die schlimmen Psychiater raten einem zur sexuellen Verwirklichung und lauter solchen Totsünden. Das war noch in meiner Zeugenzeit, ich kann mich aber gut erinnern, dass man das einfach nicht tat. Wenn es einem nicht gut ging, suchte man biblischen Rat in den Publikationen oder bei den Ältesten. Diese sind ja auch alle (Ironie an) universitär ausgebildete ‚Seelenärzte', … nicht wahr? (Ironie aus)*
>
> *Als ich mich dann zurückgezogen hatte, hab ich mich 15 Jahre im Unrecht lebend gefühlt, weil ich die ‚Wahrheit' nicht leben konnte. Da bin ich dann nicht zum Psychiater gegangen, weil ich dann davon hätte reden müssen, wo meine vielen Probleme und Macken herrühren. Das hätte geheißen, ‚Schmach auf den Namen Jehovas' zu bringen. Also weitermachen, bin ja selber schuld, ohne den Segen J. kann es mir ja nicht gut gehen. Aber in der ‚Wahrheit' leben konnte ich auch nicht. War ja nur ‚lauwarm' dann kann ich es auch ganz lassen. Nur nie Schlechtes über die ZJ reden …"*[101]

Mir hat die Veranstaltung zum Thema Depression sehr geholfen, denn sie hat mein Wissen um die Zusammenhänge erweitert. Es hilft mir, besser mit dem Problem, das meine Depression ausgelöst hat, umzugehen.

Was ich aber gleichzeitig feststelle ist, dass dieses „Wissen" in der Wissenschaft vorhanden ist. Erstaunlicherweise kommt es bei den Praktikern

---

[101] Anonyma im Forum Infolink bei Netzwerk Sektenausstieg

häufig nicht an. Es ist, als läge es in einem verschlossenen Werkzeugkasten bereit. Doch der Schlüssel zu diesem Kasten fehlt.

Wie kann man Menschen, die unter antrainierten Ängsten leiden, erkennen helfen, was die Stressoren sind und dass sie von einer Quelle stammen, die nicht so vertrauenswürdig ist, wie die Betroffenen annehmen?

Könnte ich doch öfter Therapeuten dazu bringen, sich auch einmal tiefer in das Leben eines kultgeprägten Klienten hineinzuversetzen. Ich meine nicht den Durchschnittsgläubigen, der sich von den verschiedensten religiösen Vorschriften nur marginal beeinflussen lässt, weil er genügend Selbstbewusstsein hat um zu entscheiden, was er glaubt und tut. Ich spreche von denen, die so ehrlich an die Lehren ihres Kultes geglaubt haben, dass ihre Seele darunter gelitten hat.

Man muss sich bildhaft vorstellen, wie ein Klient sich unablässig fühlt, wenn er auf jeden seiner Schritte achten muss, weil er sich in einer Umgebung voller geistiger Tretminen glaubt. Jeder Fehler seinerseits kann zu Kritik und Verurteilung führen. Die Gruppe erwartet Gehorsam, Demut, Glauben, Anpassung, tadelloses Benehmen und so weiter und so fort. Er musste wie auf Zehenspitzen rennen. Denn ihm wurde gesagt, die Zeit sei verkürzt, Harmagedon stehe vor der Türe, er habe die Verantwortung für die Rettung der Menschen in dem *Gebiet*, das ihm zugeteilt wurde. Wenn er nicht sorgfältig und gewissenhaft arbeite, könnte er *Blutschuld* auf sich laden und selbst *vernichtet* werden. Es gibt keinerlei Aussicht auf ein Ende des Marathonlaufes, es geht immer weiter und weiter und die Anforderungen hören nie auf, bis zu dem *Tag der Rache Gottes, an dem die Systeme der Erde mit Feuer vernichtet werden.*

Viele Betroffene beklagen, dass ihnen die Therapeuten nicht glauben. Dass sie nicht verstehen, wovon die Hilfesuchenden sprechen. Trotzdem bin ich sicher, dass es einen Weg und eine Möglichkeit zur Verständigung und damit auch zu einer Heilung der Opfer geben kann, ein Ergebnis, das für beide Seiten befriedigend sein könnte.

Ich weiß, ich bin keine Therapeutin. Diese Frage müssen die Fachleute beantworten. Ich kann aber aus meiner eigenen Erfahrung sagen: Hier gibt es Handlungsbedarf.

Ich habe das Höhlengleichnis von Platon noch nicht zu Ende erzählt. Denn er beschreibt nun das Bedürfnis des Zwangsbefreiten, seine neuen Erkenntnisse den Menschen in der Höhle zu überbringen. Er geht in die Höhle zurück und berichtet begeistert, dass die Wirklichkeit ganz anders ist, als die Schatten, die sie vorüberziehen sehen.

Doch was passiert mit dem Überbringer der anderen „Wahrheit"? Glauben ihm seine früheren Freunde? Nein, sie beschimpfen ihn. Bezeichnen ihn als Lügner und töten ihn zuletzt.

Nun, mir ist es ja ebenso ergangen. Ich habe versucht, meine Freunde in meiner früheren Religionsgemeinschaft auf die Täuschungen und Irrtümer aufmerksam zu machen. Haben sie mir geglaubt? Nein. Sie bezeichnen mich als Abtrünnige und Verbündete des Teufels und haben mich mit dem sozialen Tod bestraft.

Weil es in unserem Land ein Sonderrecht für Religionsgemeinschaften gibt, ist es sogar legal, mit dieser Methode meine verfassungsmäßigen Rechte und Freiheiten zu beschneiden und mit Füßen zu treten. Offenbar ist es auch legitim, dass unser Staat es toleriert im Namen der Religion die Menschenrechte zu ignorieren, obwohl er zu den Mitunterzeichnern gehört.

Kapitel 10
AUS ERFAHRUNGEN LERNEN

Weil für mein Verständnis Gott nicht dafür da ist, nach der Pfeife des Menschen zu tanzen und Unglück zu verhindern oder bestimmte Wünsche zu erfüllen, bin ich offen für neue Wege.

Es gibt eine schöne Geschichte von Blinden und einem Elefanten:

In einem fernen Land wollte ein weiser Herrscher eine genaue Beschreibung eines Elefanten hören. Er ließ einige blinde Gelehrte einen Elefanten betasten und fragte sie danach, was denn ein Elefant sei.

Der Blinde, der die Ohren betastet hatte, sagte: „Der Elefant ist platt, groß und beweglich wie ein Blatt im Wind."

Der Nächste sagte: „Der Elefant ist lang, sehr beweglich und rund wie ein Rohr." Er hatte den Rüssel untersucht.

Daraufhin widersprach einer und sagte: „Nein, ein Elefant ist so stämmig wie eine Säule." Dieser hatte ein Bein betastet.

Ein vierter erwiderte: „Ein Elefant ist doch lang und sehr glatt und am Ende spitz." Seine Beschreibung betraf die Stoßzähne.

Der fünfte Weise sagte: „Also, ich finde, ein Elefant ist wie eine kleine Strippe mit ein paar Haaren am Ende", denn er hatte nur den Schwanz des Elefanten ertastet.

Und wieder ein Weiser berichtete seinem König: „ Also, ich sage, ein Elefant ist wie eine riesige Masse, mit Rundungen und ein paar Borsten darauf." Dieser Gelehrte hatte den Rumpf des Tieres berührt.

Ein weiterer, der ein wenig beiseite getreten war sagte: „Nein, fühlt ihr das nicht? Ein Elefant ist sanft wie ein Windhauch und duftet nach Natur. Man kann ihn nicht berühren, nur wahrnehmen."

„Halt!", sagte der Herrscher. „Ich danke Euch allen. Jeder von Euch hat Recht mit seiner Beschreibung. Doch hat jeder nur einen kleinen Teil des Elefanten beschrieben. Ihr habt mir eine weise Lektion erteilt. Was wir sehen oder wahrnehmen ist oft nur ein winziger Teil der Wirklichkeit."

Für mich ist das eine sehr treffende Veranschaulichung dafür, dass Gott in seiner universellen Größe nur in kleinen Teilen von uns Winzlingen auf der Erde erfasst werden kann. Darum verzichte ich nun darauf, mir vorzustellen, wer oder was er ist. Ich bin mit der Überzeugung zufrieden, dass er ist.

Doch das Bedürfnis der Entwurzelten nach neuen Bindungen, nach Anerkennung durch eine transzendente, spirituelle Kraft, wird viel zu oft von extremen Gruppierungen ausgenützt, um sie für ihre eigenen Interessen zu missbrauchen.

Mein Fazit:

Meine Familie gehörte zu dem klassischen Beuteschema der Sektenwerber. Wir waren traumatisiert, entwurzelt und hatten ganz bestimmte soziale und emotionale Bedürfnisse. Die Versprechungen nach Frieden, Sicherheit, Gesundheit nahmen uns gefangen. Durch das „love bombing" wurde unser Bedürfnis nach sozialer Anerkennung befriedigt.

Die weiteren Methoden der Konditionierung mit Zuckerbrot und Peitsche waren sehr effektiv und nachhaltig. Schließlich hat die Überzeugung, *in der Wahrheit* zu sein, jedem Zweifel gegenüber immun gemacht, denn die höhere Autorität, auf die sich die Leitung berufen hat, durfte nicht in Frage gestellt werden.

Wie geht es mir nun mit dieser Erkenntnis? Ich werde oft gefragt, wie ich es geschafft habe diesem System zu entkommen.

Es war weiß Gott nicht einfach. Ich fing vor allem an, nach Antworten auf meine vielen WARUMs zu suchen. Warum habe ich es nicht früher bemerkt, warum habe ich nicht auf meine Gefühle gehört, warum ließ ich so lange zu, dass Fremde mein Leben bestimmten, usw. Für mich war es sehr wichtig, die Gründe zu verstehen. Ich las viele Bücher von Raymond Franz, Don Cameron, Jana Frey, Günther Pape, Prof. Klosinsky, Steven Hassan, Margaret Singer, Jerry Bergmann, Beiträge in den diversen Foren von Aussteigern bis zuletzt und vor allem das Buch von Bruno Deckert. Ich habe auf viele Fragen eine rationale Antwort. Das bedeutet aber nicht, dass ich die Konditionierung bereits überwunden habe. Es ist eine Sache, mit dem Verstand zu erkennen, was geschehen ist. Aber es ist eine ganz andere Sache, diese Erkenntnis auch im Unterbewusstsein zu speichern und sein antrainiertes Handeln zu verändern.

Dazu möchte ich einige kleine Episoden aus meinem Leben nach der Sekte erzählen:

Ein Leser meines Buches „Mara im Kokon" bedankte sich dafür, dass ich das Leben innerhalb der Wachtturmorganisation so treffend beschrieben habe. Er sagte, dass ich damit vielen Betroffenen helfe, aber vor allem auch mir selbst.

Das hat mich ziemlich erschreckt. Ich hatte gelernt, dass man Jehova und seinen Nächsten lieben sollte. Den Teil: „wie dich selbst" musste ich all die Jahre in meiner Wahrnehmung ausblenden, denn sonst hätte ich keine Übereinstimmung mit den anderen Forderungen finden können: nicht selbstsüchtig zu sein, oder der Anweisung *„in Ehrerbietung komme einer dem Anderen zuvor"* zu folgen, die Ehre gebührt nur Jehova, selbstlose Liebe bekunden und so weiter. In diesem Sinn habe ich Selbstverleugnung als die geforderte Tugend verstanden. Es fiel mir anfangs sehr schwer, ein ehrliches Lob auch wirklich anzunehmen.

Weihnachten 2010

Nun war ich also zum ersten Mal wieder zu einer Weihnachtsfeier eingeladen. Es war ganz gewiss keine gewöhnliche Weihnachtsfeier. Der Verein Contact in Augsburg hatte mich zum Essen eingeladen. Als ich die Gäste nacheinander kennenlernte, kam mir ein Bibelvers in den Sinn – nach 60 Jahren Zeugenalltag sicher nicht verwunderlich. Ich dachte an den Rat Jesu: „… wenn du ein Gastmahl veranstaltest, so lade Arme, Krüppel, Lahme, Blinde ein, und du wirst glücklich sein, weil sie nichts haben, dir zu vergelten."

Dieses Gastmahl fand nicht in einem feudalen Rahmen statt. Man hatte in der Verkaufshalle, in der normalerweise die second hand Ware für wenig Geld angeboten wird, Biertische aufgestellt und sehr liebevoll mit leuchtend rotem Weihnachtspapier bezogen. Auf allen Tischen waren Kerzen und Teller mit Kuchen und Weihnachtsgebäck bereit gestellt. Für warme und kalte Getränke war reichlich gesorgt. Zur Hauptmahlzeit gab es Braten, Spätzle und Blaukraut. Auch an einen Nachtisch – Nusseis – hatte man gedacht.

Ich schaute mich um und dachte: Wie viel Arbeit und Mühe haben sie sich doch gemacht. Es erinnerte mich an die „freiwilligen Dienste" bei den Zeugen Jehovas und ich dachte beschämt daran zurück, wie wir uns oft eingebildet hatten, so etwas gäbe es nur bei uns.

Heinz, Roswitha und Mike waren im Stress, denn es lief nicht wie geplant. Man musste improvisieren. Doch niemand beschwerte sich. Roswitha begrüßte uns mit strahlendem Lächeln und umarmte uns. Wir fühlten uns herzlich willkommen in dieser für uns völlig fremden Welt. Wir mussten keine Bedingungen erfüllen, keine Regeln einhalten, nicht danach fragen, ob alle Anwesenden auch „geistig gesinnt" seien. Niemand hatte das Bedürfnis, mehr scheinen zu wollen. Wir konnten alle einfach nur wir selbst sein.

Ich lernte zum Beispiel die Witwe kennen. Sie stammt aus Kasachstan. Ist vor acht Jahren zusammen mit ihren Kindern nach Deutschland gekommen. Sie hat schreckliches Heimweh nach ihrem Häuschen und dem Garten und dem selbst geernteten Gemüse zu Hause. „Das schmeckt einfach ganz anders als hier", sagte sie verzweifelt. Ich erinnerte mich an meine Mutter. Es ging ihr ganz genau so, als wir hier in der Fremde gestrandet waren. Auch wir haben den Knoblauch, Paprika, die Melonen und die selbstgemachten Würste sehr vermisst. In Augsburg leben zwar die Kinder und Enkel dieser Frau, die sie liebt. Trotzdem ist sie einsam ohne ihre Freunde in Kasachstan, mit denen sie 50 Jahre ihres Lebens verbracht hatte.

Da war auch Anatol. Er ist Maschinenbau-Schlosser, gebürtig in Sibirien. Er hat sich in eine Lettin verliebt und zog mit ihr nach Lettland. Dann brach das Sowjetreich zusammen und er wurde in Lettland zu einem Staatenlosen. Wegen seiner deutschen Wurzeln kam er nach Deutschland. Hier gab es nur Leiharbeit, Arbeitslosigkeit, Ein-Euro-Jobs. Er muss damit leben und macht das Beste daraus. Wir lauschten mit Hingabe seinen russischen Liedern, die er auf der Gitarre begleitete.

Jeder Gast, der an diesem Abend eingeladen war, hätte eine lange Geschichte darüber erzählen können, wie ungerecht das Leben sein kann. So zum Beispiel der junge Mann, der das Pech hatte in der Drogenszene zu landen. Er könnte ein begnadeter Künstler sein, seine Skizzen sind wunderschön. Er ist inzwischen clean. Doch wer würde ihm schon vertrauen?

Oder das junge Mädchen mit dieser unglaublichen Stimme. Sie hat uns mit ihren Weihnachtsliedern und ihren eigenen Kompositionen sehr erfreut. Auch sie wurde vom Schicksal nicht auf Rosen gebettet.

Sie waren alle da, die Armen, Lahmen und an den Rand der Gesellschaft Geratenen. Für alle diese hatten Roswitha, Mike und Heinz einen wunderbaren Abend improvisiert. Mit ihrem strahlenden Lächeln und ihrer Wärme überreichte Roswitha jedem die wunderschöne, lila Weihnachtskugel. Eine Kerze, die für mich ein Symbol ist für das Licht, das durch Menschen wie sie in die Welt leuchtet.

Ich habe verstanden, warum der Herr sagte: „Ihr werdet glücklich sein …"
Wer Liebe geben kann, wird auch Liebe und Wärme zurückbekommen.

Trotzdem, auch wenn ich kein schlechtes Gewissen habe, im Dezember meine Wohnung mit Tannengrün und Kerzen zu schmücken, habe ich keinen Zugang mehr zu dieser Tradition. Der Faden ist unwiederbringlich durchschnitten.

Bluttransfusion

Dass Jehovas Zeugen das Verbot der Bluttransfusion nur durch ein Verbiegen der biblischen Aussagen als göttlichen Willen ausgeben können, habe ich in meinen Büchern ausführlich beschrieben. Mein Kopf hat also keinen Zweifel daran, dass die Bibel keine Aussage über die medizinische Verwendung von Blut enthält. Aber als mir in der Klinik ein Formular zur Unterschrift vorgelegt wurde, mit dem ich im Falle von Komplikationen einer Bluttransfusion zustimme, geriet ich in Panik. Es war mir nicht möglich zu unterschreiben. Ich fühlte mich plötzlich wie mit Beton ausgegossen. Wieder fühlte ich schmerzhaft diese eiserne Kralle um mein Herz. Verzweifelt bat ich um einen weiteren Termin bei der einweisenden Ärztin und erzählte ihr völlig aufgelöst, dass ich das nicht unterschreiben könne. Die Ärztin hörte mir ungefähr so zu wie eine Mutter ihrem kleinen Mädchen zuhört, während sie längst weiß, dass es überhaupt kein Problem gibt. In einem beschwichtigenden, nachsichtigen Ton sagte sie nach einer Weile: „Dann streichen Sie diesen Satz doch einfach durch." Der Satz traf mich wie ein Blitz aus heiterem Himmel. Es war mir sehr peinlich, dass ich so überreagiert hatte. Der beabsichtigte Eingriff war nur minimal und ich wusste auch, dass Bluttransfusion ohnehin kein Thema gewesen wäre.

Die Panikreaktionen sind aber körperlich spürbar. Das Herz rast, Schweiß bricht aus, ich zittere, habe ein flaues Gefühl im Magen und unglaubliche Angst. Es überfällt mich unvermittelt. Das kann ich nicht steuern.

Kirchengebäude

Natürlich möchte ich die Vergangenheit auch dadurch bewältigen, dass ich getriggerte Ängste überwinde. Mir war es als Zeugin Jehovas nicht möglich, ein Kirchengebäude zu betreten. Ich stand vor dem Petersdom in Rom und habe keinen Blick hineingeworfen. Da stand die Angst vor Babylon der Großen und dem Götzendienst wie eine drohende Gewitterfront vor mir. Ebenso erging es mir in Prag. Ich konnte mir die weltberühmte Kathedrale nicht ansehen.

Wir waren im Schwarzwald. Wir besuchten St. Blasien. Der Dom mit der drittgrößten Kirchenkuppel Europas war nicht zu übersehen. Mein Mann sagt: „Wollen wir uns den ansehen?" Wenn ich nein sage, werde ich das als Niederlage empfinden, dachte ich in diesem Augenblick. Ich ging über den Domplatz und fotografierte erst einmal den Dom und die Umgebung aus allen Perspektiven. Dann raffte ich mich auf und wir gingen hinein. Ich hatte Herzklopfen. Ich zögerte hinter dem Portal. Aber die Atmosphäre berührte mich angenehm. Dieser weiße Marmor wirkte so rein. Der Raum war lichtdurchflutet, nicht überladen. Die Proportionen waren fantastisch. Ich ließ mich von der Stille tragen. Ich war überwältigt.

Im Sommer machten wir einen Ausflug nach Bamberg. Es bot sich an, auch diesen berühmten Dom zu besichtigen. Dort kamen bei mir keine sakralen oder spirituellen Gefühle auf. Er ist eine Touristenattraktion. Viele Besuchergruppen waren in dem riesigen Gebäude versammelt. Die Reiseleiterin erzählte sehr Interessantes aus der Geschichte des Gebäudes. Von der heiligen Kunigunde und dem Bamberger Reiter, aber vor allem auch über die Macht der Kirche im finsteren Mittelalter. Für mich höchst interessant. Ich hatte kein Problem damit, dieses Gebäude zu betreten.

Nun wäre es doch an der Zeit, auch den Augsburger Dom kennenzulernen. Zusammen mit unserer Tochter, die sich gerne Kirchengebäude anschaut, betraten wir den ehrwürdigen Bau. Doch hier war die Stimmung völlig anders. Düster, mit vielen Figuren überladen und bedrückend für mich. Nach wenigen Minuten konnte ich nicht mehr atmen. Ich bekam Herzklopfen und einen Schweißausbruch. Ich musste wieder nach draußen. Vermutlich haben mich die Heiligenfiguren doch getriggert. Die *geschnitzten Bilder der Götzenanbeter, Babylon der Großen*. Ich war nicht auf diese Begegnung vorbereitet und verstehe, dass es noch ein langer Weg ist, bis ich meine Vergangenheit bewältigt habe.

An Vaters Grab

Mein Vater und mein Bruder sind in Weilheim in einem gemeinsamen Grab beigesetzt. In der Vergangenheit lebte ich nach dem Prinzip der *Selbstbeherrschung*. Selbst im Falle des Todes eines nahen Angehörigen sollte man keine unangemessene Trauer zulassen.[102] Die Auferstehungs-Hoffnung hatte zu überwiegen. Einige Zeit nach der Beerdigung meines Vaters sagte mir eine Glaubensschwester, sie hätte nicht gewagt mir zu

---

[102] Trauer über den Tod eines Angehörigen ist etwas Normales und kann angemessen zum Ausdruck gebracht werden. Doch wegen der Auferstehungshoffnung wird Christen gesagt: „Wir [wollen] nicht, daß ihr hinsichtlich derer unwissend seid, die im Tode schlafen, damit ihr nicht betrübt seid wie auch die übrigen, die keine Hoffnung haben" (1. Thes. 4:13). UnS, S. 413

kondolieren, denn ich sei wie versteinert gewesen. Das hat sie gut beobachtet. Ich war versteinert. Ich fühlte nichts, weder Trauer, noch Hoffnung.

Nun wollte ich das Grab meines Vaters und meines Bruders in Weilheim besuchen und ein Sakrileg begehen. Ich wollte ein Grablicht anzünden und ein Blumengebinde niederlegen. Das Licht der Kerze gilt bei den Zeugen Jehovas als *heidnisches Symbol* für die unsterbliche Seele. Wir haben weder bei der Beerdigungsfeier, noch auf den Gräbern und auch nicht bei Geburtstagsfeiern (die ohnehin grundsätzlich abgelehnt wurden) oder zum Gedenken an ein besonderes Ereignis zeremoniell eine Kerze angezündet. Wir taten es nur als Tischdekoration bei einem festlichen Essen, das keinen religiösen Hintergrund hatte.

Ich war zunächst sehr angespannt, als wir vor dem Grab standen. Doch ich fühlte mich gut, als ich das Licht der Kerze beobachtete. Es war mir, als hätte ich erst in diesem Augenblick von den Verstorbenen richtig Abschied genommen.

Zu Hause überfiel mich eine unglaubliche Trauer. Ein Gefühl, das mir bis zu diesem Zeitpunkt in dieser Form völlig fremd war. Ich kann es nicht wirklich beschreiben, aber es tat sehr weh und gleichzeitig waren meine Tränen eine Befreiung. Ich hatte das Empfinden, als wollte mir mein Vater zu verstehen geben, dass ich richtig gehandelt habe.

So gehe ich halt Schrittchen für Schrittchen in eine unbekannte Welt und ich begegne immer noch mit dem größten Erstaunen völlig neuen Lebensperspektiven.

Inzwischen bin ich vor allem im Umgang mit meinen Mitmenschen um vieles lockerer. Es ist so angenehm, wenn ich mit jemandem ohne die Kontrollfunktion in meinem Kopf reden kann. Ich habe nicht mehr die Verpflichtung so freundlich und nett zu sein, dass ich mein Gegenüber für meine Religion gewinnen kann. Ich brauche niemanden mehr zu missionieren. Es gibt auch keinen Grund mehr meine Freundlichkeit soweit zu kontrollieren, dass sie nicht zu einer „*Freundschaft mit der Welt*" wird. Da muss ich doch tatsächlich mehr als siebzig Jahre alt werden um zu erfahren, wie wunderbar echte Freundschaft ist. Ich habe in der kurzen Zeit nach meinem Ausstieg mehr wahre Freundschaft erfahren, als in den gefühls-kontrollierten Jahrzehnten zuvor.

Ich werde in der von mir gegründeten Selbsthilfegruppe SeelNot meine Erfahrungen weitergeben und von den Erfahrungen anderer lernen. Ich werde weiter Vorträge und Seminare besuchen und bin für jede neue Perspektive dankbar, die mir erlaubt mein Weltbild zu erweitern. Ich stehe weiter mit einer Telefon-Hotline Ratsuchenden zur Verfügung so gut ich kann. Ich versuche mein Wissen über die Medien zu verbreiten und durch Aufklärung vor den Gefahren fundamentalistischer, destruktiver Gruppen zu warnen. Ich organisiere Seminare, die Betroffenen Hilfe bieten.

Ich hoffe, dass ich irgendwann in ein Leben ohne die Präsenz der Wacht-turm-Gesellschaft wechseln kann.

Doch vorher wünsche ich mir noch, dass meine Erfahrungen dazu beitra-gen mögen, das theoretische Wissen über Methoden der Manipulation und Immunisierung durch totalitäre Gruppen (wie manche neureligiöse Verei-nigungen oder destruktiven Kulte) in praxisnahe Behandlungskonzepte für diese spezielle Patientengruppe zu übertragen. Damit könnte die Kluft zwischen denen, die helfen wollen und denen die diese Hilfe benötigen, überbrückt werden. Vielleicht lässt sich so ein Schlüssel zu dem Werkzeug-kasten finden, der die Reparatursets enthält. Die sehr gut ausgebildeten und erfahrenen Fachleute gibt es. Die Herausforderung besteht darin, den passenden Schlüssel für ein Schloss zu finden, das beim ersten Eindruck überhaupt nicht vorhanden zu sein scheint.

Ich behaupte nicht, dass es leicht ist. Ich fühle mich auch oft schwach und mutlos. Dann wieder beglückt und frei. Immer wieder desorientiert mit tausend unsicheren Fragen. Dann belastet mich der Gedanke, dass ich vielleicht nur noch so wenig Zeit habe.

Was bleibt mir anderes übrig, als nach dem Motto zu handeln:

Carpe diem – Nütze den Tag.

Anhang

Eine Checkliste zur Hilfe der Identifizierung destruktiver Kulte ist auf der Seite EI

www.sektewatch.de veröffentlicht. Der Autor ist Udo Schuster:

Er schreibt:

„Pauschalisierung statt Differenzierung hilft problematischen Gruppen, da sich beim Erstkontakt das erwartete Negativbild nicht bestätigt und damit Kritik nicht abschreckt, sondern erlebbar als übertrieben und falsch empfunden wird.

Nicht alle Merkmale treten bei allen Angeboten gleichermaßen und in gleicher Intensität auf. Die Auswirkungen auf den Einzelnen sind von seiner bisherigen körperlichen und seelischen Verfassung abhängig. Sie sind je nach Intensität und Dauer der Mitgliedschaft völlig unterschiedlich. Einzelne oder mehrere der genannten Folgen und Symptome können auch bei Missbrauch etablierter Psychotherapie oder christlicher Meditation auftreten.

Es gibt auch kein einheitliches Schema von Eintritt in die Gruppen, Verlauf der Mitgliedschaft, Auswirkungen auf den Einzelnen, Möglichkeiten der Loslösung und Folgeerscheinungen nach Verlassen der Gruppe.

Mit der nachfolgenden Checkliste wollen wir deshalb Anhaltspunkte aufzeigen, wann aus unserer Sicht eine Organisation oder ein Angebot kritisch zu betrachten ist.

Frage 1)

Wird eine **persönliche Abhängigkeit** von einer Person oder einer Methode erzeugt?

Frage 2)

Erfolgt die **Ausbeutung der persönlichen Arbeitskraft** mit nur geringer oder gar keiner Entlohnung?

143

Frage 3)
Wird ein **Abbruch bisheriger Arbeits- oder Ausbildungsverhältnisse** verlangt, um nur noch für eine Gruppe zu arbeiten und erfolgt dann für diese Arbeit keine leistungsgerechte Entlohnung?

Frage 4)
Wird bei einer überwiegenden oder ausschließlichen Tätigkeit für die Gruppe eine **ausreichende soziale Absicherung** für den Einzelnen von dieser sichergestellt? Was geschieht im Falle von Krankheit und Arbeitsunfähigkeit? Existieren vertraglich fixierte Urlaubs- und Freizeitregelungen? Orientiert sich die Entlohnung an tariflichen Vorgaben einer vergleichbaren Beschäftigung?

Frage 5)
Wird die **Trennung vom bisherigen sozialen Umfeld** (Freunde, Familie, Kollegen, Verein etc.) gefordert?

Frage 6)
Werden **Kontaktverbote** zu Aussteigern und Kritikern ausgesprochen? Wird **Gruppendruck oder Gemeinschaftsentzug** als Reaktion auf kritische Fragen oder Missverhalten ausgeübt?

Frage 7)
Wird ein ‚**schwarz-weiß-Denken**‘, nur ‚gut und böse‘, ‚hopp oder top‘, ‚entweder-oder‘ ohne ‚Grautöne‘ propagiert? Werden Außenkontakte negativ dargestellt und auf diese Art und Weise unterbunden? Werden regelrechte **Feind- und Angstbilder** gegenüber Außenstehenden und vor allem Kritikern aufgebaut?

Frage 8)

Werden von Anbietern Methoden zur Beeinflussung angewandt, die **bewusstseinsverändernd** wirken können, ohne dass ihnen und den Klienten die Folgen bekannt sind oder sie mit auftretenden Krisensituationen umgehen können?

Frage 9)

Gibt es **Reglementierungen für die Informationsbeschaffung** durch die Aufforderung, externe Quellen wie z.B. TV oder Zeitungen nicht oder nur eingeschränkt zu nutzen?

Frage 10)

Muss ein **gestaffeltes Kurssystem** absolviert werden? Werden kritische Nachfragen durch ein gestaffeltes Informationssystem (‚Du bist noch nicht soweit. Belege weitere Kurse.') abgeblockt?

Frage 11)

Werden diese **Kurse zu ‚Wucherpreisen'** angeboten, die in keinem Verhältnis zur angebotenen Leistung oder marktüblichen Kurspreisen stehen? Können Kursgebühren ‚abgearbeitet' werden?

Frage 12)

Gibt es **Bonuskurse für Neuwerbungen** oder müssen neue Klienten/Kunden zum Aufstieg in der Hierarchie geworben werden? (Schneeballsystem)

Frage 13)

Wird die Schuld für mangelnde Erfolge oder Wirkung der Methoden dem einzelnen Teilnehmer/Mitglied angelastet und eine **Verantwortung des Systems**/der Gruppe für Misserfolge und Probleme **abgelehn**t?

Frage 14)

Werden Methoden angewandt, die die **Menschenwürde des Einzelnen verletzen**, z.B. Zwang zur offenen Präsentation intimster Geheimnisse vor einer Gruppe?

Frage 15)

Wird die **Inanspruchnahme professioneller ärztlicher Hilfe** mit dem Hinweis auf die alleinige Heilungskraft z.B. eines ‚Geistwesens', Propheten oder Gottes **verhindert**?

Frage 16)

Erfolgt eine **Manipulation** der Persönlichkeit **durch gruppendynamische Prozesse** oder auf andere Weise?

Frage 17)

Sind ‚**Therapeuten**', Gruppenleiter, Seminarleiter u.ä. entsprechend vergleichbaren beruflichen Standards **qualifiziert**?

Frage 18)

Ist **interne Kritik oder kritische Auseinandersetzung möglich**, ohne in der Gruppe isoliert oder gar abgestraft zu werden?

Frage 19)

Erfolgt eine **totale Kontrolle des Lebensablaufs**? Wird die Intimsphäre des Einzelnen und seine persönliche Sphäre respektiert?

Frage 20)

Müssen sich Mitglieder und Kursteilnehmer **gegenseitig bespitzeln**, aushorchen und denunzieren? Gibt es eine Verpflichtung zur ‚Beichte', ‚Sündenbekenntnis' oder Offenbarung von Verfehlungen? Erfolgt eine **Gedankenkontrolle** z.B. durch die Verpflichtung, diese schriftlich niederzulegen und auszuhändigen?

Frage 21)

Werden **Schuldgefühle** eingeredet?

Frage 22)

Werden **Angstzustände** erzeugt? Wird Abweichlern und Austrittswilligen mit Angst, Vernichtung oder sonstigen Schäden gedroht?

Frage 23)

Wird **Kindern** ein normaler **sozialer Kontak**t ermöglicht? So z.B. – Schulbesuch – Kontakte mit Gleichaltrigen außerhalb der Gruppe – Teilnahme an Ereignissen wie Geburtstag, Schulfeiern, Sportfesten

Frage 24)

Wird eine **Wissenschaftlichkeit von Methode und Lehre behaupte**t? Hat sich diese Wissenschaft der üblichen kritischen-unabhängigen **Überprüfung ihrer Thesen gestellt** oder erfolgt eine Bestätigung nur durch eigene Vorfeldorganisationen?

Frage 25)

Gibt es **Geheimhaltungspflichten** für Teilnehmer/Mitglieder über Kurs-/Seminar- und Lehrinhalte oder werden diese vorab (zumindest auf Nachfrage) offengelegt?

Frage 26)

Wird ein **totalitäres Gedankengut** vertreten?

Frage 27)

Werden ‚**Weltverschwörungstheorien‘** aufgestellt?“

Das Weib Isebel – von geistig krank zu geisteskrank

Meine Analyse zu der Rolle der Frau aus Sicht der Wachtturm-Schriften

Durch meine Zeit bei den Zeugen Jehovas entwickelte sich in mir eine sehr negative Vorstellung über die Rolle der Frau. Vor allem die Art, wie Frauen mit *„jenem Weib Isebel"* charakterisiert werden. Hatte sie Einfluss auf mein Leben? Ich möchte einmal genauer untersuchen, welche Bedeutung die Erklärungen für mich hatten.

In dem 1970 veröffentlichten Buch „Dann ist das Geheimnis vollendet", wird erklärt, dass die historische Isebel, die Frau des israelitischen Königs, ihren Mann zum Götzendienst und zum Baalskult veranlasst hatte und damit ein Gegenbild für die Versammlung von Thyatira im ersten Jahrhundert n. Chr. war. Die Erklärung stützt sich auf Offenbarung 2, ab Vers 18. Von jenem Weib Isebel wird gesagt:

> *Sie nennt sich Prophetin,*
> *lehrt die Sklaven,*
> *führt sie irre, sodass sie Hurerei begehen und Dinge essen, die Götzen geopfert*
> *sind.*

Daraus wird nach meiner Meinung eine recht skurrile Erklärung für die Frauen in den Reihen der Zeugen Religion abgeleitet. Offenbar konnte ich das nur deshalb als *Wahrheit* akzeptieren, weil ich bereits aufgehört hatte, selbständig zu denken. Diese Verbindung der historischen Isebel mit den Frauen in der Gruppenstruktur dient meines Erachtens als Grundlage für die Diskriminierung der Frauen in der Versammlung.

Die erste Behauptung ist:

> *„Jenes Weib Isebel riss die Stellung des Mannes in der Versammlung an*
> *sich".*

Das steht so nicht in der Bibel. Doch da die nachfolgende Aussage als wahr angenommen wird weil sie im biblischen Text enthalten ist:

> *„… lehrte die Sklaven des Sohnes Gottes und führte sie irre, ‚so daß sie Hurerei trieben und Dinge aßen, die Götzen geopfert waren'."*

lässt das Unterbewusstsein auch die vorhergehende Behauptung als wahr passieren. Anschließend wird ohne Übergang eine weitere Erfüllung in das 20. Jahrhundert verlegt. Eine schlichte Behauptung, ohne jeglichen Beweis.

> *„Ebenso hat Satan, der Teufel, in der Versammlung des gesalbten Überrestes Christi im **zwanzigsten** Jahrhundert versucht, den Christen durch weibliche Anziehungskraft sogar unter harmlosen Vorwänden, zu verführen. […] … in der wahren Christenversammlung weiblichen Einfluss in der falschen Richtung wirken zu lassen, womit er ja überall in der Christenheit so erfolgreich gewesen ist."*

Das ist ein Konglomerat von Behauptungen, negativer Darstellung der Weiblichkeit zum einen und unliebsamer Gegner zum anderen, sowie Selbstverherrlichung:

Der Teufel ist schuld. (Behauptung)
Es gibt im 20. Jahrhundert den gesalbten Überrest Christi. (Behauptung)
Der Teufel benützt die weibliche Anziehungskraft, um Christen zu verführen. (Schuld ist die Frau und der Teufel – sie sind Verbündete)
Die Verführung ist heimtückisch, weil die Frau harmlose Vorwände benützt. (Behauptung)
Man bezeichnet sich als die wahre Christenversammlung (Selbstbeweihräucherung), die vom weiblichen Einfluss falsch gelenkt wird. (Ungeheuerliche Behauptung)
Die Christenheit wird beschuldigt, diesem Einfluss erlegen zu sein. (Diffamierung der Nicht-Zeugen Jehovas)

In der weiteren Erklärung wird behauptet – wieder ohne Beweis –, dass Christus 1918 persönlich dafür gesorgt hat, den gesalbten Überrest vor dem Eindringen der verführerischen Frauen zu schützen, indem vermehrt Nachdruck auf die Aussage des Paulus gelegt wurde: „Ich gestatte einer Frau nicht zu lehren, oder Gewalt über einen Mann auszuüben".

Das Jahr 1918 ist gekennzeichnet durch eine ganze Reihe falscher Lehren und Erwartungen, die die Bibelforscher disqualifizieren und diese Behauptung widerlegen. Es trifft auch nicht zu, dass fortan das Prinzip der Gewaltenteilung innerhalb der Wachtturm Organisation galt.

Tatsächlich wurde sie erst unter der Regie des zweiten Präsidenten Rutherford eingeführt. Dies wird im 12. Absatz des Kapitels über Thyatira beschrieben:

Von 1905 bis 1926 wurde ein Buch mit dem Titel „*Täglich himmlisch Manna für den Haushalt des Glaubens*" von der Watch Tower Bible & Tract Society verbreitet. Es wurde für Morgenandachten, Gebets- Lobpreisungs- und Zeugnis-Versammlungen mittwochabends verwendet und es wurden Geburtstage eingetragen, Unterschriften und Anschriften gesammelt. Dieses Buch wurde von einer Frau herausgegeben.

Erst 1927 ersetzte der Präsident der Watch Tower Society mit Verweis auf 1. Tim. 2:12, dass eine Frau nicht lehren sollte, dieses Buch durch das Jahrbuch, das ab diesem Zeitpunkt den Tagestext für die Morgenandacht enthielt.

Es folgt in dem Kapitel eine recht zynische Erklärung, was das Krankenbett bedeutet, auf das Isebel geworfen wurde:
    „...*daß der himmlische Sohn Gottes angebliche Christinnen*
Wieder eine Behauptung. Wer nicht linientreu ist, sei nur „angeblich" eine Christin.

von der Art Isebels nicht etwa auf ein Bett unerlaubten Geschlechtsverkehrs ge-
worfen hat, auf dem sie vor sinnlicher Leidenschaft außer sich geraten, sondern ‚auf
ein Krankenbett‘, weil sie nicht bereuen. Bis jetzt ist dies dadurch geschehen, daß
solchen unsittlichen, götzendienerischen Frauen.

Hier wird sublim erklärt, für Unsittlichkeit und Götzendienst sind die
Frauen verantwortlich.

die Gemeinschaft der wahren Christenversammlung entzogen worden ist. Dies ist
kein religiöses Bett des Glückes für sie gewesen,

Mit dieser Bemerkung wird die Unsittlichkeit auf die Schiene der Abweichung von der Lehre geschoben.

denn es zeigt den geistigen Tod an,

ein klarer Verweis darauf, wie Frauen betrachtet werden, denen die Gemeinschaft entzogen wird.

der der völligen Vernichtung vorausgeht, die jemand erleidet, wenn er buchstäblich
stirbt, während ihm die Gemeinschaft entzogen ist. Wenn sie zuvor von der Vernich-
tung der religiösen Babylon der Großen oder dem ‚Krieg des großen Tages Gottes des
Allmächtigen‘, ereilt werden, wird das ihre ewige Hinrichtung durch seine Hand
herbeiführen.

Diese Behauptung, dass eine Entscheidung innerhalb der Versammlung
dem exakten Willen Gottes entspricht, gilt als unumstößliche Wahrheit.
Aus meiner Sicht wie ein Dogma zu handhaben.

¹⁵ Die angeblich christlichen Männer,

hier werden auch die Männer als „angebliche Christen" verleumdet, wenn
sie abweichende Gedanken übernehmen. Trotzdem bleibt der Eindruck,
die Frauen sind die Schuldigen und Verführerinnen.

die schuldig werden, indem sie ‚mit ihr Ehebruch begehen‘, werden mit Recht ‚in gro-
ße Drangsal‘ geworfen, weil sie ‚ihre [Isebels] Taten nicht bereuen‘. Ebenso wie die
unsittlichen, götzendienerischen Frauen sind diejenigen, die ihrer körperlichen An-
ziehungskraft und ihrem verführerischen Gedankengang nachgegeben haben, aus der
Versammlung ausgeschlossen worden, damit auf diese Weise Schmach und Befle-
ckung von der Versammlung entfernt wurden.[...] Wenn sie von dem Krieg Gottes,
des Allmächtigen, von Harmagedon, ereilt werden, wird das ihre unvermeidliche

Vernichtung bedeuten, indem sie durch seine Hand hingerichtet werden. (Offenbarung 16:14-16)

Der Bibeltext enthält zwar das Wort *Harmagedon*, jedoch passt der Zusammenhang nicht zu dem Gesamtthema. Aber da er besagt, es gibt von *Dämonen inspirierte Äußerungen*, wird – nach dem Milton Erikson-Modell – durch ungenaue vage Aussagen eine logische Schlussfolgerung des Unterbewusstseins erreicht. In diesem Fall durch eine Verbindung zwischen den Königen der Erde und den Frauen, die eigene Gedanken in der Versammlung äußern.

Sie stehen vor dem Verderben beim Ausbruch der ‚großen Drangsal, wie es seit Anfang der Welt bis jetzt noch keine gegeben hat‘, denn sie erweisen sich nicht als solche, die beständig zu Gottes ‚Auserwählten‘ gehören, um derentwillen die Tage der Drangsal verkürzt werden sollen. (Matthäus 24:21, 22)

Der angeführte Bibeltext ist hier willkürlich nach der Rösselsprungmethode als Pseudobeweis angeführt, um die Behauptung zu stützen, nur um der Gruppe der Zeugen Jehovas Willen würden die Tage der Drangsal verkürzt. Dies geschieht ungeachtet der Tatsache, dass es sich um Ereignisse handelt, die die Stadt Jerusalem im ersten Jahrhundert betreffen.

Selbst diejenigen, die von solchen angeblichen Christinnen von der Art Isebels zu unsittlichen Beziehungen mit dieser unreinen Welt verlockt werden mögen, werden spätestens in Harmagedon vernichtet, weil sie Freunde der Welt und Feinde Gottes sind. — Jakobus 4:4.

Die Diffamierung der Ex-Mitglieder gipfelt in der Behauptung, sie seien Feinde Gottes. Die Übersetzung „ihr Ehebrecherinnen" steht in der Neuen Welt Übersetzung der Zeugen Jehovas in einer Formulierung die Frauen diskriminiert. Andere Übersetzungen, zum Beispiel Pattloch, sagen „ehebrecherisch gesinnte", während Luther „ihr Abtrünnigen" sagt, was beides geschlechtsneutral ist. Die Wachtturm-Gesellschaft übernimmt eine Übersetzung, die den Eindruck verstärkt, dass der teuflische Einfluss durch die Frauen in die Versammlung getragen wird.

[16] ‚Ihre Kinder‘, die Kinder ihrer Hurerei, haben schlechte Aussichten für das Leben, da sie ‚mit tödlichen Plagen‘ getötet werden sollen. (Offenbarung 2:23) Dies

mögen geistige Plagen sein, die den Tod herbeiführen [...]. Wenn solche Kinder in einem Zustand geistiger Krankheit bleiben, werden sie schließlich geistig sterben und Gefahr laufen, für ewig vernichtet zu werden. Dies bedeutet auch nichts Gutes für Personen, die ‚ihre Kinder‘ in dem Sinne sind, daß sie religiöse Anhänger jener falschen Prophetin, ‚jenes Weibes Isebel‘, sind. Der Weg der Hure und Ehebrecherin führt hinab in den Tod und in die Vernichtung.

In diesem Absatz ist so viel Verleumdung, Überheblichkeit und Aufforderung zu Sippenhaft enthalten, dass es jeder Beschreibung spottet. Vor allem die Verknüpfung mit buchstäblicher und geistiger Krankheit als Bedrohung wirkt beängstigend. Der Anspruch auf absolute Wahrheit nur innerhalb der eigenen Gemeinschaft ist in meinen Augen Fanatismus pur. Der mit dem nachfolgenden Bibeltext bekräftigt wird, da auch hier kein Zweifel gelassen wird, dass Frauen der Grund für Verführung und Lebensgefahr sind. Sprüche 7, 6-27 beschreibt die Szene, in der eine Prostituierte einen Jüngling verführt und dieser ihr folgt wie ein Ochse, der zur Schlachtbank geführt wird.

[...] 20 Aus diesen wichtigen Gründen können wir niemals mit den Geistlichen der Christenheit zusammengehen, die heute die deutlichen Erklärungen der Verordnung des Konzils von Jerusalem außer acht lassen. [...] Ungeachtet ihrer Konfession oder Sekte nehmen solche Geistlichen den unsittlichen Standpunkt ‚jenes Weibes Isebel‘ ein, das vor neunzehnhundert Jahren in der Versammlung Thyatira war.

Nicht nur die Frauen werden diffamiert – offen und schamlos werden die Führer der großen Kirchen beleidigt mit der Behauptung, sie würden einen unsittlichen Standpunkt einnehmen.

21 ... alle, die Glieder des gesalbten Überrestes sind, ermuntert, Sieger zu sein: ‚Und dem, der siegt und meine Taten bis zum Ende hin bewahrt, will ich Gewalt über die Nationen geben, und er wird die Menschen mit eisernem Stabe hüten, so daß sie gleich Tongefäßen zerbrochen werden, ebenso wie ich von meinem Vater empfangen habe, und ich will ihm den Morgenstern geben‘. (Offenbarung 2:26-28) [...]

22 Die Glieder des gesalbten Überrestes der Nachfolger Christi, die sich seit seiner unsichtbaren Gegenwart in dem geistigen Tempel, die im Frühjahr 1918 begann, als treu erweisen und in dieser Zeit sterben, werden nicht im Tode schlafen. Sie wer-

den sofort nach ihrem Tod im Fleische eine augenblickliche Auferstehung im Geiste haben, um sich dem himmlischen Sohn Gottes im Tempel anzuschließen. …, aber nun werden sie in ihrem Stand als auferweckte Geistpersonen an der Vollstreckung jener göttlichen Rache teilnehmen. (Jesaja 61:1, 2) Ihnen wird der Sohn Gottes ,Gewalt über die Nationen geben'. Diese Gewalt hatten sie auf der Erde nie gehabt.

Meine persönliche Vermutung ist, dass es im Kern der Dinge um diese Gewalt geht. Wer sich solche Erklärungen zu einer Passage der Bibel ausdenkt, sie so rigoros auf den eigenen Leib schneidert, strebt doch nach Macht, oder sollte ich mich da so täuschen?

[…] mit Christus ,die Menschen mit eisernem Stabe hüten, so daß sie gleich Tongefäßen zerbrochen werden'. Dieses Zerbrechen der Nationen wird sich zur glorreichen Erfüllung der Königreichsprophezeiung aus Daniel 2:44 auswirken …"

Der Bibeltext legt jedenfalls für mich diese Schlussfolgerung nahe. Er enthält die Worte *zermalmen und vernichten*. Mir scheint, daran haben einige eine schlecht verhohlene Befriedigung.

Diese Aussagen basieren auf dem 1970 erschienenen Buch „Dann ist das Geheimnis vollendet" Kapitel 11 mit der Überschrift „An den Engel in Thyatira". Die Gedanken aus dieser Veröffentlichung haben mich und meine Stellung in der Gruppe der Zeugen Jehovas sehr geprägt, denn ich musste selbst meine innersten Gedanken danach messen, ob sie mit allem konform gehen, was die Wachtturm-Schriften als *„Die Wahrheit"* vermitteln. Jeder abweichende Gedanke wäre als *Geist des Weibes Isebel* eingestuft worden. Das war damals eine existenzielle Bedrohung für mich.

Achtzehn Jahre später erschien das Buch „Die Offenbarung – Ihr großartiger Höhepunkt ist nahe". Kapitel 10 in diesem Buch verbindet *„Die tiefen Dinge Satans"* mit Thiatira. (Seiten 48 bis 54). In dieser neuen Erklärung ist keine Rede mehr davon, dass ursprünglich „das täglich himmlisch Manna …" von einer Frau veröffentlicht wurde. Der Fokus liegt nun ausschließlich auf dem schädlichen Einfluss von Frauen, die man mit dem Teufel in einen Topf wirft.

„…[7] Es ist somit klar, daß ,das Weib Isebel' in Thyatira, das sich als Prophetin ausgibt, eine Schwindlerin ist. Sie wird nicht von Gottes Geist unterstützt. Wer

ist sie? Wahrscheinlich handelt es sich bei ihr um eine Frau oder eine Gruppe von Frauen, die in der Versammlung einen schändlichen und verderblichen Einfluß ausüben. Einige mit der Versammlung verbundene Frauen mögen andere Glieder der Versammlung verleitet haben, unsittlich zu handeln, und dabei noch mit der größten Unverfrorenheit versucht haben, ihr eigenwilliges Verhalten durch Verdrehen von Bibeltexten zu rechtfertigen.

Die Aussage in der Möglichkeitsform ist sehr vage und unbestimmt. Trotzdem bestand nie ein Zweifel daran, dass es als Tatsache zu verstehen ist. (Auch in diesem Fall scheint mir, wird auf die Wirkung des Milton-Modells vertraut.) 1988 war ich bereits vierzig Jahre negativer Konditionierung ausgesetzt. Sie hat durchaus so funktioniert, wie es Orwell in dem Buch 1984 beschrieben hat. Ich hatte zu glauben, dass eigene Gedanken der Frauen den Geist Isebels widerspiegeln und ein Zeichen für die Wirksamkeit von Teufel und Dämonen sind. Ich war es längst gewohnt, keine der neuen Erklärungen zu hinterfragen, sondern sie gehorsam als Wahrheit zu akzeptieren.

In der Tat falsches Prophezeien! Sie bewegen andere dazu, ihren Wegen in Bezug auf ‚Hurerei, Unreinheit, sexuelle Gelüste, schädliche Begierde und Habsucht, die Götzendienst ist', zu folgen (Kolosser 3:5).

Die Verknüpfung mit dem falschen Prophezeien und dem Text aus Kolosser, der die sexuelle Begierde anprangert, ist willkürlich und für uns Frauen bedrohlich gewesen. Wir mussten uns nicht nur davor in Acht nehmen, in der Versammlung öffentlich eine eigene Meinung zu äußern, wir riskierten auch, für unser persönliches Verhalten, unsere Erscheinung, unsere Kleidung kritisiert zu werden, wenn man sie als „nicht bescheiden" einordnete. Ich hatte das Gefühl mich ständig in einem verminten Gelände zu bewegen. Ich habe im übertragenen Sinn auf Zehenspitzen geredet. Immer kontrolliert und auf der Hut, um niemandem einen Grund zur Anklage zu geben.

Sie möchten, daß die Versammlungsglieder ein unmoralisches, egoistisches Leben führen, wie es jetzt die meisten Religionsgemeinschaften der Christenheit gutheißen oder dulden.

Ich finde es geradezu penetrant, wie mit solchen Verweisen Religionsgemeinschaften aus dem christlichen Lager diffamiert werden.

[...] Jesus richtet eine ernste Warnung an sie, und sie gilt auch der heutigen weltweiten Versammlung von Jehovas Volk. In unserer Zeit haben einige Frauen, die auch so eigenwillig sind wie Isebel, ihre Männer veranlaßt, vom wahren Glauben abzufallen, und haben sogar Gerichtsprozesse gegen Jehovas treue Diener angestrengt. (Vergleiche Judas 5-8.)

Mit dem angeführten Bibelzitat wird unmissverständlich eine Verbindung zwischen Satan, Sodom und Gomorrha und den Frauen hergestellt.

... Diejenigen, die Isebel nachahmen, seien es Männer oder Frauen, und so ihre Kinder werden, indem sie die biblischen Grundsätze der Leitung durch ein Haupt und der Moral verletzen oder indem sie eigensinnig sind und die theokratische Ordnung mißachten, sind geistig gesehen in einem gefährlich kranken Zustand.

Bei dieser Formulierung ist es nicht schwer, das Wort „geisteskrank" abzuleiten. Es wird hin und wieder von Zeugen Jehovas gebraucht, wenn sie vor den Autoren oder Autorinnen von Schriften warnen, die über ihre Erfahrungen mit der Wachtturm-Gesellschaft und ihren Lehren berichten. [...]

Liebevoll, doch entschieden gebieten sie irgendwelchen weiblichen Bemühungen Einhalt, Cliquen zu bilden, um Bewegungen wie die zur Befreiung der Frau ins Leben zu rufen.

Der weibliche Einfluss stellt also eine Gefahr dar, der man Einhalt gebieten muss.

[13] Der Sohn Gottes handelt als Jehovas Bote und Richter richtig, indem er die neuzeitliche Isebel kenntlich macht und sie auf ein Krankenbett wirft, denn ihre geistige Krankheit ist chronisch (Maleachi 3:1, 5). Auch diejenigen, die diesem schädlichen weiblichen Einfluß erlegen sind, werden in große Drangsal kommen — sie werden den Kummer haben, ausgeschlossen zu sein, abgeschnitten von der Christenversammlung, als wären sie tot.

In der Wahrnehmung der Zeugen Jehovas gilt die Entscheidung des Gemeinschaftsentzuges so als sei sie durch Christus mittels des Mitteilungskanals der Leitenden Körperschaft direkt erfolgt. In ihren Augen sind die Ausgeschlossenen tot und werden auch als solche behandelt. [...]

[14] *„Alle Versammlungen' müssen erkennen, daß Jesus ,Nieren', die tiefsten Empfindungen, und ,Herz', den inneren Menschen, auch die eigentlichen Beweggründe, erforscht. Zu diesem Zweck gebraucht er bewährte Sterne oder Älteste, die gewisse Probleme behandeln, wie zum Beispiel einen auftretenden ,isebelschen' Einfluß (Offenbarung 1:20). Nachdem die Ältesten eine solche Angelegenheit gründlich untersucht und ein Urteil gefällt haben, sollte der einzelne nicht das Warum und Weshalb der Maßnahme wissen wollen. Alle sollten demütig das annehmen, was die Ältesten in dieser Sache getan haben, und diese Versammlungs-Sterne weiterhin unterstützen. Loyalität gegenüber Jehova und seinen organisatorischen Vorkehrungen wird belohnt werden.*

Ein unauflösbarer Zirkelschluss ist, dass man Jehova gegenüber illoyal ist, wenn man die Entscheidung der Ältesten nicht anerkennt oder kritisiert. Dieses zu tun wäre der *isebelsche Geist*. [...]

Geistige Wohlfahrt ist nur möglich, wenn man die falsche Religion, den falschen Gebrauch des Blutes (zum Beispiel Bluttransfusionen) und Unmoral meidet. Auch ist es sehr wahrscheinlich ein Schutz für die körperliche Gesundheit.

[17] *Satan verfügt heutzutage zudem noch über andere ,tiefe Dinge', zum Beispiel komplizierte Spekulationen und Philosophien, die dem Intellekt schmeicheln. Dazu gehören außer freizügigem, unsittlichem Denken der Spiritismus und die Evolutionstheorie. Wie betrachtet der allweise Schöpfer diese ,tiefen Dinge'? Der Apostel Paulus zitiert seine Worte wie folgt: ,Ich will die Weisheit der Weisen zugrunde richten.' Im Gegensatz dazu sind ,die tiefen Dinge Gottes' einfach, klar und herzerfrischend. Weise Christen meiden die ,tiefen Dinge' der blasierten Welt Satans. Denke daran, dass ,die Welt vergeht und ebenso ihre Begierde, wer aber den Willen Gottes tut, bleibt immerdar.' (1. Korinther 1:19; 2:10; 1. Johannes 2:17).*

Zu guter Letzt wird noch alles dem Geist der Isebel zugeordnet, was ein Zeuge Jehovas auf alle Fälle meiden sollte. Damit ist ein breites Spektrum an möglichen Vergehen geschaffen, vor dem sich Frauen zu hüten haben. Ich war jedenfalls stets und immer auf der Hut, um mir keinen solchen Vorwurf einzuhandeln. Die zahlreichen Berichte über innerorganisatorische Verfahren, den sogenannten Komitee-Verhandlungen, gegen Frauen, dokumentieren eindrucksvoll, wie in diesem Geist mit Frauen demütigend und gnadenlos umgegangen wird. [...]

Einige stützten ihre Glaubensansichten auf die Lehren willensstarker Frauen des 19. Jahrhunderts wie Ellen White von den Siebenten-Tags-Adventisten und Mary Baker Eddy von der Christlichen Wissenschaft, und in letzter Zeit haben viele Frauen auf der Kanzel gestanden und gepredigt (im Gegensatz zu 1. Timotheus 2:11, 12). Bei den verschiedenen Formen des Katholizismus wird Maria oftmals mehr geehrt als Gott und Christus. Jesus hat sie nicht in dem Maß geehrt (Johannes 2:4; 19:26). Können Organisationen, die einen solchen gegen Gottes Gesetz verstoßenden weiblichen Einfluß zulassen, wirklich als christlich gelten?

Die Erklärung, wer in der Neuzeit angeblich die Isebel darstellt, weicht von der früheren Version ab. Es wird nun wieder die Religion der gläubigen Christen außerhalb der Wachtturm Organisation verunglimpft. Der negative Standpunkt Frauen gegenüber und ihrer Möglichkeiten innerhalb der Gemeinschaft ist zementiert.

... Außerdem könnte man versucht sein, Kompromisse zu schließen. Heute sehen wir uns Problemen gegenüber wie dem Essen von Nahrungsmitteln mit Blutbestandteilen oder der Übertragung von Blut. Einige mögen meinen, daß Eifer im Predigtdienst oder das Halten von Vorträgen sie berechtigte, auf anderen Gebieten lax zu sein, zum Beispiel, wenn es um das Anschauen von Filmen und Videobändern geht, die Gewalttat und Unsittlichkeit verherrlichen, oder um übermäßigen Genuß von Alkohol. Jesu warnende Worte an die Christen in Thyatira zeigen uns, daß wir uns keine solchen Freiheiten herausnehmen dürfen."

Wie einfach es ist, einen solchen Zirkelschluss von blinden Gläubigen zu fordern. Jesus hat damals also von Filmen, Videobändern und Nahrungsmitteln mit Blutbestandteilen gesprochen? Ich finde es reichlich unverfroren, diese Gedanken Jesus zuzuschreiben.

Die Zeugen Jehovas haben die Diskriminierung der Frauen nicht erfunden. Bereits der erste Bericht über Adam und Eva unterstellt ja, dass die Frau eine Verführerin ist. Im Mittelalter wurden in Bamberg zum Beispiel Frauen, die in Kräuterheilkunde bewandert waren, aber auch eine Apothekerin als Hexen verbrannt, weil man sehr schnell bereit war, einflussreiche oder erfolgreiche Frauen mit dem Teufel in einen Topf zu werfen.

In den Evangelien wird von einer Begebenheit im Tempel berichtet, bei der eine Ehebrecherin vor Jesus angeklagt wurde. Der Mann war nicht angeklagt. In den islamischen Staaten werden Frauen gesteinigt, die des Ehebruchs verdächtigt werden, nicht aber die Männer. In Indien haben Frauen in großen Teilen der Bevölkerung keinerlei Ansehen oder Rechte. Sie sind oft schutzlos körperlicher Gewalt ausgesetzt, weil dies seit 5000 Jahren so Tradition ist.

Es ist also eine Frage der gesellschaftlichen Akzeptanz, ob Frauen diskriminiert werden oder nicht. Die Wachtturm-Religion hat aber diese „Tradition" für sich schamlos ausgeweitet und hält die gläubigen Zeuginnen Jehovas in einer unmenschlichen Spannung zwischen ihren persönlichen Fähigkeiten und den zugelassenen Möglichkeiten gefangen.

Glossar

Mit dieser Auswahl an speziellen Ausdrücken, die in der Wachtturm-Literatur gebraucht werden, will ich erklären, was sie für uns Zeugen Jehovas bedeuteten, wie sie sich auf unser Leben auswirkten und welchen Einfluss sie auf unsere seelische Gesundheit hatten.

In vielen Gesprächen mit betroffenen Ex-Mitgliedern konnte ich eine große Übereinstimmung der Wahrnehmung erkennen.

Ich habe dafür plausible Erklärungen in der Fachliteratur gefunden, die die Beschaffenheit des menschlichen Geistes und seine Bedürfnisse beschreiben. Wenn ich mit meinen Recherchen eine Brücke zum Verständnis für Betroffene und solche, die den Leidenden helfen wollen, bauen konnte, dann sehe ich darin den Sinn meiner Arbeit erfüllt.

Älteste/r

Ein für diese Führungsposition ernannter Mann. Die Ernennung ist an Voraussetzungen geknüpft:

Er muss *lehrfähig* im Vermitteln der Glaubenslehren sein. Es wird keine Qualifikation verlangt, die pädagogische oder psychologische Fähigkeiten erfordert. Ein überdurchschnittlicher Einsatz in der Mitgliederwerbung, *Predigtdienst* genannt, ist eine der Bedingungen. Des Weiteren die Bereitschaft, alle organisatorischen Anweisungen zu befolgen. Der Proband muss frei von Anklage sein, möglichst Mann einer Ehefrau (die Ehe ist allerdings nicht Bedingung), gläubige Kinder haben, die er mit allem Ernst in *Unterwürfigkeit hält*, die nicht der Ausschweifung oder Widerspenstigkeit beschuldigt werden können. Die Familie eines Ältesten muss sich auch der Nachbarschaft gegenüber untadelig benehmen und frei von Anklage sein, damit er von Außenstehenden ein vortreffliches Zeugnis erhält. Andernfalls würde er dem Ruf der Versammlung schweren Schaden zufügen. Älteste sollen mäßig in ihren Gewohnheiten sein, ordentlich und mit Selbstbeherrschung handeln. Das ist besonders im Zusammenhang mit dem Genuss von Alkohol gefordert, aber auch beim Essen darf er nicht der Völlerei verdächtigt werden oder der Habgier oder Geldliebe. Alle diese Anforderungen dienen der Versammlung als Vorbild dafür, wie man sich *demütig* und *gehorsam* den Anweisungen der *leitenden Körperschaft* unterordnet und sie ohne Widerspruch, im Geist der erwarteten Einheitlichkeit ausführt.

Das *freiwillig* und mit *Eifer* zu tun und darin die Führung als *Vorbild für die Herde* zu übernehmen, ist oft eine drückende Last für jemanden, der in diese Verantwortung gestellt wird.

Wer den Voraussetzungen entspricht, wird für dieses Amt ernannt. Vorgeschlagen wird die Ernennung durch einen *reisenden Aufseher,* der den Titel *Kreisaufseher* trägt. Die Bestätigung der Ernennung kommt vom jeweiligen *Zweigbüro,* der Landesfiliale der Zentrale in Brooklyn N.Y. Das *Zweigbüro* ist Weisungsempfänger der *Leitenden Körperschaft* in Amerika. Darum gilt die Ernennung als durch *den treuen und verständigen Sklaven unter der Leitung des Heiligen Geistes* erfolgt.

Die Arbeit der ernannten Ältesten nennt man *Hirtentätigkeit.* Der Auftrag lautet: *Hütet die Herde Gottes.* Durch diese Konnotation wird die Arbeit und Verantwortung auf eine höhere, spirituelle Stufe gehoben und damit der Kritik entrückt, da Widerspruch oder Kritik *Rebellion* gegen Gottes Anordnung bedeutet.

Alle Entscheidungen, die von einer Ältestenschaft getroffen werden, gelten als durch den Geist Gottes getroffen. *Komitee-Verhandlungen* sind ein innerorganisatorisches Rechtsinstrument, um Vergehen gegen die Ordensregeln zu ahnden. Sie beginnen mit Gebet und enden mit Gebet. Dieses Vorgehen gibt ihnen den Anschein eines religiösen Aktes und nicht den eines Disziplinarverfahrens. Unabhängig von der persönlichen Einstellung der *Ältesten* fühlen sich die Mitglieder eines *Komitees* – meistens drei Personen – mit der Begründung im Recht, dass sie nichts binden oder lösen können, was nicht im Himmel schon gebunden oder gelöst wurde. Fehler sind quasi ausgeschlossen. Sollten sie passieren, hat Gott sie zugelassen, um den Glauben zu prüfen, und er wird es irgendwann persönlich wiedergutmachen.

Das bringt die Ältesten in eine Position der Quasiunfehlbarkeit. Wie sie mit dieser Macht umgehen, ist eine Charakterfrage. Befragungen werden teilweise zu inquisitorischen Verhören. Besonders Frauen und Mädchen berichten, dass selbst intimste Details hinterfragt werden. Was besonders peinlich ist, da ein Tribunal von drei Männern einer schutzlosen Angeschuldigten gegenüber sitzt.

Innerhalb der Versammlungsorganisation werden die ernannten Ältesten mit den verschiedensten Aufgaben betraut, deren Erledigung strengen Regeln und Vorschriften unterliegt. Es gibt den vorsitzführenden Aufseher (im neueren Duktus: Koordinator für die Ältestenschaft), den Sekretär, den Dienstaufseher, den Wachtturm-Studienleiter, den Aufseher für die Theokratische Predigtdienstschule und Verantwortliche für die Studiengruppen, die als kleinere Dienstzellen innerhalb der Versammlung organisiert sind.

Aus der Gruppe dieser Ältesten werden in der Regel drei ernannt, die als *Rechtskomitee* amten und innerorganisatorisch disziplinarische Vorgänge behandeln und Entscheidungen treffen, welche Sanktionen bei Verstößen gegen die Versammlungsordnung verhängt werden.
Wer als Ältester ernannt wird, steigt im Ansehen der Versammlung. Von allen Zeugen Jehovas wird gefordert, *mit den Ältesten zusammenzuarbeiten, ihren Anordnungen bereitwillig zu gehorchen und sie doppelter Ehre für würdig zu halten.* Als Verantwortliche vor Ort sind sie die Erfüllungsgehilfen des gesamten Systems.

Selten wird erkannt, dass die Überforderung mit Aufgaben, für die sie keine qualifizierende Ausbildung haben, zu einem nicht geringen Teil zu einer Vielzahl gesundheitlicher Störungen führen kann, die in der Mehrzahl psychische Ursachen haben. Doch nach Überzeugung der Gläubigen kann ein echter Glaube alles Leid heilen.

Amten

Ist eine verpflichtende Formulierung für die Aufgaben, die ein Mitglied der Organisation zu erfüllen hat. Von einer besonderen Gruppe Mitglieder, die sich *Gesalbte* nennt, wird gesagt, sie werden unmittelbar nach ihrem Tod auferstehen[103] und wie Christus vom Himmel aus als mitfühlende, verständnisvolle *Priester amten*. Dem Mitglied wird gesagt: „Du bist nicht gezwungen, dich ihnen zu unterwerfen; es liegt an dir, ob du sie anerkennen möchtest. Dass du sie anerkennst, kannst du dadurch zeigen, dass du von diesen Priestern Belehrung annimmst und dich an dem Werk beteiligst, das sie heute durchführen". Die Verknüpfung mit der himmlischen Tätigkeit als Priester und der Mitgliederwerbung auf der Erde bewirkt, dass die Unterwerfung als einzige, alternativlose Möglichkeit angenommen wird.

Mitgliedern wird gesagt, dass sie als *Diener Gottes amten*. Versammlungsälteste und reisende Aufseher werden bevollmächtigt *als Richter in der Versammlung zu amten*.

Jemand hat z.B. die Verantwortung *als Familienhaupt zu amten*.

Mit der Bezeichnung *amten* wird die Tätigkeit amtlich und somit autoritär.

An den Tag legen

Eine Redewendung, die in der *Neuen Welt Übersetzung* (der Bibel) der Wachtturm-Gesellschaft anstelle der Worte „zeigen", „beweisen", „sein", „erweisen" gebraucht wird. Daraus ergibt sich die Belehrung, dass ein Zeuge Jehovas nicht „mild sein soll", sondern er *muss Milde an den Tag legen*.

---

[103] Diese Glaubensansicht ist 2012 revidiert worden. Die sofortige Auferstehung nach dem Tod eines sogenannten „Geistgesalbten" wird nicht mehr gelehrt.

Gott ist nicht einfach gerecht, sondern er *legt Gerechtigkeit an den Tag*. Die Liebe ist nicht einfach Liebe, sondern sie wirkt, indem man *Werke der Liebe an den Tag legt*. Man legt einen *gesunden Sinn an den Tag, Mäßigkeit in den Gewohnheiten, Gehorsam, Glauben, usw.*

Alles das impliziert eine ständige Verpflichtung. Es gibt keinen Istzustand. Es ist ein Sollzustand, den man schlussendlich nie erreichen kann.

Andere nicht zum Straucheln bringen

„*Um den Frieden untereinander zu erhalten, mußten sie sorgfältig darauf achten, ihre Mitgläubigen nicht zum Straucheln zu bringen (Rö 14:13-23).*"

„*Eine genaue Erkenntnis des Willens Jehovas ist eine Hilfe, ,sich der wichtigeren Dinge zu vergewissern', andere nicht zum Straucheln zu bringen und ,Jehovas würdig zu wandeln, um ihm völlig zu gefallen'.*"

„*Würde aber jemand, der bei dem Essen anwesend sei, erwähnen, daß das Fleisch ,als Opfer dargebracht worden' sei, dann würden Christen es nicht essen, um niemand zum Straucheln zu bringen (1Ko 10:27-29).*"

Ein 1 S 781, 792, 1001

In den angeführten Bibeltexten ging es um die Auseinandersetzung zwischen den Judenchristen und Heidenchristen des ersten Jahrhunderts den Genuss von Fleisch betreffend, das Götzen geopfert wurde und nicht nach jüdischem Recht ausgeblutet war. Die Anweisungen des Paulus an die Versammlungen in Rom und Korinth werden als *biblischer Grundsatz* auf alle Unstimmigkeiten in den Versammlungen der Zeugen Jehovas übertragen. Das hat zur Folge, dass es faktisch keine Meinungsfreiheit oder Handlungsfreiheit gibt. Sobald ein Versammlungsglied sich in seinem Gewissen belastet fühlt, weil sich jemand nicht genau an die Verhaltensnormen hält oder eben nicht gruppenkonform handelt, wird erwartet, dass aus Rücksicht auf das Gewissen des Schwachen auf die persönliche Freiheit verzichtet wird. Daraus entsteht auch ein Gefühl der permanenten Überwachung.

Die angeführten Bibelverse lenken von dem Hauptproblem ab. Sie besagen, dass die Aufmerksamkeit auf die wichtigeren Dinge gelenkt werden muss. Ein Zeuge Jehovas weiß, dass damit der Auftrag gemeint ist Neumitglieder zu werben, was *Jünger machen* heißt. Nur so kann man angeblich Jehova gefallen.

Die Interessen der Wachtturmorganisation, sich international auszudehnen, werden verschleiert. Es entsteht der Eindruck, es sei der Wille Jehovas. Zu beachten ist, dass die „Anweisung" in der Möglichkeitsform gegeben wird. In der Gruppensprache heißt das *Rat erteilen*. Niemand kann somit behaupten, er wäre gezwungen worden oder etwas sei verboten.

Es ist der Gruppendruck, der keine andere Entscheidung zulässt als sich diesem „freiwillig" zu beugen.

Anderes Schaf

Alle Gläubigen, die sich zu den Anhängern der im Wachtturm verbreiteten Religion bekennen, werden die *anderen Schafe* genannt. Ihre Hoffnung ist es, im *irdischen Paradies ewiges Leben* zu bekommen. Im Unterschied dazu gibt es die *kleine Herde der Gesalbten Christi*. Sie ist auf die Zahl von *144 000* begrenzt und hat die Hoffnung einer *geistigen Auferstehung*, um *im Himmel als Priester und Könige zu amten*. Die Auslegung basiert auf einem Ausspruch Jesu in den Evangelien:

> *„Und ich habe andere Schafe, die nicht aus dieser Hürde sind; auch diese muß ich bringen, …" Joh. 10, 16 NW*

Anziehen – die neue Persönlichkeit

> *„Christen sind aus einer Welt herausgekommen, die mit allerlei Schlechtem erfüllt ist. Paulus zeigt, daß solche Dinge nicht nur getrieben werden, sondern sie werden mit Gier verübt, ihnen wird gierig nachgejagt. Personen, die solche Dinge treiben, sind ‚dem Leben, das Gott gehört ‚entfremdet'. Diejenigen, die Christen werden, stellen fest, daß Christus, ihr Beispiel, frei war von*

all solchen Dingen. Daher müssen sie ihren Sinn neugestalten und die neue christliche Persönlichkeit anziehen (Eph 4:17-24; Rö 12:2). Gleichzeitig aber leben sie unter habgierigen Menschen dieser Welt und müssen sorgfältig darüber wachen, daß sie ihre Reinheit als Lichtspender in der Welt bewahren (1Ko 5:9, 10; Php 2:14, 15)." Ein I, S 935

Jehovas Zeugen, nach eigenem Bekunden die einzig wahren Christen, müssen sich durch die Umformung ihrer bisherigen Persönlichkeit der Gruppe anpassen. Die *Neugestaltung des Sinnes* erfolgt vordergründig durch die Eigenschaften der *Selbstbeherrschung und Demut*, die unbedingte Notwendigkeiten bei allem Handeln sind. Der geforderte *Gehorsam* dient zudem als Beweis der *Loyalität* und der *geistigen Reife* des Mitgliedes. Man entwickelt die Gewohnheit, sich selbst bei jedem Tun zu kontrollieren.

Das Ergebnis der Umformung sind nicht geistige Werte, zu denen man sich nach reiflicher Überlegung durchringt, sondern es sind verordnete Doktrinen (lat. Doctrina = Lehre) zu akzeptieren. Ein System von Ansichten und Aussagen mit dem Anspruch allgemeiner Gültigkeit. Aufgabe ist eher die Einhaltung von Regeln als das Festhalten an einer Überzeugung, da die Doktrin von der Leitung immer wieder neu und anders formuliert werden kann.

Der Verlust von Selbstwert, Selbstachtung und Selbstvertrauen, die zu Persönlichkeitsdeformation führen, muss in diesem Zusammenhang gesehen werden.

Die Heilung von Depressionen infolge geistiger Selbstverstümmelung wird in *die neue Ordnung* verlagert.

Die nach der Rösselsprungmethode angehängten Bibelverweise erwecken den Anschein, als handle es sich bei der jeweiligen Aussage um Gottes Gedanken. Nur selten sind die Zitate bei einer genauen theologischen oder sprachwissenschaftlichen Analyse stichhaltig.

Auferbauung

Die ernannten Ältesten der Versammlung haben die Pflicht, darauf zu achten, dass die Mitglieder aktiv bleiben. Die Versammlung soll *geistig stark* oder *geistiggesinnt* sein. Um *bekümmerte Seelen,* also depressive oder mutlose Mitgläubige, zu aktivieren, zeigt man durch eigenen eifrigen Einsatz in der Neumitgliederwerbung vorbildlichen *Eifer.* Es werden entsprechende Erfahrungen zum Besten gegeben, die beweisen sollen, dass es *beglückend* und *auferbauend* ist, diesen *Dienst* mit *größtem Eifer* durchzuführen. Das echte, persönliche Interesse an dem Mitgläubigen soll darin bestehen, ihm eine Begleitung im *Haus-zu-Haus-Dienst,* oder einem anderen *Zweig des Dienstes* anzubieten. Jeder Einzelne hat die Verantwortung, zum Wachstum der Versammlung beizutragen. Durch die *theokratische Unterordnung* soll sichergestellt werden, dass den *Ältesten doppelte Ehre* zukommt, indem man ihre Anweisungen *ganzherzig* befolgt.

Obwohl diese Anweisungen *Auferbauung* genannt werden, sind sie für manchen erschöpften Gläubigen eine zusätzliche Bürde und eine große Last auf dem *Gewissen,* wenn er sich *schuldig* fühlt, weil er den erwarteten Einsatz, den Leistungsdruck nicht aushalten kann.

Ausharren

Die Aufforderung, selbst unter den widrigsten Umständen und persönlicher Erschöpfung die Interessen der Wachtturmorganisation *an die erste Stelle zu setzen.* Das ist angeblich der göttliche Auftrag und damit nicht zu kritisieren oder zu hinterfragen.

Gegen die Lehraussage, Wachtturminteressen seien deckungsgleich mit den Interessen der göttlichen Theokratie, kann praktisch nicht argumentiert werden, denn Schwierigkeiten zu haben und zu ertragen wird mit passenden Bibelzitaten als Grund zum Glücklichsein angeführt. Wer also trotzdem unglücklich ist, gerät unter psychischen Druck und Schuldgefühle, die das Risiko des geistigen Kollapses beinhalten.

Jahr 2007, UK 7, S 2:

> *„Ausharren macht glücklich: Wenn wir trotz Gegnerschaft weiter predigen, haben wir Herzensfrieden. Wir freuen uns, wenn wir für würdig erachtet werden, wegen Christus in Unehre zu kommen (Apg. 5:40, 41). In Prüfun-*

gen können wir unsere Demut, unseren Gehorsam und unser Ausharren verbessern (5. Mo. 8:16; Heb. 5:8; Jak. 1:2, 3). Wir lernen, uns auf Jehova zu verlassen, seinen Verheißungen zu vertrauen und bei ihm Zuflucht zu suchen (Spr. 18:10).

[5] Wie wir wissen, gehen Prüfungen vorüber (2. Kor. 4:17, 18). In Prüfungen können wir beweisen, wie sehr wir Jehova lieben. "

Jahr 2008, UK 6, S 1:

*„Nur wenn wir ausharren, werden wir sowohl uns selbst als auch die retten, die auf uns hören (1. Tim. 4:16). Deshalb ist es auch so wichtig, dass **Eltern ihren Kindern** mit Wort und Tat klarmachen, wie dringend das Predigen ist. "*

Jahr 2005, UK 11, S 4:

__Jehova wird verherrlicht:__ Satan behauptet, Menschen würden Jehova nur aus selbstsüchtigen Beweggründen dienen (Hiob 1:9-11). Durch den christlichen Predigtdienst können wir beweisen, dass unsere Ergebenheit Gott gegenüber echt ist. Viele Verkündiger befolgen das Gebot, zu predigen und Jünger zu machen, trotz schwieriger persönlicher Umstände oder ungeachtet der Gleichgültigkeit der Menschen im Allgemeinen. Solch loyales Ausharren erfreut das Herz Jehovas (Spr. 27:11).

[3] Unser Dienst spielt auch bei der Verwirklichung des Vorsatzes Gottes eine Rolle. In Verbindung mit der nahenden Vernichtung der Welt Satans sagt Jehova: ‚Die Nationen werden erkennen müssen, dass ich Jehova bin' (Hes. 39:7). Damit die Nationen das erkennen, müssen Gottes Diener weiterhin seinen Namen und seinen Vorsatz ‚jeder Nation und jedem Stamm und jeder Zunge und jedem Volk' verkünden (Offb. 14:6, 7).

[4] __Grundlage für das Gericht:__ Das Predigen der guten Botschaft dient auch als Grundlage für das Gericht. Der Apostel Paulus erklärte, dass Christus Jesus an denjenigen Rache üben wird,, die Gott nicht kennen, und an denen ‚die der guten Botschaft über unseren Herrn Jesus nicht gehorchen' (2. Thes.

1:8, 9). Die Menschen werden also dementsprechend gerichtet, wie sie auf die
gute Botschaft reagieren. Welch eine ernste Verantwortung dadurch auf Gottes
Dienern ruht! Um uns vor Blutschuld zu bewahren, dürfen wir uns nicht zu-
rückhalten, die lebensrettende Königreichsbotschaft bekannt zu machen (Apg.
20:26, 27).“

Die hier veröffentlichte, interne Verpflichtung zum Predigen enthält eine
ganze Reihe bedrückender Schuldzuweisungen und Forderungen, die bei
solchen, die ohnehin schon an der Grenze ihrer Möglichkeiten stehen, eine
fatale Hoffnungslosigkeit auslösen. Sie fühlen sich unfähig, den Anforderungen gerecht zu werden. Sie sind verzweifelt, denn ihre Liebe zu Gott
scheint nie ausreichend zu sein und somit scheint auch ihre eigene Aussicht
auf Rettung gleich null. Die Gefahr, durch das eigene Versagen als Handlanger Satans zu gelten und für die Vernichtung der nicht gewarnten Menschen verantwortlich zu sein, ist eine traumatische Vorstellung.

Dieser gordische Knoten aus Vernichtungsangst, Überbelastung, Aus-
sichtslosigkeit und dem Gefühl, wertlos zu sein, ist nicht mit der einfachen
Forderung aufzulösen, man solle das eben nicht alles glauben.

Babylon die Große

Mit dem Verweis auf *Babylon die Große* wird der überwiegende Teil der
Traditionen und Bräuche aller Kulturen als *von heidnischem Ursprung* abge-
lehnt. Damit erklärt sich die Ablehnung von Geburtstagen, Weihnachten,
Ostern, oder traditionellen Bräuchen wie Reis streuen bei Hochzeiten, der
Gebrauch von Amuletten, das Ablehnen von Bilderbüchern mit *sprechenden
Tieren,* der Gebrauch von Kerzen bei Beerdigungen oder auf Gräbern und
vieles mehr, das sich mit dem Begriff *biblischer Grundsatz* in diese Definition
einordnen lässt.

Dieser Begriff wird in der Wachtturm-Literatur wie ein Triggerwort zur
Konditionierung verwendet. Die Drohbotschaft ist, man könnte mit die-
sem *satanischen System* in Verbindung gebracht werden oder den *Einfluss* der
Dämonen zulassen, wenn man den Brauch nicht aufgibt oder entschieden

vermeidet, was auf *den heidnischen Ursprung durch Babylon die Große* zurückgeführt wird.

In der Library CD der Wachtturmgesellschaft von 1970 bis 2009 gibt es für diesen Begriff 11 475 Treffer.

Auszüge aus der Definition aus UnS, S. 51-56

> **„Definition:** *Das Weltreich der falschen Religion, das alle Religionen einschließt, deren Lehren und Bräuche nicht mit der wahren Anbetung Jehovas, des allein wahren Gottes, übereinstimmen. […] Im Laufe der Zeit verbreiteten sich babylonische Glaubensansichten und religiöse Bräuche in vielen Ländern. Auf diese Weise wurde der Name Babylon die Große eine treffende Bezeichnung für die falsche Religion als Ganzes. […]*
>
> *(Offb. 17:18). Wie in einer Stadt gibt es in ihr viele Organisationen; und gleich einem Königreich, das sich über einen Herrschaftsbereich erstreckt, in dem es noch weitere Könige gibt, hat Babylon die Große ein internationales Ausmaß. Von ihr wird gesagt, sie habe Beziehungen mit den politischen Herrschern und habe viel zum Reichtum der Geschäftsleute beigetragen, während sie selbst als ein drittes Element ‚eine Wohnstätte von Dämonen' und eine Verfolgerin von ‚Propheten und Heiligen' geworden sei (Offb. 18:2, 9-17, 24).*
>
> *[…] Da sie einer Stadt und einem Reich gleicht, ist sie nicht auf e i n e religiöse Gruppe beschränkt, sondern schließt alle Religionen ein, die sich im Widerstand gegen Jehova, den wahren Gott, befinden. Religiöse Ansichten und Bräuche des alten Babylon sind in Religionen auf der ganzen Erde zu finden. […]*
>
> *Babylon die Große wird mit einer in schamlosem Luxus lebenden Hure verglichen.*
>
> *In Offenbarung 17:1-5 heißt es: … Und auf ihrer Stirn war ein Name geschrieben, ein Geheimnis: ‚Babylon die Große, die Mutter der Huren und der abscheulichen Dinge der Erde.' In Offenbarung 18:7 heißt es außerdem, dass ‚sie sich verherrlichte und in schamlosem Luxus lebte'.*

[…] Jak. 4:4: ,Ihr Ehebrecherinnen, wißt ihr nicht, daß die Freund-
schaft mit der Welt Feindschaft mit Gott ist? Wer immer daher ein
Freund der Welt sein will, stellt sich als ein Feind Gottes dar.' (Ob-
wohl sie also wissen, was die Bibel über Gott sagt, machen sie sich zu
seinen Feinden, wenn sie die Freundschaft der Welt erwählen und ihre
Handlungsweise nachahmen.)

2. Kor. 4:4; 11:14, 15: […] (Somit wird in Wirklichkeit Satan, der
Teufel, der Hauptfeind Jehovas, von all denen geehrt, die den wahren
Gott nicht in der Weise anbeten, wie er es vorgesehen hat, obwohl sie
vorgeben mögen, Christen zu sein. (Siehe auch 1. Korinther 10:20.)

Offb. 18:4: ,Geht aus ihr hinaus, mein Volk, wenn ihr nicht mit ihr teilhaben
wollt an ihren Sünden und wenn ihr nicht einen Teil ihrer Plagen empfan-
gen wollt.'

Offb. 18:21: ,Ein starker Engel hob einen Stein auf gleich einem großen
Mühlstein und schleuderte ihn ins Meer, indem er sprach: So wird Babylon,
die große Stadt, mit Schwung hinabgeschleudert werden, und sie wird nie wie-
der gefunden werden."' […]

Die Möglichkeit spontan und unbefangen zu handeln ist sehr eingeschränkt
durch die Notwendigkeit, alles zuerst nach den „*Ratschlägen*" zu hinterfragen, die dazu in den Wachtturmschriften oder Vorträgen gegeben werden.
Der Zugang zum Leben außerhalb der Wachtturm-Gemeinschaft wird sehr
erschwert. Die Abhängigkeit von der Gruppe und den Anweisungen der
Leitung verunsichert und verhindert zunehmend selbständiges Denken und
Handeln.

Berichtszettel

Jeder Zeuge Jehovas hat einmal im Monat über seine Tätigkeit Bericht zu
erstatten. Dazu füllt er einen vorgedruckten Zettel aus. Abgefragt werden
die Anzahl der Stunden, die er *gepredigt* hatte, die Anzahl der *Rückbesuche*,
der *Heimbibelstudien*, sowie der Bücher, Zeitschriften und Broschüren, die er
verbreitet hat. Wer es einen Monat versäumt, den Bericht abzugeben, gilt

die nächsten sechs Monate als *unregelmäßiger Verkündiger*. Das ist ein Makel. Nach sechs Monaten ohne Bericht gilt er als *Untätiger*. In diesem Fall sind die *Ältesten* der *Versammlung* daran interessiert, die Gründe zu ermitteln und gegebenenfalls Maßnahmen zu ergreifen, die die *Versammlung* vor schlechtem Einfluss schützen. Im Falle von schweren Erkrankungen wird in vielen Versammlungen auch Betreuung organisiert, die allerdings auch *Vorkehrungen* enthalten kann, dem Kranken die *Teilnahme am Predigtdienst zu ermöglichen*. Dann gilt ein Bericht von 15 Minuten pro Monat bereits als *Zeichen loyaler Liebe zu Jehova und den Nächsten*. Jeder abgegebene Tätigkeitsbericht zählt in der Statistik. So werden weltweit die *Zahl der Verkündiger* bzw. Mitglieder der Zeugen Jehovas ermittelt. Die Zeugen Jehovas erklären derzeit auf ihrer Webseite „Wir zählen 7□ 395□ 672 Bibellehrer". Das ist die Summe der abgegebenen *Berichtszettel*. Somit werden sowohl Kinder als auch alle Betagten, die nur 15 Minuten monatlich berichten, als Bibellehrer bezeichnet. (Werber für die Wachtturm-Gesellschaft wäre wohl treffender.)
(Stand der Vorgehensweise bis Ende 2010, eventuelle organisatorische Änderungen zu einem späteren Datum sind nicht berücksichtigt)
Damit die privaten Daten gesammelt und gespeichert bzw. legal aufbewahrt werden können, wird jeder getaufte Zeuge Jehovas aufgefordert, die Erlaubnis dazu mittels seiner Unterschrift zu erteilen.

Bethel, Bethelheim

Die Wachtturm-Gesellschaft unterhält derzeit in circa 90 Ländern Zweigeinrichtungen in unterschiedlichen Größen. Die Einrichtungen werden *Bethel* oder *Bethelheime* genannt. Die freiwilligen Mitarbeiter gelten als *Sondervollzeitdiener* in einer *ordensähnlichen Gemeinschaft*. Sie erhalten für ihre Tätigkeit Unterkunft und Verpflegung, sowie eine monatliche Zuwendung als Taschengeld.
In Deutschland befindet sich das Verwaltungs- und Druckzentrum der Wachtturm-Bibel- und Traktat-Gesellschaft in Niederselters/Taunus. Ihr offizieller Briefkopf ist: Jehovas Zeugen in Deutschland, K.d.ö.R., Berlin, Zweigbüro: am Steinfels, 65617 Selters.

Wer in einer solchen Einrichtung arbeitet, wird als Mitglied der *Bethelfamilie* betrachtet.

Biblischer Grundsatz

Das *Handeln nach biblischen Grundsätzen* ist eine unabdingbare Anforderung an die Mitglieder. Für alle Lebenslagen und Entscheidungen kann man einen Bibeltext abrufen. Im Verlauf von vielen Jahren Mitgliedschaft hat man die einschlägigen Texte so häufig gehört oder gelesen, dass sie fest im Sinn verankert sind. Falls es für etwas keinen direkten Bibelverweis gibt, haben die Ältesten einer Versammlung die Entscheidungsvollmacht. In diesem Fall gelten die *biblischen Grundsätze* des *Gehorsams* oder der *Unterordnung unter ein Haupt oder die theokratische Leitung* sowie *Demut*.

> *„Solange kein biblischer Grundsatz verletzt wird, sollte jeder bereit sein, sich der endgültigen Entscheidung der Ältestenschaft zu beugen und sie zu unterstützen.“*
> *Der Wachtturm 1.6.1999, S. 13*

Neuerdings wird der etwas überholte Terminus *Grundsatz* durch die modernere Formulierung *biblische Prinzipien* (GB, S 22) ersetzt. Auch hier verstärken sich die beiden Worte gegenseitig. Sowohl Bibel als auch Prinzip vermitteln eine Autorität, der nicht widersprochen werden kann.

Blutschuld auf sich laden

Die Wachtturmlehre besagt, dass es die Verpflichtung eines jeden Zeugen Jehovas sei, die Menschheit vor der bevorstehenden Vernichtung zu warnen. Sie seien genau wie der Prophet Hesekiel zu diesem Dienst als Wächter eingesetzt worden. Der seinerzeitige Auftrag an den Propheten sei als *neuzeitliche Erfüllung* auf die *neuzeitliche Wächterklasse* übertragen worden. Der Ausspruch besagt gemäß Hesekiel 3; 18,19: Ein Böser wird zwar wegen seiner bösen Taten vernichtet, aber wenn er von einem beauftragten Wächter nicht gewarnt wurde und darum nicht von seinen bösen Taten umgekehrt ist, wird das Blut des Bösen von dem Wächter gefordert. In dem monatlichen Mitteilungsblatt der Zeugen Jehovas wird beispielsweise Folgendes gesagt:

> *„Wir würden Blutschuld auf uns laden, wenn wir Gottes barmherzige Botschaft den Menschen nicht nahebringen und sie nicht vor der kommenden Vollstreckung des göttlichen Urteils an denen warnen würden, die nicht von ihren bösen Wegen umkehren (Hes. 33:1-11). Auch wenn unser Predigen nicht immer gut aufgenommen wird, dürfen wir niemals nachlassen, alles daranzusetzen, um Aufrichtigen Gottes große Barmherzigkeit erkennen zu helfen (Apg. 20:26, 27; Röm. 12:11). Wäre Hesekiel seiner Verpflichtung als Wächter der Israeliten nicht richtig nachgekommen, hätte er ihretwegen Blutschuld auf sich geladen (Hes 3; 18, 20)."* UK, 11/2000, S.1

Durch die Sozialisierung mit der höheren Instanz, dem göttlichen Auftrag, ist ein Widerspruch oder Zweifel an der Auslegung für den Zeugen Jehovas nicht möglich.

Infolge dieser Bedrohung haben viele Zeugen Jehovas ständig das Gefühl, nicht genug getan zu haben. Sie sind im Dauerstress durch Schuldgefühle. Sie verlieren auch an Selbstwertgefühl, weil sie fast ständig Versagensängste haben.

Blut/ Bluttransfusion

Die Weigerung Blut zu essen oder eine Bluttransfusion zu akzeptieren wird mit einigen Bibeltexten begründet, die, aus ihrem Kontext genommen, diese Lehre zu stützen scheinen.

> *„Die Seele [oder das Leben] des Fleisches ist im Blut, und ich selbst habe es für euch auf den Altar gegeben, damit Sühne geleistet wird für eure Seelen, denn das Blut ist es, das Sühne leistet durch die Seele darin. Darum habe ich zu den Söhnen Israels gesagt: ,Keine Seele von euch soll Blut essen'."* 3. Mose 17:11, 12 NW

Dieses Verbot wird „den Söhnen Israels" und „ansässigen" Fremden gegeben. Es galt ausdrücklich nicht für einen Nichtisraeliten, der den Gesetzesbund nicht einzuhalten hatte. Die Hebräer hatten es bei ihren

Opferzeremonien am Altar zu verwenden, und es war ihnen als Symbol des Lebens heilig.

Außerdem war es sogar den Israeliten erlaubt, das nicht ausgeblutete Fleisch eines bereits toten Tieres zu essen. Es war lediglich vorgeschrieben danach zu baden:

> *„ Was irgendeine Seele betrifft, ob Einheimischer oder ansässiger Fremdling, der einen [bereits] toten Körper oder etwas von einem wilden Tier Zerrissenes ißt, er soll in diesem Fall seine Kleider waschen und sich im Wasser baden und unrein sein bis zum Abend; und er soll rein sein.“* 3. Mose 17, 15 NW

Wegen der Wiederholung dieses Gebotes im Neuen Testament sehen Jehovas Zeugen es als *biblischen Grundsatz* und übertragen das Gebot auch auf die Verwendung von Blut in der Medizin. Ungeachtet der Tatsache, dass es in der Auseinandersetzung zwischen den Judenchristen und Heidenchristen im ersten Jahrhundert ursprünglich um die Notwendigkeit der *Beschneidung* und *Einhaltung von Vorschriften aus dem jüdischen Gesetz* ging, wird allein aus diesem Zugeständnis an das Gewissen der Judenchristen ein Dogma gemacht, das häufig Menschenleben gefährdet oder kostet. Obwohl die buchstäbliche Beschneidung für Christen nicht zur Pflicht wurde, sie wich der symbolischen Beschneidung des Herzens, wurde das Blutverbot aus Rücksicht auf die jüdische Tradition und das Gewissen der Hebräerchristen beibehalten. In Versammlungen, in denen keine Judenchristen waren, ist die Frage nicht diskutiert worden, ob Fleisch, das nicht nach jüdischem Brauch ausgeblutet war, gegessen werden durfte oder nicht. Es war auch erlaubt, Fleisch auf dem Markt zu kaufen, das für die Opferriten der Heiden verwendet wurde.

> *„Was nun das Essen von Speisen betrifft, die Götzen dargebracht worden sind, so wissen wir, daß ein Götze nichts ist in der Welt und daß es keinen GOTT gibt außer e i n e m.“* 1. Korinther 8, 4 NW

Dämonen

Das Wort Dämonen ergibt in der DVD der Wachtturmschriften Library 3 428 Treffer. Die Kombination mit Satan, Teufel, Vernichtung, Harmagedon oder Feuersee ergibt ein Drohszenario, dem man sich praktisch nicht entziehen kann. Bereits Kinder sind diesen Trigger-Worten nahezu täglich ausgesetzt. Nicht selten reagieren sie mit Albträumen oder Angststörungen.

Auszug aus Ein I, S. 508-509,

„Ein unsichtbares böses Geistgeschöpf, das übermenschliche Kräfte besitzt. [...]

Die Dämonen als solche wurden nicht von Gott erschaffen. Der erste, der sich zu einem Dämon machte, war Satan, der Teufel (siehe SATAN), der der Herrscher anderer Engelsöhne Gottes wurde, die sich ebenfalls selbst zu Dämonen gemacht hatten (Mat 12:24, 26). In den Tagen Noahs verkörperten sich ungehorsame Engel, heirateten Frauen, brachten ein Bastardgeschlecht, Nephilim genannt (siehe NEPHILIM), hervor und entmaterialisierten sich dann, als die Flut kam (1Mo 6:1-4). Nach ihrer Rückkehr in den geistigen Bereich gelangten sie jedoch nicht wieder in ihre ursprüngliche erhabene Stellung. [...] Allem Anschein nach können sie sich nicht mehr verkörpern, sind aber trotzdem noch sehr mächtig und in der Lage, großen Einfluß auf den Geist und das Leben gewisser Menschen auszuüben. Sie sind sogar imstande, von Menschen und Tieren Besitz zu ergreifen, und die Tatsachen zeigen, daß sie auch von unbelebten Dingen wie Häusern, Fetischen oder Amuletten Gebrauch machen. [...] Die Dämonen beabsichtigen bei allem, was sie tun, daß sich Menschen gegen Jehova und die reine Gottesanbetung wenden. Aus diesem Grund verbot Jehovas Gesetz strengstens jegliche Form des Dämonismus. [...]

Der Einfluß der Dämonen auf die Angelegenheiten der Menschen zeigt sich heute nicht weniger. [...] Im letzten Bibelbuch, der ‚Offenbarung von Jesus Christus‘, [...] wird prophetisch vor der vermehrten Tätigkeit der Dämonen auf der Erde gewarnt (Off 1:1). ‚Hinabgeschleudert wurde der große Drache — die Urschlange —, der Teufel und Satan genannt wird. [...] Darum ... wehe der Erde und dem Meer, weil der Teufel zu euch hinabgekommen ist und große Wut hat, da er weiß, daß er nur eine kurze Frist hat‘ (Off 12:9,

12). Unreine, froschähnliche Äußerungen ‚sind tatsächlich von Dämonen in-spirierte Äußerungen und vollbringen Zeichen, und sie ziehen aus zu den Kö-nigen der ganzen bewohnten Erde, um sie zu versammeln zum Krieg des gro-ßen Tages Gottes, des Allmächtigen' (Off 16:13, 14).

Christen müssen daher einen harten Kampf gegen diese unsichtbaren bösen Geister führen. Jakobus, der erklärte, daß Glaube allein nicht genügt. [...] ‚glauben auch die Dämonen und schaudern' (Jak 2:19). Paulus warnte davor, daß ‚in späteren Zeitperioden einige vom Glauben abfallen werden, indem sie auf irreführende inspirierte Äußerungen und Lehren von Dämonen achtgeben' (1Ti 4:1). Man kann nicht am Tisch Jehovas und gleichzeitig am Tisch der Dämonen essen (1Ko 10:21). Ein treuer Christ muß darum einen harten Kampf gegen den Teufel und seine Dämonen führen. [...] (Eph 6:12). "

Darbringen

Man kann Jehova etwas schenken. Das wird *darbringen* genannt. Weil ihm aber ohnehin alles gehört, handelt es sich um Opfer. An erster Stelle steht das *Schlachtopfer der Lobpreisung.*
Dafür benötigt man Zeit für den *Predigtdienst.* Es ist nötig, weniger Wichti-ges, wie die persönlichen Bedürfnisse oder Interessen, zurückzustellen. Ebenfalls ist *Kraft* nötig. Um genügend Kraft zu haben ist darauf zu achten, dass man sich in der Freizeit oder bei der Arbeit nicht völlig verausgabt, sonst kann man Jehova nicht *sein Bestes* geben. Es ist ratsam, sich nicht zu viele Sorgen zu machen, selbst dann, wenn man guten Grund dafür hat. Durch Beten kann man *seine Sorgen auf Jehova werfen.* Er wird für die richtige Lösung, spätestens in der *neuen Ordnung,* sorgen.
Natürlich sind auch die *finanziellen Mittel* ein Teil der *Opfer,* die erwartet werden. Dafür sollte man regelmäßig etwas beiseitelegen um die Versamm-lung oder *das weltweite Werk* zu fördern. Wer auf allen Gebieten großzügig und von Herzen seine Opfer darbringt, zeigt damit, dass er Jehova liebt und darüber freut ER sich. Denn Jehova liebt *einen fröhlichen Geber.*

Selbstverständlich werden diese Forderungen mit passenden Bibelzitaten autorisiert, ungeachtet dessen, ob sie nur für die damalige Zeit galten und/oder der heutigen Zeit oder den Umständen noch gerecht wären. Das klassische Beispiel ist die Geschichte der armen Witwe, die im Tempel ihren gesamten Lebensunterhalt gespendet hat. *Das Scherflein der Witwe* dient in unzähligen sublimen Spendenaufrufen als Vorbild für die Gebefreudigkeit eines *wahren Dieners*.

Leider dient es auch für manche dazu, das rechte Maß zu verlieren. Wann ist es *alles* oder genug? Wer sich ohnehin bereits physisch, psychisch und materiell verausgabt hat, kann durch stetig wiederkehrende Aufforderungen, sein Gewissen zu durchforschen, um zu sehen, ob er nicht mehr tun kann, in ernste Probleme geraten.

Diener

Ein I, S 563

> *„Die gesalbten Nachfolger des Herrn Jesus Christus sind wie Paulus ‚Diener der guten Botschaft' (Kol 1:23); sie sind auch ‚Diener eines neuen Bundes' und stehen in einem Bundesverhältnis mit Jehova Gott, wobei Christus der Mittler ist (2Ko 3:6; Heb 9:14, 15). In dieser Hinsicht sind sie Diener Gottes und Christi (2Ko 6:4; 11:23). Ihre Befähigung stammt von Gott durch Jesus Christus, nicht von irgendeinem Menschen oder irgendeiner Organisation. Um ihren Dienst zu verrichten, benötigen sie keine schriftliche Bestätigung oder amtliche Bescheinigung. Als ‚Empfehlungsbrief' können sie aber auf Personen verweisen, die sie gelehrt und geschult haben, Diener Christi zu sein wie sie selbst. Nach seiner Himmelfahrt gab Christus der Christenversammlung ‚Gaben in Form von Menschen'. Dazu gehörten Apostel, Propheten, Evangeliumsverkündiger, Hirten und Lehrer. Er gab sie, im Hinblick auf das Zurechtbringen der Heiligen, für das Dienstwerk ‚für die Erbauung des Leibes des Christus' (Eph 4:7-12). Ihre Befähigung als Diener kommt von Gott."*

Die Betonung liegt hier auf dem Wort *gesalbte Nachfolger.* Sie haben eine Sonderstellung, da sie die Hoffnung haben, nach ihrem Tod zu den 144.000 Mitregenten Christi zu gehören. Wer sich zu dieser elitären Gruppe zählt, muss keine Rechenschaft ablegen. Sie legitimieren sich selbst durch die Tatsache, dass sie bei der jährlichen *Feier des Abendmahls* von den *Symbolen Brot* und *Wein* nehmen.

Hier wird das Wort *Diener*, abweichend von einem allgemeinen Verständnis, als Bezeichnung eines elitären Standes gebraucht. Da ist es nicht zu vermeiden, dass gelegentlich Verwirrung darüber entsteht, welche Anforderungen an wen gestellt werden. Der *nicht gesalbte, ernannte Diener oder Dienstamtgehilfe*, der zu der *Gruppe der anderen Schafe* gezählt wird, hat eine andere Stellung und Zukunftserwartung.

Dienst
Ein I, S 565:

> *„Auch sagte er seinen Jüngern, sie sollten als Sklaven Jehovas aufgrund dessen, was sie in seinem Dienst erreichen würden, oder wegen ihres Wertes bei Gott nicht aufgeblasen werden. Stattdessen sollten sie, wenn sie alles getan hätten, was ihnen aufgetragen worden sei, die Einstellung haben: ,Wir sind unnütze Sklaven. Was wir getan haben, ist das, was wir zu tun schuldig gewesen sind'* (Luk 17:10). *Der Grundgedanke ist somit, daß sich jemand eifrig und beharrlich bemüht, anderen einen Dienst zu erweisen (1983, Bd. 140, S. 153). Als jedoch Jesus Christus auf die Erde kam, nahm eine neue Art von Dienst ihren Anfang. Jesus beauftragte seine Nachfolger, Jünger aus Menschen aller Nationen zu machen (Mat 28:19, 20). Dementsprechend überbringen Christen einer Gott entfremdeten Welt die Botschaft, daß durch Christus die Versöhnung mit Gott möglich geworden ist (2Ko 5:18-20). […] Ein weiterer Gesichtspunkt des Dienstes innerhalb der Versammlung betraf die Sorge für das materielle Wohl bedürftiger Brüder, die es verdienten. […] Als der Beitrag schließlich eingesammelt war und Paulus im Begriff stand, diese Gabe nach Jerusalem zu bringen, bat er die Brüder in Rom, gemeinsam mit ihm darum zu beten, daß sich dieser Dienst der Unterstützung für die Heiligen, für die er gedacht war, als annehmbar erweisen möge (Rö 15:25, 26, 30, 31).“*

Es ist bei Jehovas Zeugen Brauch, für einige Sonderbeauftragte der Wachtturmgesellschaft materiell zu sorgen. Spenden werden auch für den Unterhalt der Mitarbeiter in den verschiedenen Zweigniederlassungen – die *Bethelheime* genannt werden – gesammelt. Spenden für allgemeine karitative Einrichtungen werden eher nicht empfohlen. Die ernannten *Vollzeitprediger* gelten als die *gegenbildlichen Heiligen*.

Mit Satzung vom 5. Februar 2004 wurde ein Christlich Humanitäres Hilfswerk der Zeugen Jehovas in Deutschland gegründet. Abkürzung CHH.

Der satzungsgemäße Zweck ist:

(3) Durch die mildtätigen Aktivitäten des Vereins, die auf selbstloser religiöser Motivation beruhen, erfüllt dieser von der Religionsgemeinschaft als selbständige Teilgliederung anerkannte Verein seinen biblisch begründeten humanitären Auftrag auf der Grundlage des religionsgemeinschaftlichen Rechts der Zeugen Jehovas und in Anerkennung der Autorität der leitenden Körperschaft der Zeugen Jehovas.

[…]

durch die unentgeltliche materielle Unterstützung von insbesondere der weltweiten Religionsgemeinschaft der Zeugen Jehovas angehörenden hilfsbedürftigen Personen und deren Angehörigen, vornehmlich Katastrophenopfern, im Sinn §53 Abgabenordnung.

 Im Falle von Streitigkeiten ist

> *(4) Die Anwendung der Vorschriften des 10. Buches der ZPO ist aufgrund des Vorrangs religionsgemeinschaftlichen Rechts ausgeschlossen.*
>
> *http://www.sektenausstieg.net/read/4668*

Der Auftrag, *Jünger aus Menschen aller Nationen zu machen,* ist das zentrale Anliegen. Durch die Doktrin, allein im Besitz *Der Wahrheit* zu sein und den Anspruch, die einzigen *wahren Nachfolger Christi* zu sein, gibt es von dieser Forderung keine Abweichung. Eine für die Ausdehnung der internationalen Aktivitäten der Wachtturmorganisation sehr effektive Haltung.

Diensttag

Nicht der Wochentag, sondern der Tag, an dem Zeugen Jehovas in (verschiedenen Zweigen) der Verbreitung ihrer Glaubensabsichten und -meinungen tätig sind.

Die Wahrheit

Die Formulierung personalisiert eine Aussage. Zeugen Jehovas glauben, sie *seien in Der Wahrheit*. Sie haben den Anspruch, im alleinigen Besitz *Der Wahrheit* zu sein. Sie sprechen nicht davon, dass es eine Wahrheit ist oder einfach nur wahr ist, was sie glauben. Es ist *Die Wahrheit* als Doktrin vermittelt. Eine Doktrin muss nicht beweisen, dass sie wahr ist. Eine allgemeine Redewendung ist: „Ich bin in Der Wahrheit", oder die Frage an einen Fremden: „Wie lange bist du in Der Wahrheit?".
Diese Konnotation macht immun gegen Kritik von innen und von außen. Jedes Argument gegen eine Glaubenslehre oder jeder Zweifel kann mit dem Verweis auf *Die Wahrheit* abgewehrt werden.

Einheit

Weltweite Einheit. Das Wort Einheit wird im Sprachgebrauch der im Wachtturm gelehrten Religion zu einer grundsätzlichen Anforderung im Sinne von Gleichförmigkeit.
Das basiert auf einem Bibelvers aus ihrer eigenen Übersetzung:

> *„Siehe! Wie gut und wie lieblich ist es wenn Brüder in Einheit beisammen wohnen!" Psalm 133;1 NW.*

Andere Bibelübersetzungen verwenden anstelle des Hauptwortes „Einheit" die Adjektive „friedlich" oder „einträchtig". Daraus ließe sich kaum ein Dogma ableiten, mit der Forderung auf allen Ebenen übereinstimmend zu handeln, ja sogar gleichförmig zu denken.
Auf der Basis ihrer abgeänderten Übersetzung macht die Wachtturm-Führung geltend, sie sei durch göttliche Autorität berufen, feste Regeln für die Abläufe innerhalb der Organisation aufzustellen. Die Leitung bestimmt wann, wo und wie sich die Anhänger zu versammeln haben und welcher

Stoff zu welchen Zeiten und Gelegenheiten zu behandeln ist. Das soll zu der geforderten Einheit beitragen, da alle Anwesenden die Gelegenheit haben, zur gleichen Zeit die gleichen Dinge zu hören. Die für die wöchentliche Belehrung verwendete Literatur wird zu etwa 90 % simultan veröffentlicht. Die Wachtturm-Gesellschaft hat ein eigenes elektronisches Übersetzungsprogramm – das MEPS – entwickelt, damit sie das Ziel der gleichzeitigen Belehrung möglichst aller Zeugen Jehovas erreichen kann.

Das Ziel der Einförmigkeit wird durch die Forderung demütig zu sein erreicht. Die gegenseitige Abhängigkeit beruht auf Gehorsam, Demut und auf Unterordnung unter die organisatorische Einrichtung.

Ganz besonders betont wird die Notwendigkeit der *Einheit im Glauben* – das heißt, auf eigene Ansichten, Kritik oder Zweifel zu verzichten. Privat organisierte Treffen zu eigenen Bibelstudien oder Forschungen sind ausdrücklich nicht erwünscht. Abweichende Meinungen wären als mögliche Ursache für Streitigkeiten, Spaltungen oder der Bildung von Sekten nach zweimaliger Ermahnung ein Grund für den Ausschluss aus der Gemeinschaft.

Die *Einheit* wird gefördert durch die ständige Gemeinschaft in den vorgeschriebenen Zusammenkünften, den Verabredungen zu gemeinsamer Tätigkeit für die Verbreitung der Lehre und in dem Einhalten der Ratschläge bezüglich Kleidung, Freizeitgestaltung, Auswahl der Freunde, Bildung sowie dem gehorsamen, regelmäßigen persönlichen Studium der Bibelbelehrung in den Veröffentlichungen der Wachtturm-Gesellschaft.

Entmutigung

Im Wachtturm vom 15. November 1999 wird die Ursache dafür wie folgt beschrieben:

> *„Symptome dafür können jedoch unter anderem ein oberflächliches Gebetsleben, mangelndes Interesse am persönlichen Bibelstudium, das Vernachlässigen des Versammlungsbesuchs, fehlende Begeisterung sowie manchmal eine gewisse*

Gefühlskälte gegenüber Mitchristen sein. Eines der ersten erkennbaren Anzeichen ist jedoch nachlassender Eifer im Predigtdienst. "
Folgerichtig zielt der Rat zur Überwindung dieses Symptoms darauf ab, mehr zu tun. Zum Beispiel auch an Abenden oder am Wochenende bei Menschen vorzusprechen, wenn man sie mit größerer Wahrscheinlichkeit zu Hause antreffen kann. Oder vermehrt jede sich bietende Gelegenheit auszunützen um zu missionieren.

Es wird davor gewarnt, sich von der langen Wartezeit auf das Ende dazu verleiten zu lassen, mehr Zeit und Aufmerksamkeit auf die eigenen materiellen Bedürfnisse zu verwenden. *Weltliche* Arbeit und Freizeitaktivitäten dürfen nicht zu viel Zeit und Energie in Anspruch nehmen. Würden diese die Aufmerksamkeit für die sogenannten biblischen Verpflichtungen verdrängen, hätte eine solche Einstellung Frustration und Entmutigung zur Folge. Dazu bemerkt ein reisender Aufseher laut dieses Wachtturm-Artikels, dass es unrealistisch sei, sich im heutigen *System der Dinge* ein eigenes kleines Paradies aufbauen zu wollen.

Darum wird als die beste Therapie gegen Entmutigung empfohlen, das persönliche Studium der Wachtturm-Schriften zu intensivieren und inständig zu Jehova zu beten.

Erbauung

Unter diesem Begriff sollte man die Förderung des Glaubens an die Wachtturm-Doktrin verstehen. Selbst im Rahmen der eigenen Erwerbstätigkeit ist zu berücksichtigen, dass das Gewissen der anderen Mitgläubigen nicht belastet wird. Man wird nicht in einer Lotto-Annahmestelle arbeiten. Nicht in Betrieben, die einer religiösen Organisation gehören oder einer politischen Partei, etc. Die Maxime ist: Niemanden zum Straucheln bringen. Die Gespräche, die geführt werden, sollen unter dem Aspekt stehen, andere *im Glauben zu erbauen* und die wichtigste Tätigkeit der Werbung für die internationale Ausdehnung der sogenannten Theokratie zu fördern. Kein sonstiger Gedankenaustausch oder andere Formen der Unterhaltung sollten davon ablenken. Alles, was mit dem *Geist der Welt* in Verbindung gebracht werden kann, muss abgelehnt werden, da es nicht zur Erbauung dient.

Ermunterung

Dieses Wort ist in Verbindung mit dem wichtigsten Zweck und Ziel der Tätigkeit der Organisation zu sehen.

Zum Beispiel wird zur *Freigebigkeit* ermuntert. Jedoch wird eine *gottgemäße Freigebigkeit* definiert. Zeugen Jehovas sollen nicht einfach freigebig sein, sondern sie sollten diese Eigenschaft kontrollieren und kanalisieren. Man sollte sich überlegen, ob jemand, der in Not geraten ist, eventuell aus Faulheit oder eigenem Verschulden in dieser Situation ist. Ein Alkoholkranker oder Drogensüchtiger verdient demnach keine freigebige Unterstützung. Witwen sollen nur unter bestimmten Voraussetzungen unterstützt werden. Das hängt unter anderem von ihrem Eifer und Einsatz für die Interessen der Wachtturmorganisation ab. Nicht-Zeugen Jehovas werden nur in Ausnahmefällen bei Naturkatastrophen unterstützt, wenn man diese Hilfe als *Ermunterung* betrachten kann, dass der Betroffene dadurch angeregt wird, mit den Zeugen ihre Lehre zu studieren und der Organisation beizutreten. Sie gelten ansonsten als Menschen der Welt oder Ungläubige, für die ein *wahrer Christ* – wie sich die Zeugen Jehovas selbst bezeichnen – keine Verantwortung übernehmen muss. Natürlich wird die *Ermunterung* zur Freigebigkeit nach sehr ausführlichen Erklärungen dazu, wer keine Unterstützung verdient, so verstanden, dass es um die freigebige Unterstützung der Wachtturmorganisation und ihrer Ziele geht.

Als Ermunterung werden auch die Aufforderungen betrachtet, in der Tätigkeit *nicht nachzulassen*. Es wird mit *ausharren* umschrieben, wenn jemand trotz größter persönlicher Schwierigkeiten oder Erschöpfung seinen Einsatz eher erweitert als reduziert.

Psychische Erschöpfungszustände aller Art und psychosomatische Beschwerden, die häufig ungeklärte Ursachen haben, könnten demnach mit religiös bedingtem Erwartungsdruck in Zusammenhang gebracht werden.

Feuersee

– bedeutet den *zweiten Tod*. Das Wort symbolisiert den Tod ohne Wiederkehr. Im Unterschied zu dem *adamischen Tod* haben die Verurteilten keine Hoffnung auf eine Auferstehung. Die Zeugen Jehovas bezeichnen ihre Ex-Mitglieder als *reuelose Gegner der Souveränität Gottes,* wenn sie nicht um Wiederaufnahme bitten. Sie seien diejenigen, die für den *Feuersee* bestimmt sind, in den auch *Satan* und die *Dämonen* geworfen werden, wenn sie ihre *ewige Vernichtung* erleiden.

Mit der Drohbotschaft der Vernichtung im *Feuersee* zusammen mit *Satan* und den *Dämonen* wird viel Angst erzeugt. Das ist ein probates Mittel, Kritik und Austritte zu vermeiden.

Sie verursacht extreme Ängste und Gewissensnöte bei Gläubigen.

Fürsten der neuen Ordnung

Ab den 1970er Jahren wurde die Lehre verbreitet, dass *Älteste,* die den Krieg Gottes – *Harmagedon* – überleben, als *Fürsten der neuen Ordnung amten* werden. Sie sollen von solchen unterstützt werden, die unmittelbar nach der Vernichtungsschlacht als ehemals in Treue Verstorbene auferstehen werden.

Im Wachtturm vom 15. August 1984 wurde ausführlich erklärt, dass die zukünftigen Fürsten der neuen Ordnung bereits tätig sind und vor allem, dass es sich nicht um eine Demokratie handelt, sondern um die *Theokratie.*

> *„Loyale Zeugen sind nicht demokratischen Ansichten und Methoden zugeneigt. Sie sind sich der Tatsache bewußt, daß sie in einer theokratischen Organisation dienen — einer Organisation, in der Gottes Wille erforscht und auch befolgt wird. Dem großen Theokraten gebührt die Ehre dafür, daß er seinen demütigen, willigen Dienern auf der Erde seine Vorsätze geoffenbart hat."*

Die Art, wie *Demut* und widerspruchsloser *Gehorsam* gefordert wird, ist durchaus mit einer Diktatur vergleichbar.

Gebiet

Praktisch die ganze Erde ist für die Verbreitung der Wachtturm-Botschaft in Gebiete und Zonen aufgeteilt.

Gegliedert nach Erdteil, Land, Bundesland, den Städten und Gemeinden, den Stadtteilen und Straßen sowie den einzeln erfassten Häusern und Wohnungen wird jeder Ortsgruppe – oder *Versammlung* – ein bestimmtes Gebiet zur Bearbeitung zugeteilt. Es liegt in der Verantwortung der *Ältestenschaften* oder ernannten Beauftragten der Wachtturm-Gesellschaft, dafür zu sorgen, dass die Bewohner regelmäßig mit der Werbebotschaft besucht werden. Es werden persönliche Notizen über die Häufigkeit der Besuche, die erzielten Erfolge und Gespräche gemacht, die für die Planung der weiteren Bearbeitung und Besuche verwendet werden. Es ist das Ziel, das gesamte zugeteilte *Gebiet* einmal in sechs bis zwölf Monaten zu bearbeiten. Wer ein *getaufter Verkündiger* ist, kann eine persönliche *Gebietszuteilung* bekommen, in der die Straßen und Häuser bzw. Wohnungen genau erfasst sind, für deren *Bearbeitung* er beauftragt wird.

Die *reisenden Aufseher* besprechen bei ihren halbjährlichen Besuchen den reibungslosen Ablauf der *Gebietsbearbeitung* oder wie man eventuellen Problemen begegnen kann. Sie schlagen gegebenenfalls Verbesserungen für die Gebietsbearbeitung vor.

Geduld

Diese Eigenschaft wird in die Gruppe der vortrefflichen Werke eingeordnet. Sie dient häufig als Verweis auf die vorbildlichen Zeugen, die sich in jeder Situation geduldig und vorbildlich benehmen, um ein *gutes Zeugnis* für ihren Glauben abzugeben. Bei der Belehrung der voraussichtlichen Neumitglieder soll man mit viel Geduld und einem guten Beispiel vorgehen, um ihnen mit der Zeit Mut zu machen, ebenfalls diese Tätigkeit von Haus zu Haus in Angriff zu nehmen.

Geduld wird auch von solchen erwartet, die mit den Lehren nicht ganz einverstanden sind. Es wird ihnen gesagt, sie sollten mit dem *himmlischen*

Wagen, der die irdische Organisation begleitet, *in Harmonie zusammenwirken* und nicht vorauseilen. Lehränderungen oder Korrekturen sind grundsätzlich nur von der Leitung zu erwarten. In der Geschichte der Wachtturm-Gesellschaft wurden Mitglieder mit dem Gemeinschaftsentzug bestraft, weil sie auf eine unrichtige Glaubenslehre aufmerksam gemacht hatten, die später genau in diesem Sinne durch die Führung korrigiert wurde.

Ein weiteres Gebiet, in dem Geduld erwartet wird, ist die Verwirklichung eigener Wünsche und Ziele. So haben viele Ehepaare in der Hoffnung auf ein baldiges Paradies ihren Kinderwunsch vertagt. Manche träumten von der Aussicht, im Paradies ein Musikinstrument zu erlernen, Reisen zu machen, sich ein Haus zu bauen. Manches betagte Ehepaar starb einsam und kinderlos, ohne dass sie ihren Traum von einer glücklichen Familie verwirklichen konnten. Inzwischen sind sehr viele mit enttäuschten Hoffnungen verstorben.

Gegenbild

Wenn eine Wachtturmlehre als göttlicher Wille vermittelt werden soll, dann verwendet man sehr häufig die Methode, eine Begebenheit aus der Vorzeit zum *Vorbild* zu nehmen und dann zu sagen, dafür gibt es in unserer Zeit eine *neuzeitliche Erfüllung*. Es werden beide Zeiten zusammengeführt. Das *Vorbild* bedingt ein *Gegenbild*. Dabei spielt es häufig überhaupt keine Rolle, ob die Begebenheit auf die heutige Zeit übertragbar ist oder ob aus dem Kontext des Ereignisses irgendeine zukünftige Erfüllung oder prophetische Absicht erkennbar ist.

Gemeinschaftsentzug

Die Höchststrafe, die als innerorganisatorische, disziplinarische Maßnahme innerhalb der Autonomie der Religionsgemeinschaften ausgesprochen werden kann. Sie bedeutet den sozialen Tod. Es ist ein probates Mittel, um

mit der Angst vor dieser Bestrafung Abweichler von offener Kritik abzuhalten. Wer mit diesem Urteil bestraft wird, muss von seinen Ex-
Glaubensgefährten, seinen Freunden und seiner Familie wie ein buchstäblich Toter behandelt werden. Jeder Kontakt ist zu vermeiden. Die Strafe
wird von einem Rechtskomitee verhängt, das in der Regel aus drei Männern im Rang von Ältesten besteht. Das Tribunal ist Ankläger, Richter und
Vollstrecker in Personalunion. Die Sitzung ist nicht öffentlich. Es wird
keine schriftliche Begründung für die Anklage gegeben und auch keine
schriftliche Urteilsbegründung verfasst. Die Versammlung wird nicht über
die Gründe des Urteils informiert. Sie bekommt lediglich die Mitteilung,
dass eine Person kein Zeuge Jehovas mehr ist. Ab dem Zeitpunkt dieser
Bekanntmachung haben die Mitglieder sich an das Kontaktverbot zu
halten.

Nach neueren Studien bedeutet Ausgrenzung für die Psyche der Bestraften
ein ähnliches Schmerzempfinden in der Hirnregion für Schmerzen, wie
buchstäblicher, körperlicher Schmerz.

Auch Täter, vor allem Mitläufer, die der Stigmatisierung aus sozialem
Druck folgen, schaden damit offenbar ihrer Psyche. In dem Spannungsfeld
zwischen der zwingenden Forderung durch Gehorsam und Unterordnung
die *neue Persönlichkeit* anzuziehen und der Herausforderung, die Dissonanz
zu den eigenen Gefühlen zu beherrschen, entstehen häufig psychisch
bedingte Erkrankungen.

Genaue Erkenntnis

Philipper 1;9 NW:

> *„Und um das bete ich weiterhin, daß eure Liebe noch mehr und
> mehr überströme mit genauer Erkenntnis und allem Unterschei-
> dungsvermögen."*

Andere Bibelübersetzungen schreiben nur „Erkenntnis". Der Anspruch
der Leitung der Wachtturmorganisation ist es, durch Offenbarung des

Heiligen Geistes im Besitz *Der Wahrheit* und des Wissens über *die tiefen Dinge Gottes* zu sein. Nach dem Prinzip *Vorbild – Gegenbild* wird argumentiert, Gott handle mit den Führenden ebenso wie mit Paulus. Sie behaupten zudem, dass sie beauftragt sind, sogenannte *geistige Speise* auszuteilen. Das sind die Veröffentlichungen in den Wachtturmpublikationen. Diese gründlich zu studieren und den Inhalt genau zu beachten, sei für den Erwerb der *genauen Erkenntnis* unerlässlich, angesichts der Nähe des Gottesgerichtes.

Der Nutzen des gründlichen Studiums der *Wachtturmspeise* sei es, den *Predigtdienst eifrig* und gewissenhaft durchführen zu können und so in der Liebe Gottes zu bleiben. Eine *gründliche Schulung* in der *genauen Erkenntnis* ist eine wesentliche Voraussetzung dafür, die geforderte *neue Persönlichkeit* anzuziehen. Der Weg, auf dem man bereit gemacht wird, sein individuelles ICH dem kollektiven WIR freiwillig zu unterwerfen.

Gesalbter

Die Zeugen Jehovas werden in zwei Klassen aufgeteilt. Eine kleine Gruppe der *Gesalbten* soll ein heute lebender *Überrest* aus den 144 000 Auserwählten sein, die eine *himmlische Hoffnung* haben und zusammen mit Christus als *Priester und Könige amten* werden. Diese Gruppe wird auch die *kleine Herde* genannt.

Alle übrigen Menschen gehören zu der Gruppe der *anderen Schafe,* sofern sie nicht *reuelose Böcke* sind, die die Lehre der Zeugen Jehovas ablehnen. Die *anderen Schafe* werden im Paradies auf der Erde leben und unter der himmlischen Regierung daran arbeiten, das verlorene, ursprüngliche Paradies wieder herzustellen.

Geschultes Gewissen

Die Zeugen Jehovas werden vor der Zulassung zur Taufe gründlich geschult, alle Regeln und Vorschriften aus den Wachtturmschriften als Gottes Gesetz oder *Grundsatz* zu akzeptieren. Dadurch entsteht der Eindruck, man handle freiwillig und nach dem eigenen Gewissen, wenn man sich dem Gruppengefüge anpasst. Alle persönlichen Entscheidungen werden mit dem „Grundsatzkatalog" abgeglichen und nach den erlernten Regeln getroffen. Eine Vorschrift wird zum *biblischen Grundsatz,* wenn sie mit einer Aussage aus der Bibel autorisiert ist.

> *„Christen von heute vertrauen ebenfalls bedingungslos auf den wahren Gott. Sie folgen ihrem geschulten Gewissen und lehnen es ab, sich an falschen Anbetungsformen oder an Feiern zu beteiligen, die Gottes Gesetze und Grundsätze verletzen."* *„Solch einen starken Glauben und solch einen Gehorsam zeigen auch heute Diener Jehovas, wenn ihre Lauterkeit geprüft wird."* WT 15.7.2006 S 8

Glauben und Gehorsam werden stets als unzertrennliche Einheit gesehen.

Gewohnheit

Dieses Wort ist oft negativ besetzt. Es wird vielfach im Zusammenhang mit „schlechten" Gewohnheiten gebraucht, die vor einer möglichen Taufe aufgegeben werden müssen. Dazu gehören das Rauchen, der Drogenkonsum, gewisse sexuelle Praktiken, religiöse Rituale, in böser Absicht zu lügen, usw.

Dagegen gibt es aber auch empfohlene Gewohnheiten, die man sich aneignen sollte. Das *regelmäßige Gebet, tägliches Bibellesen,* der *regelmäßige Besuch aller Zusammenkünfte,* die Erstellung eines *Familienzeitplanes,* nach dem *regelmäßig* mit der Familie die Wachtturm-Literatur *studiert* wird, regelmäßig den *Tagestext* mit der Familie zu besprechen, die regelmäßige *Beteiligung an den verschiedensten Zweigen des Predigtdienstes,* der der Neumitgliederwerbung gewidmet ist und dem Einsatz in verschiedenen Zweigen des freiwilligen Einsatzes bei der Pflege und dem Neubau der Immobilien, der Organisation von großen Veranstaltungen, der Verpflegung von reisenden Beauftragen der Wachtturm-Gesellschaft, dem *freiwilligen Spenden* für die weltweiten Aktionen, usw.

Harmagedon

– wird einerseits als Weltsituation beschrieben, bei der sich alle Nicht-Zeugen unter der Führung *Satans* und der *Dämonen* verschwören die Zeugen Jehovas anzugreifen. Das sei der Zeitpunkt, an dem Gott eingreift. Er empfindet das angeblich so, als würde man seinen *Augapfel* angreifen. Darum würde er gegen alle Bewohner der Erde seine Endschlacht, den Krieg von *Harmagedon* führen. Christus ist der Anführer der *himmlischen Streitmacht*, die gleichzeitig auch *Satan* und die *Dämonen* gefangen nimmt und für *1000 Jahre* in einem *Abgrund gefesselt* und gefangen hält. Diese blutige Schlacht werden nur diejenigen überleben, die sich durch die Verbindung mit *den wahren Anbetern Gottes*, wie sich Jehovas Zeugen nennen, in Sicherheit gebracht haben. Doch die Zugehörigkeit allein ist keine Garantie für die Rettung, denn es wird auch der *vollständige Gehorsam* allen Geboten gegenüber erwartet, die von der Leitung vermittelt werden. Selbst der Glaube an die Wachtturm-Lehren allein genügt nicht, denn die Gefahren lauern überall: Musik, Film, Fernsehen, eigene Unvollkommenheit, Sex, Sport, falsche Freundschaften, oder man hat *Blutschuld* auf sich geladen, weil man nicht gründlich genug gepredigt hat. Niemand kann zu einhundert Prozent alles erfüllen, darum gilt der Bibeltext

Zephanja 2,3 NW:

„*... wahrscheinlich könnt ihr am Tag des Zornes Jehovas geborgen werden.*"

Harmagedon ist das Damoklesschwert. Eine permanente, allgegenwärtige Bedrohung, der sich niemand entziehen kann.

In der DVD Watchtower Library 2009, in der die Veröffentlichungen ab 1970 gespeichert sind, ergibt das Wort Harmagedon, das nur einmal in der Bibel erwähnt wird und einen Ort bezeichnet, der in Hebräisch Har Megiddô genannt wird, 2 113 Treffer.

Da es nahezu täglich in irgendeinem Zusammenhang erwähnt und gebraucht wird, kann es zum Trigger für Panikattacken, permanente Schuldgefühle, Vernichtungsängste und allerlei psychische Belastungsstörungen werden.

Heiliger Dienst

Arbeit, die direkt mit der Anbetung Gottes verbunden ist. Ein Zeuge Jehovas definiert jede Arbeit im Zusammenhang mit den Gruppeninteressen als heiligen Dienst. Dazu gehört auch, den Versammlungsraum oder die Toiletten zu putzen, sich freiwillig am Bau von neuen Königreichssälen, Kongresssälen, Verwaltungszentren oder Druckereigebäuden zu beteiligen. Ebenso die unbezahlte Arbeit in den verschiedenen ordensähnlichen Gemeinschaften, die sie *Bethelheime* nennen.

Himmlische Hoffnung

Nur 144.000 Menschen haben die *Himmlische Hoffnung*. Das heißt, niemand außer diesen *Gesalbten* oder Auserwählten wird nach dem Tod in den Himmel aufgenommen. Diese Gruppe soll als *Priester und Könige* während 1000 Jahren mit Christus regieren. Sie haben die Aufgabe, die Wiederherstellung des *irdischen Paradieses* zu überwachen. Menschen, die *Harmagedon überleben* oder *nach Harmagedon* zu *irdischem Leben auferweckt* werden, werden die Pflicht haben, *die Erde in ein Paradies zu verwandeln.*

Interessen des Königreiches

WT 15. März 2005, S 14:

> *„Der Wunsch, nicht mehr für sich selbst zu leben, hat Tausende von Zeugen Jehovas angetrieben, als Pioniere tätig zu sein. Anderen bleibt der Vollzeitdienst umständehalber verwehrt. Dennoch haben sie Pioniergeist und unterstützen das Predigen des Königreiches, so gut sie können. Von demselben Geist zeugt es, wenn Eltern persönliche Interessen zurückstellen und viel Zeit darauf verwenden, ihre Kinder zu eifrigen Dienern Jehovas zu erziehen. Wir alle können auf irgendeine Weise zeigen, dass die Königreichsinteressen bei uns Vorrang haben (Matthäus 6:33)."*

Zur Legitimierung dieser Anforderung wird der Bibelvers aus dem Zusammenhang gerissen und wie eine direkte Anweisung von Jesus Christus an alle Zeugen Jehovas verwendet.

Grundsätzlich sind nicht die persönlichen Interessen wichtig, sondern alles was im Interesse der Wachtturmorganisation ist. Das wird als *die Interessen des Königreiches* definiert.

Im Laufe der Zeit kann es passieren, dass der einzelne Gläubige nicht mehr den Mut hat, für sich selbst zu leben. Er bekommt Schuldgefühle, wenn er in einer Zeit, die er für den *Predigtdienst* oder das *persönliche Studium* der Wachtturmschriften verwenden könnte, etwas tut, was ihm Spaß macht. Unter solchem Druck verliert man oft den Zugang zu sich selbst. Dissoziation ist nicht selten die Folge in extrem religiösem Umfeld.

Irdische Organisation

Jehovas Zeugen betrachten sich als *sichtbaren Teil der himmlischen Organisation Gottes*. Darum dürfen sie *kein Teil der Welt* sein, in der sie leben. Die Trennung von der sogenannten *Welt Satans* ist eine unabdingbare Voraussetzung dafür, ein anerkanntes Mitglied der Gruppe zu sein. Jedoch wird keine buchstäbliche Abgrenzung gefordert. Es ist die Verantwortung eines jeden tätigen Zeugen Jehovas *Jünger zu machen*. So wird in der Zeugensprache die Werbung für Neumitglieder genannt. Die Schulung für diese Aufgabe wird sehr ernst genommen und es wird viel Zeit dafür verwendet. Die wirkungsvollste Methode ist es, zunächst durch Freundlichkeit das Vertrauen zu gewinnen, dabei jedoch *Freundschaft mit der Welt* zu vermeiden. Dieser paradoxe Spagat verursacht einigen Mitgliedern Probleme.

Die Abgrenzung ist sehr schwierig. Wo hört die gebotene Freundlichkeit auf und wo fängt die verbotene Freundschaft mit der Welt an? Es ist sehr anstrengend seine Gefühle stets zu kontrollieren.

Irdisches Paradies

Die Zeugen Jehovas haben in der Mehrzahl als sogenannte *andere Schafe* die Hoffnung, einmal für ewig in einem *irdischen Paradies* zu leben. Diejenigen, die den Krieg Gottes überleben, haben den Auftrag an der *Wiederherstellung des verlorenen Paradieses* zu arbeiten. In einem Zeitraum von *1000 Jahren* soll Mensch und Tier vollkommen werden. Alle vor Harmagedon Verstorbenen sind den *adamischen Tod* gestorben und haben nach ihrer Auferweckung die Gelegenheit, sich für die Anbetung des *wahren Gottes Jehova* zu entscheiden. Wer sich weigert, wird den *zweiten Tod* sterben und ebenfalls in dem *Feuersee* landen. Das Schicksal, für das bereits *Abtrünnige, Satan der Teufel* und die *Dämonen* bestimmt sind. Da im Paradies niemand mehr altert, wird er allerdings noch *hundertjährig* wie ein *Jüngling* sein.

Jünger machen

Die Werbung um neue Mitglieder wird auf der Grundlage eines Bibeltextes aus Matthäus 28; 19,20 NW:

> *„Geht daher hin, und macht Jünger aus Menschen aller Nationen … und lehrt sie, alles zu halten, was ich euch geboten habe",*

als direkter Auftrag von Jesus Christus an die Zeugen Jehovas betrachtet und *Jünger machen* genannt.

Nach der Wachtturm-Lehre ist die gesamte *Welt Gott entfremdet*. Allein die Wachtturm-Anhänger haben die Botschaft der Versöhnung mit Gott durch Christus. Wer auf ihre Botschaft hört und günstig reagiert, muss geschult und belehrt werden. Er bekommt Anleitung und eine gründliche Schulung, damit sein Glaube soweit gefestigt wird, dass er selbst ebenfalls weitere Jünger machen kann.

In der DVD Watchtower Library 2009, die ihre Veröffentlichungen ab 1970 enthält, ergibt die Suche nach dem Begriff „Jünger machen" 3 142 Treffer.

Die permanente Aufforderung, diesen Auftrag auszuführen, weil er *von Christus selbst gegeben* wurde und niemand davon ausgenommen ist, wenn er nicht *blutschuldig* werden möchte, ist für viele ein Leistungsdruck, der zu physischer und psychischer Erschöpfung führt.

Kongress

Für Jehovas Zeugen ist ein Kongress eine Großveranstaltung mit gottesdienstlichem Charakter und stundenlanger Berieselung durch Vorträge über sogenannte „geistige Dinge". Sie dienen der Demonstration ihrer Gemeinschaft als geistige Bruderschaft. Sie sprechen das Bedürfnis nach Zusammengehörigkeit an. Damit wird in regelmäßigen Abständen nachdrücklich die Notwendigkeit unterstrichen, der Doktrin zu folgen. Sie vermitteln das Gefühl, an einem besonderen Höhepunkt des Zeugen-Jahresablaufs beteiligt zu sein. Es wird „geistige Tankstelle" genannt, die zur „*Auferbauung*" und „*Ermunterung*" beitragen soll.

Mit der umgangssprachlichen Bedeutung des Wortes Fachtagung zum gegenseitigen Austausch mit zusätzlichem Rahmenprogramm hat ein Kongress der Wachtturmorganisation nichts gemein.

Leitfadenbuch

Das Buch enthält die Anweisungen zur Durchführung der *wöchentlichen Theokratischen Predigtdienstschule*. Es wurde 2001 durch das Buch *Nutze die Belehrung der Theokratischen Predigtdienstschule* ersetzt. Das Lehrbuch wird jedem als persönliches Exemplar ausgehändigt, der sich in die Schule eintragen lässt. In der Regel sind Jehovas Zeugen ohne Altersbegrenzung während ihrer gesamten Lebenszeit in der Schule eingetragen. Ausnahmen sind nur bei schweren, gesundheitlichen Einschränkungen akzeptiert.

Auf Basis der *Vorbilder* der Menschen aus alter Zeit wird abgeleitet, wie sich Jehovas Zeugen *im Gegenbild* oder in der *Neuzeit* zu verhalten haben. Jedem Beteiligten werden Schulungsaufgaben zugeteilt, mit der die Fähigkeit verbessert wird, der Anforderung zu *predigen* gerecht zu werden. Bei Frauen liegt der Schwerpunkt der Schulung auf der Mitgliederwerbung. Männer erhalten zusätzlich Schulung zur Belehrung der Versammlung. Es wird Rat gegeben zur Verbesserung der Redefähigkeit, der richtigen Pausentechnik, Betonung, Gestik und Mimik, des Blickkontakts, sicheren Auftretens, der richtigen Verwendung der Bibeltexte, zum Nachdruck durch Wiederholung, Herausstellen des Hauptgedankens, wirkungsvollem Schluss. Man soll allgemein verständlich sein, mit Beispielen lehren und unter Verwendung von Veranschaulichungen das Herz ansprechen, usw. Das Ziel der Schulung ist *die Botschaft zu verkünden:* dass *Gottes Königreich jetzt im Himmel herrscht* und die Menschenherrschaft bald ganz und gar ersetzt wird, dass nur das

Königreich die natürlichen Wünsche aller Menschen vollständig erfüllt und man durch das, was man heute tut, zeigt, ob man Untertan des Königreiches Gottes sein möchte. Darum muss man durch die Lebensweise *beweisen*, dass man *zuerst das Königreich sucht*. Man kann durch die Tätigkeit von Tür zu Tür andere dazu bewegen, ebenfalls zuerst das Königreich in ihrem Leben zu suchen und Änderungen vorzunehmen, um dies *in noch vollerem Maße* zu tun.

Liebe
Ein II, S 213 Definition:

> *„In den Christlichen Griechischen Schriften werden hauptsächlich Formen der Wörter agápē und philía verwendet sowie zwei Ausdrücke, die von storg abgeleitet werden (érōs [die Liebe zwischen den Geschlechtern] wird nicht gebraucht); agápē kommt aber häufiger vor als die anderen Ausdrücke.*
> *Über das Substantiv agápē und das Verb agapáō heißt es in dem Werk Vine's Expository Dictionary of Old and New Testament Words (1981, Bd. 3, S. 21): ,Die Liebe ist nur an Taten zu erkennen. Gottes Liebe zeigt sich in der Gabe seines Sohnes', ... "*

Im Sinne dieser Definition wird auch in den Wachtturmschriften das Wort Liebe in der überwiegenden Mehrzahl als die *grundsatztreue Liebe* verwendet, die auch *ohne Zuneigung* durch die *erforderlichen Taten* zu *beweisen* ist.

Wer das verinnerlicht hat, kann seinen eigenen Gefühlen nur sehr schwer freien Lauf lassen. Es erfordert, die Kontrolle über das Gefühl nicht zu verlieren. Eine negative Einstellung zu jemandem, der unsympathisch ist, muss kontrolliert werden und durch die *grundsatztreue Liebe ersetzt* werden, sollte es sich um einen getauften Zeugen Jehovas handeln. Andererseits ist eine Zuneigung oder Sympathie zu einer Person, die ein *Weltmensch* ist, zu *kontrollieren und zu stoppen,* beziehungsweise nur soweit zuzulassen, wie es die Missionierung erfordert.

Die Verpflichtung, das Missionieren, Predigen, den Besuch aller Veranstaltungen, die freiwilligen Leistungen aus *agape-Liebe* zu Gott und den Menschen zu erbringen, macht das Wort Liebe zu einer drückenden Last. Es ist sehr schwer es mit Wärme und Zuneigung zu verbinden.

Viele haben dabei den Zugang zu sich selbst verloren und sind verzweifelt – meist unbewusst – auf der Suche nach Wärme für die Seele. Nach etwas, das man wahre Liebe nennen kann.

Materialismus

Im allgemeinen Sprachgebrauch stellt dieses Wort eine philosophische Weltanschauung dar. Bei den Zeugen Jehovas versteht man darunter jedes Streben nach materiellem Besitz, das über das absolut Notwendige hinausgeht. Überstunden machen kann eine materialistische Einstellung sein oder der Wunsch nach einem eigenen Haus, nicht aber ein Auto zu besitzen, weil das für die Fahrten zu den Zusammenkünften oder für den Predigtdienst gebraucht wird. Mit dem Argument, eine Aktivität oder Anschaffung soll *„den Interessen des Königreiches"* nützen, verschafft man sich das Alibi für die Akzeptanz. Das ist besonders im Falle eines Universitäts-Studiums der Fall, wenn man es damit begründen kann, dass zum Beispiel Mediziner oder andere Qualifikationen in den Zweigbüros der Wachtturm-Gesellschaft gebraucht werden. Wohingegen ein Studiengang rein aus persönlichen, wirtschaftlichen Interessen dem Prädikat „Materialismus" zuzuordnen wäre.

Neue Persönlichkeit

– ist die Anforderung, seine eigene Persönlichkeit aufzugeben und sich von der Doktrin der Wachtturmlehre umformen zu lassen. Es wird behauptet, dass es Gottes Wille und nach dem Maßstab Gottes für richtiges und verkehrtes Verhalten erforderlich sei, seinen Sinn neu zu gestalten. Man muss *die neue Persönlichkeit* als Beweis der *Loyalität gegenüber Gott anziehen.*

Der Anforderung wird mit einem Bibelzitat göttliche Autorität verliehen. Epheser 4; 23,24 NW:

> *„dass ihr aber erneuert werden sollt in der Kraft, die euren Sinn antreibt, und die neue Persönlichkeit anziehen sollt …";*

Eine Abhandlung zu diesem Gedanken soll als Beispiel dienen. Im internen Mitteilungsblatt „Königreichsdienst" vom Februar 1999, Seite 1:

> *„Zieht die neue Persönlichkeit an*
>
> [1] *Christen schätzen es, die Wahrheit zu kennen! Wir haben gelernt, wie man lebt, ohne den Weg derer zu gehen, die in der Welt sind. Weil diese „dem Leben, das Gott gehört, entfremdet sind", sind sie „in geistiger Finsternis" (Eph. 4:18). Wir sind gelehrt worden, unseren Sinn von der Denkweise der Welt frei zu machen, indem wir die alte Persönlichkeit ablegen und die neue anziehen (Eph. 4:22-24)".*

Für Jehovas Zeugen lässt die Formulierung keinen Zweifel daran, dass nur sie mit den Worten Christen und Wahrheit gemeint sind, während „die Welt" alle übrigen Menschen und damit in Verbindung das Böse bezeichnet.

> *„[2] Die alte Persönlichkeit zieht jemanden beständig in den moralischen Verfall, was zur Verunreinigung und zum Tod führt. Daher rufen wir alle, die auf die Königreichsbotschaft hören werden, dringend auf, allen Zorn, alle Wut, alle Schlechtigkeit, alle Lästerworte und jede unzüchtige Rede abzulegen. Wer in Gottes Gunst stehen will, muß die alte Persönlichkeit entschieden und vollständig ablegen — so, wie er schmutzige Kleidung ablegt (Kol. 3:8, 9).*
>
> [3] *Eine neue Kraft, die den Sinn antreibt: Zum Anziehen der neuen Persönlichkeit gehört auch eine Erneuerung der Kraft, die den Sinn antreibt (Eph. 4:23). Wie kann man diese Kraft oder Geisteshaltung erneuern, damit sie in der richtigen Richtung wirkt? Das geschieht durch ein regelmäßiges und gründliches Studium des Wortes Gottes und das Nachsinnen über seine Bedeutung. Dann entwickelt sich ein neues Denkmuster, und der Betreffende sieht die Dinge vom Standpunkt Gottes und Christi. Sein Leben wird umgestaltet, wenn er sich mit vielen christusähnlichen Eigenschaften kleidet, unter anderem mit Erbarmen, Güte, Demut, Milde, Langmut und Liebe (Kol. 3:10, 12-14).*

Die Behauptung, regelmäßig die Schriften des Wachtturmverlages zu studieren sei ein Studium des Wortes Gottes, ist die Methode der Immunisierung gegen Kritik von innen und außen. Alles was in den Schriften gelehrt wird sei der Standpunkt Christi. Die christusähnlichen Eigenschaften entwickeln angeblich nur Menschen, die ihren Sinn neugestalten lassen.

Dies erfordert fortgesetztes Unterwerfen unter die neuen Anforderungen und das Verleugnen der eigenen Bedürfnisse.

Es ist ein Merkmal totalitärer Gruppierungen zu fordern, das persönliche ICH dem kollektiven WIR bedingungslos zu unterwerfen. Die *individuelle Persönlichkeit* ist unterschiedlich stark. Wenn sie mit der *neuen Persönlichkeit* zu sehr kollidiert, wird der innere Kampf zwischen Dissonanz und Konsonanz unweigerlich früher oder später zur geistigen Erschöpfung führen.

Neutralität

Jehovas Zeugen betrachten sich als Untertanen einer *theokratischen, himmlischen Regierung,* die sie *das Königreich Gottes unter der Herrschaft Christi* nennen. Aus diesem Grund müssen sich alle Mitglieder wie *Gesandte an Christi statt* in ihrem jeweiligen Heimatland fühlen. Sie müssen sich auch als solche benehmen. Das heißt, sie sind zwar angehalten, die jeweiligen Landesgesetze genau zu beachten und zu respektieren, sie dürfen aber in allen politischen Belangen nur eine absolut neutrale Position einnehmen. Eine Übertretung dieser Vorschrift wird mit Sanktionen geahndet, die durchaus auch den *Gemeinschaftsentzug* oder das totale Kontaktverbot beinhalten können. In einem weltlichen System käme das der Ausweisung eines Diplomaten gleich.

Jehovas Zeugen dürfen die *Landesfahne nicht grüßen* und an *keinen Zeremonien teilnehmen,* bei denen der Fahnengruß gefordert wird. In manchen Ländern bedeutete das für Kinder sogar den Schulverweis.

Sie beteiligen sich nicht am *Wehrdienst,* an *Wahlen,* werden nicht Mitglied in *politischen Parteien,* führen keine patriotischen Diskussionen, lassen sich nicht in *politische Ämter* wählen – auch nicht als Parteilose. Aber sie müssen streng die *theokratischen Gesetze* der *Leitenden Körperschaft* einhalten.

Wegen dieser konsequenten Haltung verloren im Verlauf des vergangenen Jahrhunderts Tausende in Malawi oder im dritten Reich ihr Leben und Zehntausende erlitten Verfolgung und verloren Hab und Gut.

Diese Forderung von absoluter Loyalität hat Züge einer totalitären Vereinigung. So wirkt die *Wachtturm-Theokratie,* kaum bemerkt von der Politik, als Regierung innerhalb einer offiziellen Landesregierung.

Opfer

Opfer, die *dargebracht* werden, sollen die *Liebe zu Gott beweisen.* Man hat sich dankbar für das Opfer des Sohnes Jesus Christus zu erweisen. Man soll sich Abel, Noah und Hiob zum Vorbild nehmen, die wertvolle Tiere geopfert haben, um ihre Dankbarkeit gegenüber Gott *zum Ausdruck zu bringen.* Das Opfer soll wertvoll sein, dem Vermögen des Opfernden angepasst. So wie im Tempel die armen Menschen Tauben von geringem Wert opfern konnten, die Begüterten dagegen einen Stier oder Ziegenbock opfern mussten, sollte jeder gemäß seinen Möglichkeiten so viel opfern, dass es *eine Wertschätzung* und *nicht eine Geringschätzung* zum Ausdruck bringt. Man sollte sich auch Jesus zum Vorbild nehmen, der *Opfer der Lobpreisung darbrachte,* indem er unermüdlich predigte und das sogar bis spät in die Nacht, weil er sich dessen bewusst war, dass er nur wenig Zeit zur Verfügung haben würde. Den Dienst der Mitgliederwerbung nennt man *die Frucht der Lippen.* Jesus zeigte seinen rückhaltlosen Einsatz, indem er auf *materiellen Komfort verzichtete.* Jeder, der sich Jesus zum Vorbild nimmt, *opfert ebenfalls Zeit, Kraft und seine materiellen Mittel im Dienst für das Königreich.*

Mit keinem Wort wird hier eine absolute Forderung aufgestellt. Es ist die Gruppenerwartung, durch die ein unüberwindlicher Gruppendruck erzeugt wird. Die Verknüpfung der Vergangenheit als Vorbild für die Gegenwart passt in das Schema der Konditionierung *Vorbild/Gegenbild.* Durch die Schulung in dieser immer gleichen Anwendung der biblischen Aussagen ergänzt ein Sektenmitglied automatisch im Unterbewusstsein die Forderung mit der erlernten Methode, Antworten zu finden, die dem angeführten Beispiel einen logischen Sinn geben. (Verknüpfung von NLP mit Esoterik?)

Opferbereitschaft

Der Verzicht auf persönliche Interessen zugunsten der Tätigkeit, die den Zielen der Organisation dient.

Der interne Wachtturm vom 15. Januar 2013, S. 26 gibt dazu folgende Hinweise:

> *„Wie steht es mit denen, die Opfer gebracht haben, um den Vollzeitdienst für Jehova aufzunehmen? Sie haben vielleicht eine verheißungsvolle Laufbahn oder ein einträgliches Geschäft aufgegeben, um ihr Leben zu vereinfachen und mehr Zeit für das Königreich einsetzen zu können. Manche sind unverheiratet geblieben oder haben als Ehepaar auf Kinder verzichtet, damit für sie ein bestimmter Zweig des Vollzeitdienstes möglich war ... [...], wie der Betheldienst, die Mitarbeit bei internationalen Bauprojekten oder der Missionarsdienst. [...] Gibt es einen Grund zu denken, die Opfer seien unnötig gewesen oder zur falschen Zeit gebracht worden? Auf keinen Fall! [...] Niemand braucht zu denken, es ginge ihm besser, wenn er ein anderes Leben geführt hätte. [...] Jehova wird diese Opferbereitschaft nicht vergessen. Im wirklichen Leben wird er uns künftig weit mehr segnen, als wir uns heute ausmalen können!"*

Die beiden angeführten biblischen Beweise haben nichts mit dem Thema *Opferbereitschaft* zu tun und geben auch keinen Hinweis, dass sie für eine Erfüllung in dem sogenannten „wirklichen Leben", das erst nach der großen Schlacht Gottes beginnen soll, geschrieben wurden.

Die Ermahnung soll gegen Selbstzweifel immun machen und verhindern, dass der persönliche Einsatz für die Interessen der Wachtturm-Gesellschaft reduziert wird.

Pionier

Pionier ist die 5. Stufe in der Karriereleiter der sogenannten *Verkündiger der guten Botschaft vom Königreich.* Diese Stufe können Frauen und Männer erreichen. Wer als *Pionier* ernannt werden möchte, verpflichtet sich, monatlich eine vorgeschriebene Anzahl an Stunden in den verschiedenen Zweigen der Mitgliederwerbung einzusetzen. Im Zeugenjargon heißt dies *Predigt-*

dienst. Der *Pionierverkündiger* arbeitet in der Regel Teilzeit für seinen Lebensunterhalt und setzt die übrige Zeit für die Interessen der Wachtturmorganisation ein. Diese verbirgt ihr Anliegen aber hinter der Beschreibung *Dienst für Jehova*, da sie sich durch ein Bibelzitat mit Jehova sozialisiert „*als für Jehova getan und nicht für Menschen*".

Wer ein getaufter Zeuge Jehovas ist, regelmäßig bereits mehr als die durchschnittliche Zeit an *Predigtdienst* berichtet, sich für freiwillige Arbeiten zur Verfügung stellt, einen guten Leumund in der Versammlung hat und von den *Ältesten* als zuverlässig *empfohlen* wird, kann als *Pionier* ernannt werden.

Pioniergeist

Wer mit *biblischer Begründung* – das wäre die Verpflichtung für Angehörige zu sorgen oder Krankheit – keinen Zweig des *Pionierdienstes* durchführen kann, sollte den *Pioniergeist* entwickeln. Er wird *ermuntert* (was ein ehrlich Gläubiger als Aufforderung empfindet), im *Predigtdienst* sein *Möglichstes* zu geben, mit der schlichten Behauptung, dass sich Jehova darüber freut. Der Hinweis, es sollte aber von Herzen gegeben werden, wird nicht fehlen, da *Jehova nur einen fröhlichen Geber liebt.*

Mit Galater 6; 4 NW:

> „*Doch jeder erprobe sein eigenes Werk, und dann wird er Grund zum Frohlocken im Hinblick auf sich allein und nicht im Vergleich mit einer anderen Person haben*"

erfolgt die Aufforderung zu einer Gewissensprüfung. Die Verknüpfung mit Jehova und der nachfolgenden Ermahnung, dass die Zeit drängt und dass Leben auf dem Spiel steht, weil die verbleibende Zeit verkürzt ist, löst einen unglaublichen Leistungsdruck durch die Gruppenerwartung aus. Die Erwartung, seinen Zeitplan soweit zu verändern, dass man an einem zusätzlichen Wochentag einen Hilfspionier unterstützen kann, ist bedrängend. Die sublime Botschaft ist deprimierend, dass man nur dann Liebe zu Gott und zu seinem Nächsten zeigt, wenn man in dieser Form sein Möglichstes gibt.

Es ist sehr schwer eigene Grenzen zu setzen. Wann ist es genug? Was ist mein Möglichstes? Wenn ich alles getan habe, bin ich ein unnützer Sklave, denn ich habe nur getan, was ich zu tun schuldig bin, ist ein weiterer Verweis auf eine biblische Aussage, der nicht widersprochen werden kann. Auch werden diese Gewissensfragen in regelmäßigen Abständen wiederholt, was zur Folge hat, dass die eigene Gewissenprüfung immer neue Unsicherheit erzeugt, ob es nun genug ist oder ob nicht doch noch mehr Einsatz nötig wäre.

Predigen/ Prediger

Die Werbung für den Glauben der Zeugen Jehovas, bzw. die Wachtturm-Wahrheit wird *predigen* genannt. Sie ist in verschiedene Aktionen unterteilt. Von *Haus zu Haus*, die Zweitbesuche, falls Interesse vermutet wird, nennen sich *Rückbesuche*. Wird dem Angebot des regelmäßigen Kontaktes zugestimmt, führt man ein *Heimbibelstudium* mittels einer Veröffentlichung der Wachtturm-Gesellschaft durch. Das ist Einpauken der Wachtturm-Lehren in Form von Fragen und Antworten. Auch die Werbung auf der Straße, in Parks oder bei gelegentlichen Gesprächen wird predigen genannt. Die Zeit, die ein Zeuge Jehovas damit verbringt, wird monatlich addiert und mit dem Formular *Berichtszettel* zum Eintrag in eine persönliche *Verkündiger Dienst Karte* in der Versammlung abgegeben.

Die Begründung dafür ist: Christen haben den Auftrag, Gottes Königreich zu predigen und Jünger Jesu Christi zu machen. Jeder Zeuge Jehovas, der einen monatlichen Bericht über seine Tätigkeit abgibt, wird *Prediger* genannt. Geschult wird für diese Aufgabe in der wöchentlichen *Theokratischen Predigtdienstschule*, in die sich jeder Zeuge Jehovas eintragen lassen soll. Auch Kinder werden für die Werbung eingesetzt. Es gibt keine Altersgrenze.

Das Wort Predigen ergibt in der DVD der Watchtower Library 2009 9 088 Treffer.

Die Ansprachen der ernannten *Ältesten*, die neuerdings *geistliche Führer* genannt werden, innerhalb des Königreichssaales werden nicht „Predigten" genannt. Die offizielle Bezeichnung dafür ist *Ansprachen* oder *Vorträge*. Die

Aufgabe, die *Versammlung* zu belehren, wird nur Männern erteilt. Eine der Voraussetzungen für die Ernennung ist die *Lehrfähigkeit.* Die Ausbildung für diese Aufgabe ist nicht ein Studium an einer Universität für ein Lehramt oder der Theologie. Es ist die gründliche Schulung, die Wachtturm-Lehre und ihre organisatorischen Anweisungen gewissenhaft an die Versammlung zu vermitteln. Wer sich dafür mit Eifer und besonderem Einsatz empfiehlt, wird ernannt und mit der Aufgabe betraut die *Herde zu hüten,* was die Vermittlung der Glaubenslehren auf verschiedene Weise beinhaltet, sowie die Überwachung des Befolgens der Organisationsanweisungen. Ebenso die Überwachung der Einhaltung der Verhaltensnormen in persönlichen Bereichen und einheitliches Vorgehen in Übereinstimmung mit den Vorgaben der Leitenden Körperschaft.

Jeder getaufte Zeuge Jehovas ist im internen Sprachgebrauch auch ein *Prediger.* Auf der offiziellen Webseite der Wachtturmorganisation wird angegeben, dass es weltweit mehr als *7 500 000 Prediger* gäbe. Darin sind demnach auch alle Kinder der Zeugen Jehovas eingeschlossen, die getauft sind und darum regelmäßig einen *Bericht* über ihren monatlichen *Predigtdienst* abgeben müssen.

Die Prediger empfinden sich als Bibellehrer, auch die Kinder, die ebenso den Auftrag haben und auch gezielt dafür geschult werden, für ihren Glauben zu werben.

Probleme

Problemen soll keine allzu große Bedeutung geben werden. Man sollte in der Zuversicht leben, dass das Königreich jedes Problem lösen wird. Ein Mittel mit Problemen gut zu leben sei der *Predigtdienst.* Dieser Dienst würde helfen, die Segnungen des Königreiches im Auge zu behalten und dann brauche man sich nicht auf die eigenen Probleme zu konzentrieren, denn man könne anderen helfen, eine Liebe für die *Hoffnung auf die Zukunft zu entwickeln.*

Leider bewirkt oft das Verdrängen gerade bei den Gewissenhaftesten und Gläubigsten den psychischen Zusammenbruch, der aber selten mit dem

Glaubensdruck in Zusammenhang gebracht wird. Die Problembeladenen entwickeln obendrein noch erdrückende *Schuldgefühle* und ein Gefühl der *Wertlosigkeit*. Sie glauben, dass sie von Gott verlassen wurden. Sie kommen in eine Spirale der hilflosen, vergeblichen Bemühungen durch vermehrte Aktivität wieder Gottes Gunst zu erreichen. Dies mündet in erschöpfter Untätigkeit und noch mehr Schuldgefühlen statt in einer befreienden Lösung.

Prüfung

Negative Erfahrungen der Zeugen Jehovas gelten als eine Prüfung des Glaubens, die zugelassen wird, damit man seine Liebe und Loyalität beweisen kann und damit man durch sein *Ausharren Satan als Lügner entlarvt*. Zu den Prüfungen können Verfolgungen, Spott, Krankheiten, Unglücksfälle, Schäden durch Naturkatastrophen, der Verlust eines Angehörigen durch den Tod und vieles mehr gezählt werden.

Ganz besonders dramatisch ist eine Glaubensprüfung im Falle eines medizinischen Notfalles. Die Verweigerung einer Bluttransfusion gilt als Loyalitätsbeweis. Bei einer Zustimmung wäre Satan der Sieger. Wer einer Bluttransfusion zustimmt, hat in der Glaubensprüfung versagt und sich auf die Seite des Widersachers Gottes gestellt. Er wird wie jemand betrachtet, der *die Organisation Jehovas freiwillig verlassen* hat und wird *wie ein Abtrünniger gemieden*.

Rat

Wenn in den Wachtturm-Schriften *Rat erteilt* (es heißt nicht „gegeben") wird, steht dieser in Verbindung mit der höheren Instanz und dem Erwartungsdruck, dass dieser *Rat* unbedingt befolgt wird. Durch die Formulierung *biblisch begründeter Rat, Rat des treuen und verständigen Sklaven* oder *Rat eines Ältesten oder Hirten der Herde* versteht man in diesem Kontext den *Rat* als „Befehl". Die unaufhörlich übermittelten Informationen, die im Unterbewusstsein gespeicherten werden, lassen keinen Zweifel daran zu.

Z. B. würden gewissensbelastete Aussteiger den Rat eines Therapeuten sehr wahrscheinlich als Anweisung oder Befehl ansehen und wenn sie ihn nicht umsetzen können oder wollen, als eigene Unfähigkeit deuten.

Rute der Zucht

In den neueren Veröffentlichungen der Wachtturm-Gesellschaft wird dieser Begriff als Synonym für eine mündliche Anleitung zur Erziehung der Kinder gebraucht. Er wird aber mit der Einschränkung *„in der Regel genügt es"* versehen. Bei Kongressveranstaltungen oder in den Zusammenkünften wird den Eltern gesagt, sie sollten nicht zögern, beim *Zurechtweisen* der Kinder *biblische Grundsätze anzuwenden*, die *Rute der Zucht* sollte, *wenn nötig*, auch *buchstäblich* gebraucht werden.

Man kann entweder auf eine Zurechtweisung hören, das wäre die symbolische Rute der Zucht, oder wer nicht hören will, wird auch mit buchstäblichen Schlägen rechnen müssen.

Satan

Ein II, S. 798-803,

> *„Widerstandleistender*
>
> *[…] Die ihm in der Bibel zugeschriebenen Eigenschaften und Handlungen können nur einer Person, nicht einem abstrakten Prinzip des Bösen zugeschrieben werden. Es liegt klar auf der Hand, daß sowohl die Juden als auch Jesus und seine Jünger wußten, daß Satan als Person existiert.*
>
> *[…] Aus dem Bibelbericht geht deutlich hervor, daß es Satan war, der durch eine Schlange zu Eva sprach und sie zum Ungehorsam gegenüber Gottes Gebot verleitete. […] Da sich Satan der Schlange bediente, wird er in der Bibel als ‚Schlange' bezeichnet – […]*
>
> *Durch seine Handlungsweise gelang es Satan, den Mann und die Frau seiner Führung und seiner Gewalt zu unterwerfen, und dadurch machte er sich zu einem mit Jehova rivalisierenden Gott (1Mo 3:1-7). […]*
>
> ***[…] Andere böse Geister schließen sich ihm an.*** *[…] Deshalb wird Satan der ‚Herrscher der Dämonen' genannt. […] Der Apostel Paulus bringt Sa-*

tan mit den ,bösen Geistermächten in den himmlischen Örtern' in Verbindung und bezeichnet sie als ,die Weltbeherrscher dieser Finsternis' (Eph 6:11, 12). Als herrschende Macht im unsichtbaren Bereich in der unmittelbaren Nähe der Erde ist Satan der ,Herrscher der Gewalt der Luft' (Eph 2:2). In der Offenbarung wird von ihm gesagt, daß er ,die ganze bewohnte Erde irreführt' (Off 12:9). Der Apostel Johannes schrieb:, Die ganze Welt liegt in der Macht dessen, der böse ist' (1Jo 5:19). Satan ist daher ,der Herrscher dieser Welt' (Joh 12:31). Darum schrieb Jakobus: ,Die Freundschaft mit der Welt [ist] Feindschaft mit Gott' (Jak 4:4). [...]

*[...] **Er bekämpft auch Christen.** Nach Jesu Tod und Auferstehung setzte Satan seinen erbitterten Kampf gegen die Nachfolger Christi fort. [...] Satan hat nie aufgehört, Christen ,Tag und Nacht' anzuklagen und ihre Lauterkeit anzufechten, wie er es bei Hiob tat (Off 12:10; Luk 22:31). [...]*

Was bedeutet es, ,einen Menschen zur Vernichtung des Fleisches dem Satan zu übergeben'?

[...] Das war eine Aufforderung, den Mann aus der Versammlung auszuschließen und jede Verbindung zu ihm abzubrechen (1Ko 5:13). Ihn dem Satan zu übergeben bedeutete, ihn aus der Versammlung zu verstoßen — in die Welt hinaus, deren Gott und Herrscher Satan ist. [...]

Aufgrund des Lichts aus Gottes Wort haben Christen die Existenz Satans, seine Macht, seine Anschläge und Ziele erkannt und wissen, wie er vorgeht, weshalb sie diesen geistigen Feind mit den geistigen Waffen, die Gott bereitstellt, bekämpfen können (Eph 6:13-17)."

Das Wort Satan ergibt in der DVD Library der Wachtturm-Schriften ab 1970 bis 2009 9 161 Treffer. Da es beinahe täglich in jedem nur erdenklichen Zusammenhang gebraucht wird, ist es eines der intensivsten Trigger-Worte. Alles Negative und alles, was nicht konform ist mit der Wachtturm-Doktrin wird mit dem *Einfluss Satans* und seinem Versuch den Glauben zu zerstören in Verbindung gebracht. In die *Schlinge Satans* zu geraten bedeutet, das erhoffte *ewige Leben* oder die Gunst Gottes zu verlieren und mit ihm und den Dämonen im *Feuersee* der *ewigen Vernichtung* zu landen.

Es ist praktisch unmöglich, sich diesem Drohszenario zu entziehen.

Psychisch labile Menschen entwickeln oft die unterschiedlichsten Ängste, die Phobien oder Wahnvorstellungen gleichen. Es ist oft sehr schwer zu unterscheiden, ob es sich um eine systemische Erkrankung des Hirnstoffwechsels handelt, die mit modernen Medikamenten gut behandelbar wäre, oder ob antrainierte Ängste der Stressor oder Auslöser und Trigger für Panikattacken sind.

Selters

Dieses Wort steht nicht für den bekannten Vergleich „Sekt oder Selters".
Zufällig ist die Zentrale der Wachtturm Bibel- und Traktat-Gesellschaft, Deutscher Zweig in Selters im Taunus. Bei den deutschen Zeugen Jehovas hat sich das Wort als Synonym für die Chefetage eingebürgert. Organisatorische Anweisungen kommen von dieser Zentrale. So gibt es die Redewendungen: Selters sagt …, Selters meint …, Selters will …, usw.
Die freiwillige und unbezahlte Mitarbeit in dieser Zentrale gilt als *besonderes Vorrecht*. Wer nach *Selters* gerufen wird, hat die Aura des vorbildlichen Zeugen, und die Familie des so Ausgezeichneten gilt ebenfalls als Vorzeigefamilie. Die Eltern haben es geschafft, ihre Kinder zu *eifrigen Verkündigern* zu erziehen. Sie werden es auch nicht versäumen bei passender Gelegenheit zu betonen, dass ihre Kinder *in Selters* sind.
Die dort tätigen Zeugen Jehovas sind *die Bethel Familie*. Laut Statuten ist es eine *ordensähnliche Einrichtung*. Im deutschen Zweig sind je nach anstehendem Arbeitsvolumen 900 bis 1300 feste Mitarbeiter tätig, die von sogenannten Ferienmitarbeitern wechselnder Zahl unterstützt werden.

Sklave

Nicht ein abhängiger, unfreier Mensch. Die oberste Führung der Wachtturm-Gesellschaft und auch aller gläubigen Zeugen Jehovas weltweit nennt sich *treuer und verständiger Sklave*. Alle Anweisungen, wie die Bibel zu verstehen ist, wie die Organisation strukturiert sein muss, welche Regeln weltweit für alle Mitglieder gelten, gehen von diesem Gremium aus. Kritik, Abweichung oder Zweifel an den Anordnungen werden als Rebellion gegen

Gottes Autorität gesehen und mit drastischen Sanktionen bedroht bis hin zum Gemeinschaftsentzug.

Straßendienst

Einer der ältesten sogenannten *Dienstzweige*. Durch diese Art der öffentlichen Demonstration ihres Glaubens haben die Zeugen Jehovas Bewunderung und Respekt vieler Menschen geerntet. Man stand bei Wind und Wetter mit den Zeitschriften *Der Wachtturm* und *Erwachet* an einem möglichst belebten Platz. Die wenigsten Zeugen schaffen es, dabei aktiv auf die Passanten zuzugehen. Sie bleiben lieber stumm stehen und hoffen, dass jemand sie anspricht oder um eine Zeitschrift bittet. Die modernere Version dieses Dienstes ist es, unauffällig durch die Straßen und Parks zu schlendern, die Passanten zu beobachten und gezielt mit Hilfe eines Traktates oder einer anderen Schrift ein Gespräch zu beginnen. In größeren Städten werden auch Infostände betrieben, bei denen man Literatur und Gespräche anbietet und sich um Kontaktadressen bemüht.

Straucheln

WT 15. April 2006, S 15:

> *„Petrus hatte nun den Grund für das Zahlen der Kopfsteuer verstanden. Es ging darum, andere nicht zum Straucheln zu bringen. Ein weiterer Grundsatz, den wir dem Bericht entnehmen können, ist folgender: Auf das Gewissen anderer Rücksicht zu nehmen ist wichtiger, als auf seinem Recht zu bestehen.*
>
> *Was veranlasst uns, Entscheidungen zu treffen, durch die wir das Gewissen anderer respektieren? Es ist die Nächstenliebe. Im Anschluss an das Gebot, Gott mit ganzer Seele zu lieben, erwähnte Jesus Christus das zweitwichtigste Gebot, nämlich unseren Nächsten zu lieben wie uns selbst (Matthäus 22:39). Wir leben jedoch in einer egoistischen Welt und unsere sündhaften Neigungen verleiten uns zur Selbstsucht. Damit jemand seinen Nächsten so lieben kann wie sich selbst, muss er seinen Sinn umgestalten (Römer 12:2).*
>
> *Viele haben das getan, indem sie bei ihren Entscheidungen — ob groß oder klein — andere berücksichtigten. [...] Wie könnte das in der Praxis ausse-*

hen? Das zeigt das Beispiel einer jungen Frau, die in eine ländliche Kleinstadt zog, um Menschen zu helfen, die Bibel kennenzulernen. Sie merkte schnell, dass ihr Kleidungsstil, der in der Großstadt durchaus angebracht war, auf dem Land Anstoß erregte. Eigentlich war an ihrem Äußeren nichts auszusetzen, aber sie beschloss, sich unauffälliger zu kleiden, ,damit vom Wort Gottes nicht lästerlich geredet werde' (Titus 2:5). "

Diese Erklärung ist scheinbar sehr vernünftig, verständnisvoll, rücksichtsvoll. Doch gibt sie die Begründung für allerlei Regeln, die innerhalb der Versammlung zu beachten sind. Vor allem solche Vorlieben, die ganz offensichtlich normalerweise dem persönlichen Geschmack überlassen sein sollten. Die Möglichkeit, es könnte jemand *zum Straucheln* gebracht werden oder *in seinem Glauben Schiffbruch erleiden,* weil er am Verhalten eines Einzelnen *Anstoß nimmt,* reduziert die persönliche Freiheit auf die kollektive Meinung. Es besteht auch die Gefahr, dass solche Anweisungen als Vorwand dienen, um persönliche Ansichten durchzusetzen. Das grenzt meiner Ansicht nach teilweise an Machtmissbrauch.

Sublime Botschaft

Eine unterschwellig vermittelte Botschaft oder Belehrung erfolgt durch das Prinzip *Vorbild/Gegenbild.* Wenn eine bestimmte Handlung oder Entscheidung von den Mitgliedern erwartet wird, gibt es nicht die klare Ansage: Tu das auf diese Weise. Zunächst wird ausführlich über *ein Vorbild* aus vergangenen Zeiten berichtet. Da es sich um einen Bibelbericht handelt, also um die *heiligen Aussprüche Gottes, die zu unserer Belehrung geschrieben wurden,* gibt es keinen Zweifel darüber, dass das *Vorbild* auch heute *nachgeahmt werden* soll. Die Verknüpfung der Vergangenheit mit der Jetztzeit wird so geschickt konstruiert, dass es nicht erforderlich ist, direkte Befehle anzuschließen. Der Gläubige ergänzt die fehlenden Informationen zu der sublimen Botschaft selbständig und handelt wie es der Gruppenerwartung entspricht.

System der Dinge

Ein I, S 735:

> *"So, wie die Flut der Tage Noahs nicht die buchstäblichen Himmel und die buchstäbliche Erde vernichtete, sondern nur die gottlosen Menschen, so wird auch die Offenbarung Jesu Christi mit seinen mächtigen Engeln in flammendem Feuer nur für die Gottlosen und das böse System der Dinge, von dem sie ein Teil sind, ewige Vernichtung zur Folge haben"*

Ebenda Seite 598:

> *"Das natürliche Israel, mit dem der Gesetzesbund geschlossen worden war, machte sich des geistigen Ehebruchs schuldig, denn es beteiligte sich an Bräuchen der falschen Religion, zu denen u. a. Riten des Geschlechtskults gehörten, und mißachtete das siebte Gebot (Jer 3:8, 9; 5:7, 8; 9:2; 13:27; 23:10; Hos 7:4). Aus ähnlichen Gründen verurteilte Jesus auch die jüdische Generation seiner Tage als ehebrecherisch (Mat 12:39; Mar 8:38). In gleicher Weise begehen heutige Christen, die sich Jehova hingegeben haben und in den neuen Bund aufgenommen worden sind, geistigen Ehebruch, wenn sie sich mit dem gegenwärtigen System der Dinge beflecken (Jak 4:4)."*
>
> *"Ihr Ehebrecherinnen, wißt ihr nicht, daß die Freundschaft mit der Welt Feindschaft mit Gott ist? Wer immer daher ein Freund der Welt sein will, stellt sich als ein Feind Gottes dar." Jakobus 4, 4 NW*

Damit kann praktisch alles umschrieben werden, was außerhalb der Wachtturmorganisation vor sich geht: Politik, Religion, Tradition, Kultur, Wissenschaft. Der angeführte Bibeltext macht diese Anweisung zu einem *biblischen Grundsatz*, mit dem „die Freundschaft mit der Welt als Feindschaft mit Gott" dargestellt wird.

Tag der Rache Gottes

Dieser Tag bricht mit dem Beginn des Krieges Gottes, der *Harmagedon* genannt wird, an. Er bedeutet den Tod von Milliarden von Menschen, die sich nicht zu den Zeugen Jehovas bekehren ließen. Obwohl die drohende

Vernichtung der Grund sein soll, den *Predigtdienst* aus *Liebe zum Nächsten* durchzuführen, sollte man möglichst wenig über diese Gefahr sprechen. Es wird geraten, lieber von den *zu erwartenden Segnungen* nach der *Vernichtung* zu erzählen.

Das ist eine geschickte Lenkung zur selektiven Wahrnehmung. Auch der Zeuge Jehovas selbst wird in seinem Sinn den Gedanken an die drohende Gefahr eher verdrängen und seine Hoffnung und Träume auf das versprochene Glück im Paradies lenken, in dem alle Probleme gelöst sein werden.

Taufe

Die Taufe erfolgt durch *vollständiges Untertauchen im Wasser*. Das soll demonstrieren, dass man die *alte Persönlichkeit* oder das frühere Leben aufgegeben hat und sich vollständig dem neuen Leben widmen will.

Die Taufe wird als Beweis der *rückhaltlosen, bedingungslosen Hingabe* und Anerkennung der Anforderungen die durch die Lehren in den Schriften der Wachtturm-Gesellschaft vermittelt werden, gesehen.

Dies muss ein Taufbewerber durch seine zustimmende Antwort auf die zweite Tauffrage öffentlich bekennen:

Sie lautet:

> *„Bist du dir darüber im Klaren, dass du dich durch deine Hingabe und Taufe als ein Zeuge Jehovas zu erkennen gibst, der mit der vom Geist geleiteten Organisation Gottes verbunden ist?"* Org S. 215

Daraus ergibt sich, dass ein Täufling ein bestimmtes Alter haben muss, um diese Frage zu beantworten. Leider wurden auch schon Kinder im Alter von sieben Jahren getauft. Sie haben die Tragweite ihrer Entscheidung ganz gewiss nicht verstanden. So lange ein Mensch nicht getauft ist, kann er nicht aus der Gemeinschaft mit der Folge eines totalen Verlustes aller sozialen Kontakte ausgeschlossen werden. Das wäre besonders für die hineingeborenen Kinder und Jugendlichen wichtig, die irgendwann den rigiden Anforderungen nicht gewachsen sind. Als Ungetaufte können sie sich mit dem Zeitpunkt der Religionsmündigkeit von den Aktivitäten zurückziehen und trotzdem mit der Familie – wenigstens in einem gewissen Rahmen – in Kontakt bleiben. Ein getauftes Familienmitglied muss jedoch strikt gemieden werden, wenn es sich von der Religionsgemeinschaft trennt oder wegen eines Fehlverhaltens ausgeschlossen wird.

Teufel
Ein II, S 1111

> „*Dieser vielsagende Name wurde Satan gegeben, weil er der schlimmste Verleumder und Falschankläger Jehovas, seines guten Wortes und seines heiligen Namens ist. Das griechische Wort diábolos bedeutet ‚Verleumder'. […]*
>
> *All die Jahrhunderte hindurch hat der Teufel unverhohlen gezeigt, daß er der Erzfeind Gottes und der Menschen ist […] … bewies, daß er die Macht hat, andere zu umgarnen (1Ti 3:7; 2Ti 2:26); benutzte Leute wie die Führer der falschen Religion, Judas Iskariot und Bar-Jesus als seine Kinder (Joh 8:44; 13:2; Apg 13:6, 10); bedrückte Menschen, so daß Ärzte sie nicht heilen konnten (Apg 10:38); ließ Gerechte ins Gefängnis werfen (Off 2:10) und hatte sogar das Mittel, einen vorzeitigen Tod zu verursachen (Heb 2:14). Christen werden daher ermahnt, diesem Verleumder Gottes nicht Raum zu geben, indem sie in einer gereizten Stimmung verharren (Eph 4:27). ‚Bleibt besonnen, seid wachsam', ermahnt Petrus. ‚Euer Widersacher, der Teufel, geht umher wie ein brüllender Löwe und sucht jemand zu verschlingen' (1Pe 5:8).*"

Immer wird der Teufel zusammen mit den Wort Satan, Dämonen, Widersacher, und vor allem mit der Assoziation *brüllender Löwe, der verschlingt*, gebraucht. Auch dieser Begriff ist geeignet, Panikattacken und Angststörungen zu triggern. Durch die Verwendung der Bibelverse werden Aussagen und Erklärungen scheinbar durch Gott selbst autorisiert. Wer glaubt, kann sich der Bedrohung nicht entziehen.

Fatal ist diese Praxis, mit Drohbotschaften zu arbeiten, in der Kindererziehung. Es gibt unzählige Berichte von Angststörungen, die Sektenkinder entwickeln, die sie selbst im Erwachsenenalter nicht überwinden können.

Theokratie

Jehovas Zeugen bezeichnen sich als Bürger einer Neuen-Welt-Gesellschaft. Sie handeln als Untertanen einer Theokratie. Der Name ist abgeleitet von den Worten Theos für Gott und *Krat(e)ía* – für Herrschaft oder Regierung. Die Hierarchie ist pyramidenförmig. Die oberste Spitze soll Christus sein. Er leitet, nach Auffassung der Zeugen Jehovas, mittels des Heiligen Geistes das Gremium in Brooklyn, New York, das sich die *Leitende Körperschaft* nennt. Sie hat die Lehrautorität, der sich die Gesamtheit der Zeugen Jehovas unterwerfen muss (derzeit ist eine Verlegung der Zentrale nach Warwick geplant. Der Neubau von Lagerhallen ist im etwa 10 Kilometer entfernten Walkill bereits im Gange). Die Verantwortlichen für die weltweite Verwaltung werden nach deren Anweisungen und nur mit deren Zustimmung ernannt. Es gibt eine klare Verwaltungsstruktur, die bis in die kleinsten Zellen der Ortsgruppen geregelt ist und von reisenden Aufsehern regelmäßig kontrolliert wird.

In dem 2009 veröffentlichten Buch „Legt gründlich Zeugnis ab für Gottes Königreich" wird die Struktur der Organisation in Kapitel 14, ab Seite 110, wie folgt beschrieben:

> *„Wir sind zur vollen Übereinstimmung gekommen*
>
> *DER AUFBAU DER LEITENDEN KÖRPERSCHAFT HEUTE*
>
> *Wie bei den ersten Christen gibt es auch bei Jehovas Zeugen heute eine leitende Körperschaft. Sie setzt sich aus geistgesalbten Männern zusammen, die den ‚treuen und verständigen Sklaven' vertreten und Jehova mit Hingabe dienen (Mat. 24:45). Diese Brüder treffen sich jede Woche zu einer Besprechung. Daneben sind sie auf sechs Komitees mit unterschiedlichen Verantwortungsbereichen aufgeteilt.*
>
> * *Das Dienstkomitee betreut das Predigtwerk und ist zuständig für Angelegenheiten rund um die Ältesten, reisenden Aufseher und Vollzeitprediger. Es ist verantwortlich für die Zusammenstellung des Königreichsdienstes. Des Weiteren lädt es zur Gileadschule ein (Ausbildung von Missionaren) und zur Schule zur dienstamtlichen Weiterbildung (Ausbildung von unverheira-*

teten Ältesten und Dienstamtgehilfen) und legt fest, wo die Absolventen ein-
gesetzt werden.

- *Das Komitee der Koordinatoren besteht aus den Koordinatoren aller anderen Komitees und einem Sekretär, der ebenfalls zur leitenden Körperschaft gehört. Es stimmt die Arbeit der einzelnen Komitees aufeinander ab, damit alles reibungslos und effektiv ablaufen kann. Es kümmert sich um rechtliche Angelegenheiten und darum, dass über die Medien gegebenenfalls das richtige Bild von unseren Glaubenslehren vermittelt wird. Außerdem wird es aktiv, wenn Zeugen Jehovas in irgendeinem Land von Katastrophen, plötzlicher Verfolgung oder anderen Notsituationen betroffen sind.*

- *Das Lehrkomitee ist zuständig für das Programm auf allen Kongressen und in den Zusammenkünften. Ihm ist auch der Audio- und Videobereich unterstellt. Unter seiner Aufsicht wird das Unterrichtsmaterial für die Gileadschule, die Pionierdienstschule und für weitere Schulen ausgearbeitet. Dazu sorgt es noch für das biblische Programm in den Bethelheimen.*

- *Das Personalkomitee stellt sicher, dass in sämtlichen Bethelheimen für das Wohl der dortigen Mitarbeiter und für die Hirtenarbeit gesorgt ist. In seinen Arbeitsbereich fällt auch die Ernennung neuer Bethelmitarbeiter.*

- *Unter der Leitung des Schreibkomitees wird der biblische Lesestoff für die Versammlungen und die Öffentlichkeit ausgearbeitet. Es beantwortet auch Fragen zur Bibel, ist federführend in der Übersetzungsarbeit weltweit und genehmigt Dramenskripts, Vortragsdispositionen und Ähnliches.*

- *Das Verlagskomitee hat die Aufsicht über den Druck, die Herausgabe und den Versand von Veröffentlichungen zur Bibel. Ihm unterstehen auch die Druckereien und weiteres Eigentum, das von den verschiedenen Körperschaften der Zeugen Jehovas benutzt wird, außerdem der Bau von Bethelheimen sowie von Königreichs- oder Kongresssälen in finanzschwachen Ländern. Es beaufsichtigt zudem die Verwendung von Spendengeldern."*

„Die Wachtturm-Gesellschaft (oft als WTG abgekürzt) ist die organisatorische Zentraleinrichtung der <u>Zeugen Jehovas</u> und bezeichnet eine Vielzahl an <u>juristischen Personen</u>. In <u>Deutschland</u> ist die *„Wachtturm Bibel- und Traktat-Gesellschaft der Zeugen Jehovas, e. V., <u>Selters/Taunus</u>„* eine Rechtskörperschaft der Religionsgemeinschaft der „Zeugen Jehovas in Deutschland K.d.ö.R." mit Sitz in Berlin.

Als Muttergesellschaft fungiert die „*Watch Tower Bible and Tract Society of Pennsylvania*", eine von zwei US-amerikanischen Wachtturm-Gesellschaften. In über 100 Ländern weltweit bestehen weitere Zweigniederlassungen. In den USA gibt es aus der historischen Entwicklung heraus zwei Rechtsgesellschaften, die unter diesem Namen geführt werden. Die erste, mit Namenszusatz Pennsylvania, die ursprünglich in Pittsburgh angesiedelt war, und eine jüngere mit dem Namenszusatz New York. Beide Rechtsgesellschaften haben ihren Sitz zwischenzeitlich im New Yorker Stadtbezirk Brooklyn."

Wikipedia

Diese Regierung erlässt auch Regeln für sehr private, nicht religiöse Entscheidungen, wie Kleidung, Bildung, Freizeitgestaltung, Umgang mit Freunden, usw.:

Das Königreich ist ein Staat von internationaler Ausdehnung in allen Staaten.

WT 15.08.2012: Textauszüge aus dem Studienartikel für Sonntag, den 7.Oktober 2012:

„Benehmt euch als Bürger des Königreiches. Wir dürfen sogar Bürger von Gottes Königreich sein! […] Dass jeder von uns daran arbeitet, dem Wissen um die biblischen Lebensregeln im Alltag auch Taten folgen zu lassen.

[…] Um Bürger des Königreichs zu bleiben, müssen wir die Maßstäbe Jehovas nicht nur kennen, sondern sie auch lieben lernen. Das stellt einen höheren Anspruch an uns als an normale Staatsbürger.

Wie lässt sich feststellen, ob man Gottes Gesetz wirklich liebt? Überleg doch mal, wie du reagierst, wenn dich jemand auf etwas anspricht, was du für eine Frage des persönlichen Geschmacks hältst – zum Beispiel wie du dich kleidest und zurechtmachst. […] Aber aus Liebe zu Jehova ist es dir wichtig geworden, ihn auch durch deinen Kleidungsstil zu ehren …

Bestimmt hast du das Gefühl, jetzt anständig gekleidet zu sein. Und nun stell dir vor, ein Ältester sagt dir, eine ganze Reihe von Verkündigern in der Versammlung fühlten sich erheblich in ihrem Anstandsgefühl verletzt. Wie verhältst du dich?

Fängst du an, dich zu rechtfertigen? Bist du eingeschnappt? Beharrst du auf deinem Recht? Zum ,Grundgesetz' des Königreiches Gottes gehört das Gebot an alle Bürger, sich Jesus zum Vorbild zu nehmen ... Mit Verweis auf sein Beispiel schrieb der Apostel Paulus : ,Jeder von uns gefalle seinem Nächsten in dem, was zu seiner Erbauung gut ist. Denn auch der Christus hat sich nicht selbst gefallen' ... Der Frieden in der Versammlung ist einem reifen Christen so wichtig, dass er, ohne zu grollen, einlenkt – bereit, auf das Gewissen anderer Rücksicht zu nehmen ...

Oder nehmen wir zwei andere, sehr wichtige Bereiche: Unsere Ansicht über Sex und unsere Einstellung zur Ehe. Wer noch kein Bürger des Königreichs ist, denkt vielleicht, ein homosexueller Lebensstil sei akzeptabel, Pornografie sei ein harmloses Vergnügen und ob man fremdgehe oder sich scheiden lasse, sei reine Privatangelegenheit. Als Bürger des Königreichs aber haben wir gelernt, über die Folgen unseres Handelns – für uns selbst wie auch für andere nachzudenken. In der Theokratischen Predigtdienstschule zum Beispiel wird seit fast siebzig Jahren vermittelt, wie man Gottes Wort wirkungsvoll lehrt. Hast du dich schon in diese Schule einschreiben lassen?

[...] Monat für Monat veröffentlicht der treue Sklave etliche Seiten biblischen Lesestoff im Wachtturm und Erwachet! Liest du jeden Tag zwei, drei Seiten davon, schaffst du es, mit diesem wichtigen Teil des Bildungsprogramms von Gottes Königreich auf dem Laufenden zu bleiben.

Frag dich doch bitte: Habe ich schon alle aktuellen Informationen gelesen, die der ,treue Sklave' zum Thema Nutzung sozialer Netzwerke veröffentlicht hat? Solche Seiten zu nutzen, ohne sich mit diesen Artikeln beschäftigt zu haben, wäre ausgesprochen unweise! [...] Zur Unterstützung einer politischen Partei sind manche Bürger eines Landes bereit, in der Öffentlichkeit Werbung zu machen und sogar von Haus zu Haus zu gehen. In viel größerem Ausmaß wird Gottes Königreich von seinen Bürgern tatkräftig unterstützt – auf der

Straße wie auch von Haus zu Haus. Der Wachtturm, der ja den Zweck hat, Jehovas Königreich zu verkünden, [...] Engagierst auch du dich begeistert im Predigtwerk?

Bald wird Gottes Königreich die einzige Regierung über die Erde bilden. Sie wird uns dann in allen Lebensbereichen anleiten, auch im ganz normalen Alltag."

Alle diese Maßstäbe und Lebensregeln, die befolgt werden müssen, werden von der Leitung in der Hauptzentrale in Brooklyn N.Y. festgelegt. Durch die Behauptung, es sei göttlicher Wille, wird jede Abwägung, ob man gehorchen soll oder nicht, zu einer Gewissensfrage.

Wer durch einen Gemeinschaftsentzug mit dem sozialen Tod bestraft wird, kann es als Abschiebung in eine feindliche Welt empfinden. Die Gewissensnöte und Schuldgefühle sind häufig zerstörerisch für die Betroffenen.

Theokratische Leitung

Das Führungsgremium der Wachtturm- Bibel- und Traktat-Gesellschaft, das auch gleichzeitig die Führungsspitze der internationalen Religionsgemeinschaft der Zeugen Jehovas ist, beruft sich auf göttliche Leitung durch den heiligen Geist. Für ehrlich gläubige Menschen ist das ein Grund zur Unterwerfung.

Die Organisationsstruktur beruht auf dem Prinzip der Unterordnung. Alle verantwortlichen Männer haben sich bei ihren Aufgaben den Anweisungen der Leitenden Körperschaft zu unterwerfen. Führungspositionen und Lehraufgaben werden nur Männern übertragen. Frauen haben ihren Ehemännern, als deren Haupt, untertan zu sein und sollen den ernannten Männern in den jeweiligen Versammlungen gehorchen. Die Kinder haben ihren Eltern zu gehorchen.

Diese Hierarchie entspricht nach der Lehre der Wachtturm-Gesellschaft der göttlichen oder theokratischen Ordnung.

Tod, tot

Der *adamische Tod* ist der durch Adams Sünde ererbte Tod, den alle Menschen sterben müssen. Wer einen solchen starb, hat nach der Zeugenlehre die *Hoffnung auf eine Auferstehung im Paradies auf Erden*. Er kann sich nach dieser Auferstehung entscheiden, ob er die Religion der Zeugen Jehovas annehmen will und damit ewig leben wird oder nicht. Falls er die Lehre nicht annimmt, würde er zwar selbst als Hundertjähriger noch wie ein Jüngling sein, aber trotzdem den *Zweiten Tod* sterben. Das würde die ewige Abschneidung von Gottes Gunst ohne Hoffnung auf eine Auferstehung bedeuten.

Geistiger Tod – Menschen, die nicht an die Lehre der Wachtturmorganisation glauben oder sich nicht daran beteiligen sie zu verbreiten, gelten als geistig tot.

Sozialer Tod – Wer als getaufter Zeuge Jehovas von einem Rechtskomitee aus der Gemeinschaft ausgeschlossen wird oder selbst schriftlich erklärt, dass er die Gemeinschaft verlassen hat, wird mit dem *totalen Kontaktabbruch* bestraft. Es ist ein *sozialer Tod*, da in der überwiegenden Zahl der Fälle kaum soziale Kontakte außerhalb der Zeugengemeinschaft bestanden haben und die Kontakte innerhalb der Gemeinschaft abrupt enden. Nach Auffassung der Zeugen Jehovas bedeutet dieser Zustand für den Betroffenen auch, dass er für die Vernichtung bestimmt ist und mit *Satan* und seinen *Dämonen* im *Feuersee* landet, was den *zweiten Tod* versinnbildlicht.

Die Forderung, ein Ex-Mitglied wie einen *geistig Toten* zu behandeln und zu ignorieren, ist unerbittlich. Sie gilt auch für enge Familienangehörige und wird in kurzen Abständen in der Wachtturmliteratur und in öffentlichen Vorträgen wiederholt und bekräftigt.

WT 15. Januar 2013, Seite 16:

> *„Der nahe Angehörige muss jetzt erkennen, dass man entschlossen Jehova über alles stellt – auch über die Familienbande. [...] Suchen wir nicht nach Ausreden, um mit ausgeschlossenen Familienmitgliedern in Kontakt zu treten, beispielsweise über E-Mail."*

Diese innerorganisatorische, in unserem Land legale Maßnahme zur Disziplinierung ist eine sehr wirksame Methode, mit den Mitteln der Drohung und der Angst die Mitglieder an den Verein zu binden.

Für die Betroffenen ein Trauma, an dem manche zerbrechen und das bisher sehr viele in tiefste Depression oder in den Suizid getrieben hat.

Treuer und verständiger Sklave

Nach der Zeugendoktrin gibt es dieses irdische Werkzeug Gottes, um seine Anbeter mit Informationen zu versorgen, die *geistige Speise* genannt werden. Die ursprüngliche Lehre besagte, dass der Gründer der Watch Tower Bible and Tract Society, Charles Taze Russell *der treue Knecht* oder *Sklave* nach Matthäus 24; 45 sei.

Nach einer Lehränderung übertrug man diesen Titel auf eine Gruppe von Zeugen Jehovas, die sich dann *der Überrest der Gesalbten, der 144 000* nannte. Nur diese Zeugen Jehovas dürfen bei der jährlichen Feier des Gedächtnismahls Brot und Wein nehmen und bekunden damit, dass sie (nur sie) für eine himmlische Hoffnung oder Auferstehung durch den heiligen Geist gesalbt worden sind. Sie allein haben die Hoffnung als Könige mit Christus im Himmel zu regieren.

Die neueste Berichtigung dieser Lehre besagt, dass lediglich die Glieder der *Leitenden Körperschaft,* die im Hauptbüro in Brooklyn New York residieren, dieser auserwählte *Sklave* seien, der die Verpflichtung und Verantwortung hat, die geistige Speise, also die Glaubenslehren, auszuteilen. Der Zeitpunkt dafür, wer oder wann ein Sklave über die gesamte Habe eingesetzt würde, steht nach dieser neuen Änderung der Lehrmeinung noch bevor.

Das Wort *Sklave* wird im üblichen Wortsinn „dienen" nur gebraucht, um sich selbst den Anschein zu geben, man diene ausschließlich der höchsten Autorität im Universum. Über die restlichen Untertanen hat dieser *Sklave* dagegen Weisungsbefugnis und das Recht, Gehorsam von ihnen einzufordern.

Bevor ein Bewerber zur *Taufe* zugelassen wird, muss er die Frage, ob er die Geistleitung dieser Organisation anerkennt, mit ja beantworten.

Kritik an dieser Leitung gilt als „Abtrünnigkeit" und wird mit dem totalen Kontaktverbot sanktioniert, das alle trifft, denen die Gemeinschaft entzogen wurde.

Unterredungsbuch

– ein Handbuch oder Taschenlexikon, das als Anleitung verwendet wird, um wirkungsvoll auf alle Fragen und Einwände zu reagieren, die von Andersgläubigen vorgebracht werden. Es enthält Vorschläge, wie man mit einer interessanten Einleitung ein Gespräch beginnen kann, wie man auf Äußerungen eingehen kann, durch die ein Gespräch abgebrochen werden soll und eine alphabetische Liste aller möglichen Fragen und Lehrpunkte, zu denen die jeweiligen Bibeltexte aufgelistet werden, mit denen die Wachtturm-Doktrin gestützt wird. Mit diesem Buch werden besonders die Rückbesuche vorbereitet, wenn vereinbart wurde, über eine spezielle Frage des Interessenten zu sprechen.

Durch den routinierten Gebrauch dieser Vorschläge entsteht der Eindruck von besonderer Kompetenz und großem Bibelwissen, der aber schnell erschüttert wird, wenn Fragen auftauchen, auf die das Buch keine vorgefertigte Antwort enthält.

Verkündiger

Eine andere Bezeichnung für *Prediger*. Jeder Zeuge Jehovas soll ein *Prediger* oder *Verkündiger der guten Botschaft vom Königreich* sein. Dieses Wort kombiniert mit einem Adjektiv ergibt eine subtile Werteskala in Rang und Ansehen:

Der *allgemeine Verkündiger* ist einfach jeder, der einen Bericht über seine Tätigkeit abgibt.

Der *eifrige Verkündiger* liegt in seiner Tätigkeit über dem Durchschnitt.

Der *vorbildliche Verkündiger* beteiligt sich auch an Aktivitäten, die er nicht auf seinen monatlichen Berichtszettel schreiben kann. Freiwilliger Einsatz bei der Saalreinigung. Einsatz in der Betreuung von Älteren oder Kranken. Mitwirken bei der Programmgestaltung. Gastfreundschaft pflegen durch

Einladung von Vollzeitdienern. Alle Ratschläge befolgen, die in den Veröffentlichungen gegeben werden, etc. Diese Liste ließe sich noch sehr verlängern.

Der *schwache Verkündiger* ist das Gegenteil des vorbildlichen. Er beteiligt sich nur in geringem Umfang an den Aktivitäten und gibt nur unregelmäßig seinen Monatsbericht ab.

Der *untätige Verkündiger* hat schon mehr als sechs Monate keinen Bericht über seine Tätigkeit abgegeben. Er besucht zwar die Zusammenkünfte, aber beteiligt sich nicht daran.

Der *bezeichnete Verkündiger* hat einen Fehltritt begangen, für den er vor ein *Rechtkomitee* zitiert wurde. Er hat seinen Fehler glaubwürdig bereut und wurde dafür *zurechtgewiesen*. Er wird als Sünder bezeichnet und der Umgang mit ihm wird auf das nötigste Maß beschränkt, da er kein Vorbild ist.

Der *Hilfspionier-Verkündiger* hat sich verpflichtet, pro Monat mindestens 60 Stunden für die Wachtturmorganisation zu werben. Er ist in den verschiedensten Zweigen als Verkündiger oder Prediger tätig. Im Falle von Sonderaktionen können auch niedrigere Stundenvorgaben bezwecken, dass eine möglichst große Zahl *Verkündiger* die Aktion unterstützen.

Der *allgemeine Pionierverkündiger* hat sich auf Dauer verpflichtet und wurde ernannt mindestens 90 Stunden im Monat zu wirken. Für seinen Lebensunterhalt arbeitet er in der Regel Teilzeit.

Der *Sonderpionier-Verkündiger* ist in Vollzeit für die Wachtturm-Gesellschaft tätig. Er bekommt eine Sonderzuteilung. Er hat keine weltliche Erwerbstätigkeit. Er bekommt eine kleine Zuwendung für seinen Lebensunterhalt und muss über mindestens 130 Stunden reinen Predigtdienst berichten. Arbeiten im Zusammenhang mit seiner Sonderzuteilung zählen nicht zum Predigtdienst sondern müssen zusätzlich geleistet werden. Wer das Stundenziel nicht erreicht, bekommt auch keine finanzielle Zuwendung. [104]

---

[104] Stundenvorgaben variieren von Zeit zu Zeit

Verkündiger-Dienstkarte

Für Jeden, der mit der Werbung für die Zeugen Jehovas beginnt, wird eine Karteikarte angelegt, in die alle persönlichen Daten wie Geburtsdatum, Adresse, Telefonnummer, Kontaktpersonen für den Notfall, Datum der Taufe, Stellung in der Versammlung, ob *anderes Schaf, Gesalbter, Hilfs-Pionier, Pionier, Sonder-Pionier, Dienstamtgehilfe, Ältester,* sowie die Zahl der monatlich geleisteten Stunden für die Werbung von Neumitgliedern, Zahl der geleisteten Rückbesuche, Zahl der durchgeführten Heimbibelstudien in den Privatwohnungen von potentiellen Neumitgliedern, die Menge der abgegebenen Literatur wie Bücher, Bibeln, Zeitschriften und Broschüren, eingetragen werden.

Diese Karten werden bei den halbjährlichen Besuchen der *Kreisaufseher* kontrolliert, es werden Anzeichen für Veränderungen im Eifer registriert und Gegenmaßnahmen mit den Ältesten in der Versammlung besprochen.

Der Verkündiger erteilt mit seiner Unterschrift die Genehmigung, dass alle persönlichen Daten aufgezeichnet und auch aufbewahrt werden.

Im Falle eines Wohnortwechsels oder Wechsels in eine andere Versammlung wird dieses Dokument nach Anforderung an den Sekretär der neuen, zuständigen Versammlung gesandt. Die Unterlagen werden in diesem Fall nicht dem Zeugen Jehovas direkt ausgehändigt. Die Angaben dienen als Nachweis dafür, ob der Neue für ein *Dienstamt* oder *Vorrecht* ernannt werden kann.

Vermehrter Dienst

Nur einige private Verpflichtungen gelten als legitime Entschuldigung, nicht im *Vollzeit-Predigtdienst* – oder auch in einem Zweig des *Pionierdienstes* – zu stehen. Ein Familienvater, der für den Lebensunterhalt seiner Familie Vollzeit arbeiten muss, aber auch wer alte oder kranke Angehörige zu pflegen hat oder selbst krank ist, kann mit gutem Gewissen davon Abstand nehmen den Pionierdienst zu leisten. Doch auch diese Mitglieder werden immer wieder durch Veröffentlichungen im Wachtturm dazu aufgefordert (im Zeugenjargon heißt es *ermuntert*), ihr Gewissen zu erforschen, ob es ihnen möglich wäre, für eine gewissen Zeit *vermehrten Dienst* zu tun. Dafür werden oft konkrete Anlässe genannt, wie die Dankbarkeit für das *Loskaufsopfer Christi*, die man im Frühjahr, in den Monaten um das *Gedächtnismahl*, zeigen kann. Auch die Urlaubs- oder Ferienzeit sollte dafür genützt werden. Dies wird als Beweis der Liebe zu Gott und den Menschen gesehen. Es gibt keine bestimmte Vorgabe, um wie viel der Stundeneinsatz vermehrt werden sollte. Doch wird angepeilt, wenigstens einen Monat im Jahr *Hilfspionierdienst* zu leisten, was einen Mindesteinsatz von 60 Stunden in dem jeweiligen Monat erfordert. Diese *ermunternden* Artikel im Wachtturm oder in dem monatlichen Mitteilungsblatt *Königreichsdienst* sind eine echte Gewissensmanipulation. Sensible, gläubige Zeugen Jehovas überfordern sich häufig in dem Glauben, sie hätten die Pflicht, ihre Liebe und Dankbarkeit durch vermehrten Dienst zu beweisen. Oft melden sich selbst schwerstkranke Zeugen Jehovas für den Hilfspionierdienst. So haben in meiner Familie schwer herzkranke, blinde Zeugen Jehovas diesen Dienst immer wieder gemacht. Auch Mitglieder mit schweren Depressionen und Migräne meldeten sich unter Aufbietung aller – meist nicht vorhandenen – Kräfte für diesen Werbedienst.

Vernichtung

Mit vielen Beispielen wird dieses Wort gebraucht um die Lehre zu untermauern, dass jede Religion außer der Wachtturm-Gesellschaft für die *Vernichtung bestimmt* ist. Das Wort bringt in der Library bis 2009 insgesamt 4.695 Treffer. Als Beweis wird angeführt, dass Jesus von einem schmalen Weg zur Rettung – die Zeugen Jehovas – und einem breiten Weg, der ins Verderben führt – alle übrigen Religionen –, sprach. Die Wachtturm-Lehre behauptet, die Führer aller Religionen der Welt seien die Wölfe in Schafskleidern, die von Jesus erwähnt werden.

Wer gelernt hat solche Behauptungen als wahr anzunehmen, ist kaum in der Lage, nach alternativen Wegen zu suchen. Er befürchtet in die Falle der Vernichtung zu geraten. Fast jeder, der Glaubenszweifel hat, stellt die

Frage: „Aber wohin sollten wir gehen? Nur die Zeugen Jehovas haben doch *Die Wahrheit*."

Vorbild

Die Zeugen Jehovas sollen darauf achten, in allem was sie sagen oder tun *vorbildlich* zu sein. Damit wollen sie Vorurteile gegen den Glauben abbauen. Mit vorbildlichem Verhalten soll Gott verherrlicht werden. Die Verbindung zu der höheren Instanz macht es schwer, sich dieser Verpflichtung zu entziehen. Es wird erwartet in jeder Lebenslage vorbildlich zu sein. Kindern wird beigebracht, wie sie sich in der Schule, im Königreichssaal, in der Familie vorbildlich zu verhalten haben. Es fällt den Lehrkräften durchaus auf, wenn sich Kinder besonders vorbildlich und angepasst verhalten. Obwohl das angenehm, weil pflegeleicht, sein kann, sollte doch aufmerksam hinterfragt werden, wie eine solche Erziehung erfolgt ist.
Drohbotschaften mit *Satan, Teufel, Dämonen, Vernichtung, Feuersee,* oder Liebesentzug und die *Rute der Zucht* sind Konditionierungen, die der Seele schaden und der positiven Entwicklung zu sozialer Kompetenz sehr im Wege stehen. Stattdessen gerät man in eine antrainierte Hilflosigkeit und suchtähnliche Abhängigkeit.
Jeder, der sich den Anweisungen und Erwartungen der Gruppe vollkommen anpasst, wird als vorbildlich angesehen.
Das Wort wird aber auch gebraucht, um eine Doktrin gegen Kritik zu immunisieren. Weil es im *Vorbild* so war, ist es für das *Gegenbild* zu verwenden. Ereignisse, vorwiegend aus dem Alten Testament, dienen als *Vorbild,* das der Zeuge Jehovas *nachahmen* soll oder als Beispiel, wie sich gegenbildlich etwas Ähnliches als erfüllte Prophezeiung erkennen lässt.
Vorbilder aus dem neuen Testament werden zitiert, um das Verhalten oder die Tätigkeit in der Gegenwart innerhalb der Versammlungen zu regulieren. Mit dem Verweis auf das Vorbild der ersten Jünger gibt man der Forderung, es ihnen im Gegenbild gleich zu tun, den Anschein, dies sei der Wille Gottes.

Vorrecht

Jehovas Zeugen sollten alles, was ihre *christliche Pflicht* ist, auch als *Vorrecht* betrachten. Aufgaben, mit denen ein Mitglied in der Organisation betraut wird, sind Vorrechte. Ein Zeuge Jehovas zu sein, ist ein Vorrecht, Ältester zu sein, ist ein Vorrecht, die Zusammenkünfte zu besuchen ebenfalls. Aber auch an einem Samstagmorgen den Königreichssaal zu reinigen, ist ein Vorrecht. Wer diese Vorrechte nicht wahrnimmt, hat keine *Wertschätzung für heilige Dinge.*

Wahrheit

Siehe Die Wahrheit

Wartende Haltung

Wird von Jehovas Zeugen in allen Dingen als Geisteshaltung erwartet. Tätigkeiten oder Wünsche, die nicht *die Interessen des Königreiches* fördern, sollen zurückgestellt werden. In der Hoffnung auf das *wiederhergestellte Paradies* bleiben es Wünsche und Träume. Viele ehrlich gläubige Zeugen Jehovas haben so auf ihre Lebenspläne verzichtet wie Kinderwunsch, künstlerische Tätigkeiten oder die Verwirklichung von Lebensträumen wie ein Haus oder Garten mit Bäumen und Tieren oder aber Reisen in ferne Länder. Bibelzitate wie Micha 7,7 NW:

> „*Ich will eine wartende Haltung gegenüber dem Gott meiner Rettung bekunden*",

werden angeführt, um zu bekräftigen, dass es sich dabei um eine Anforderung Gottes oder, wie es auch genannt wird, einen *biblischen Grundsatz* handelt. Mit dieser Haltung haben manche Ex-Zeugen Jehovas das deprimierende Gefühl, dass sie nicht gelebt haben, sondern lediglich darauf gewartet haben, dass ihr Leben im *Neuen System* bald beginnen wird. Sie fühlen sich nach Jahrzehnten *in wartender Haltung* um ihr Leben betrogen.

Weib Isebel

Weil im Vorbild die Königin Isebel ihren Mann zum Baalskult verführte, wird sie als Synonym für Frauen verwendet, die gegenbildlich Isebel genannt werden. Diesen unterstellt man, sie würden durch falsche Lehren zum Götzendienst verführen. Sie stellen den schlechten weiblichen Einfluss in den Versammlungen dar. Frauen haben keine Befugnis in der Versammlung zu lehren oder ein Amt zu bekleiden. Sollten sie nicht demütig schweigen, sondern auch eigene Meinungen äußern, gelten sie als Ursache für Spaltungen und sittliche Verfehlungen, da sie mit ihren Verführungskünsten die Männer zur Sünde verleiten. Die Aufseher der Versammlungen müssen darüber wachen, dass keine falschen Ansichten oder verderbte Lehren von Frauen verbreitet werden und kein böser *isebelscher* Einfluss durch sexuelle Verführung in der Versammlung verbreitet wird.

Welt

Ein 2, S. 1299:

> „*1. die Menschheit als Gesamtheit, unabhängig von ihrem moralischen Zustand oder ihrer Lebensweise;*
>
> *2. der äußere Rahmen der Verhältnisse, in die der Mensch hineingeboren wird und in denen er lebt (diese Bedeutung ist mitunter derjenigen des griechischen Wortes ai̓n ‚System der Dinge', sehr ähnlich); oder*
>
> *3. die Masse der Menschen, die nicht zu Jehovas anerkannten Dienern gehört.*
>
> *Das Predigen der guten Botschaft ‚in der ganzen Welt' (Mat 26:13) bedeutet ebenfalls, daß der Menschheit als Gesamtheit gepredigt wird, genauso wie es in einigen Sprachen üblich ist, für den Ausdruck ‚jedermann' die Wendung ‚alle Welt' zu gebrauchen.*
>
> *In einer Grundbedeutung bezieht sich kósmos somit auf die ganze Menschheit. Deshalb heißt es in der Bibel, daß der kósmos oder die Welt der Sünde schuldig ist (Joh 1:29; Rö 3:19; 5:12, 13) und einen Retter benötigt, der ihr Leben gibt (Joh 4:42; 6:33, 51; 12:47; 1Jo 4:14).*
>
> *Während die Menschheit im Lauf der Jahre ihres Daseins an Zahl zugenommen hat, ist auf der Erde ein Rahmen von Dingen, die die Menschheit umgeben und*

beeinflussen, aufgebaut worden. Als Jesus von einem Menschen sprach, der ,die ganze Welt gewinnt, aber seine Seele einbüßt', meinte er offenbar den Gewinn all dessen, was der menschliche Lebensbereich und die menschliche Gesellschaft als Gesamtheit zu bieten hatte."

Der überwiegende Gebrauch des Wortes „Welt" in den Wachtturm-Schriften bezieht sich auf die Erklärung in Punkt 3. Es ist jeweils die negative Darstellung eines Systems, das zu meiden ist, von dem man sich getrennt halten sollte, das „unter der Macht dessen steht der böse ist", das von Gott verurteilt oder entfremdet ist und das mit allen negativen Attributen belegt wird, die denkbar sind.

Weltliche Weisheit

Die Weisheit dieser Welt ist Torheit bei Gott 1. Korinther 3, 19 NW.

Das ist eine Standardformulierung, wenn eine Erkenntnis oder Aussage abgelehnt werden soll, die mit der Wachtturmlehre nicht übereinstimmt. Diese Aussage dient auch als Begründung, warum ein Studium an der Universität oder das Lesen von weltlicher Literatur verschwendete Zeit sei.

Weltmensch

Mit diesem Wort wird die Menschheit in zwei Gruppen aufgeteilt. Weltmensch steht nicht einfach im Gegensatz zum Ordensmenschen für eine andere Lebensform. Diese Bezeichnung besagt, er ist Teil des von *Satan* und seinen *Dämonen* beherrschten *Systems der Dinge*, das für die Vernichtung in der Gottesschlacht *Harmagedon* bestimmt ist. Alle negativen Eigenschaften werden diesen zugeordnet, und sie haben nur die Wahl, sich durch die *Neugestaltung ihres Sinnes* von der Wachtturm-Lehre umformen zu lassen, was – vorausgesetzt, sie lassen sich zum *Zeichen ihrer Reue und Hingabe taufen* – die Rettung bedeuten würde. Anderenfalls wäre ihr Schicksal die Vernichtung in Harmagedon.

Darum muss ein Zeuge Jehovas parteiisch sein. Wer mit einem Weltmenschen befreundet sein will, wählt die Feindschaft mit Gott und gefährdet seine eigene Rettung.

Wertschätzung

Wertschätzung für die Angebote der Wachtturmorganisation wird erwartet. Sie zeigt sich auf verschiedene Weise. Zunächst dadurch, dass alle Vorträge, Veranstaltungen und anberaumten Treffen besucht und unterstützt werden.

Alle gedruckten Schriften sollen mit *Wertschätzung* gelesen und *studiert* werden, da sie als *geistige Speise* von Gott zu betrachten sind. Begründet wird das nach dem Prinzip *Vorbild/Gegenbild*. Weil die Menge der 5 000 von Christus durch ein Wunder gespeisten Personen dafür dankbar war, sollen Jehovas Zeugen auch Dankbarkeit und Wertschätzung für die *gegenbildliche geistige Speise* zeigen. Alle zugeteilten Aufgaben sollen sorgfältig und gründlich erledigt werden, was ein Ausdruck der *Wertschätzung* für das übertragene *Vorrecht* ist.

Durch Beifall nach einer Ansprache soll man nicht nur signalisieren, dass man Wertschätzung für die Arbeit des Redners hat, sondern auch für Jehova und die Anleitung, die er durch sein Wort und seine Organisation gegeben hat.

Wichtigere Dinge

Man soll unnütze Tätigkeiten einstellen, um Raum für die *wichtigeren Dinge* zu schaffen.

Zum Beispiel darf man Lustbarkeiten nicht lieben, weil sie sonst den Appetit auf *geistige Dinge* verderben. Es kann auch falsch sein sich zu *vergnügen*, weil dies *Zeit kostet*, die man für die Aktivitäten in Verbindung mit den Gruppeninteressen oder der Mehrung der sogenannten Theokratie verwenden könnte.

Sich für *materielle Interessen* einzusetzen kann *falsch* sein, weil das die Selbstsucht fördert. Wichtiger ist es, sich *geistigen Reichtum* zu verschaffen, indem man seine Zeit und Kraft dafür verwendet, die *Interessen des Königreiches* zu fördern. Wer sich darauf konzentriert, befreit sich von allem *Ballast* der *weltlichen Interessen.*

Zeichen der Zeit des Endes

Viele Ereignisse werden als untrügliche Zeichen dafür betrachtet, dass wir in der *Zeit des Endes leben. Kriege, Hungersnöte, Erdbeben, Krankheiten* und vor allem die Tatsache, dass die Zeugen Jehovas das Ende *weltweit predigen*. Für diese Behauptung werden die verschiedensten *Vorbild/Gegenbild*-Szenarien aus der Bibel konstruiert. In regelmäßigen Abständen wird erklärt, dass irgendein bestimmtes Ereignis nun das endgültig wichtigste Signal sei, dass das Ende unmittelbar bevor steht.

Leider ist ein Sektenmitglied so sehr daran gewöhnt, alles was geschieht irgendwie als Zeichen zu sehen – sei es als Segen Gottes oder Prüfung Satans –, dass auch nach dem Verlassen einer totalitären Gruppe dieses Denkmuster noch lange beibehalten wird.

Immer wieder die bange Frage: Und wenn sie doch Recht haben? Das bedrückt und verunsichert. Auch behindert es eine vernünftige, zukunfts-orientierte Lebensplanung, wenn man von dem *unmittelbar bevorstehenden Ende* überzeugt ist.

Diese dauernde Angst bringt einige in eine regelrechte Reaktionsstarre, denn die Erwartung eines nahen Endes lässt eine Planung für die Zukunft sinnlos erscheinen.